JN245085

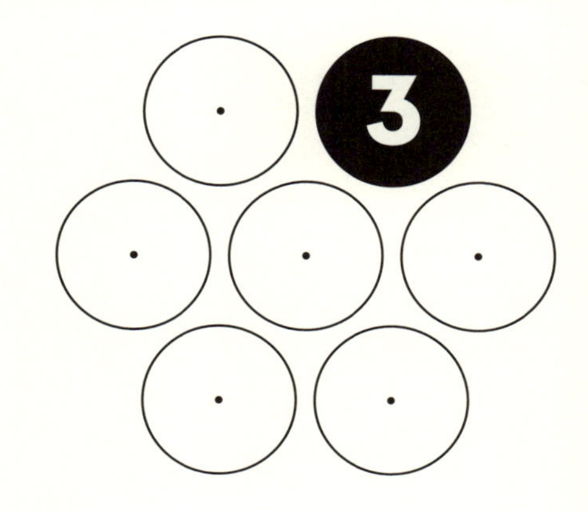

英語コーパス研究シリーズ

コーパスと辞書

堀正広・赤野一郎 監修
赤野一郎・井上永幸 編

ひつじ書房

『英語コーパス研究シリーズ』(全7巻)
刊行のことば

英語コーパス学会は2013年に20周年を迎えた。英語コーパス学会の前身である「英語コーパス研究会」が齊藤俊雄先生(大阪大学名誉教授)を中心にして発足したのは1993年4月であった。その後発展して、1997年に「英語コーパス学会」として新たなスタートを切った。初代会長は齊藤俊雄先生で、第2代会長今井光規先生、第3代会長中村純作先生、第4代会長赤野一郎、そして第5代会長堀正広と引き継がれてきた。「英語コーパス研究会」が発足した1990年代当時は、コンピュータを使った言語研究は始まったばかりであったが、この領域は、今後言語研究の1つの大きな柱になることは多くの言語研究者が予感していた。

その後、パーソナルコンピュータやインターネットの爆発的な普及により、コンピュータを使った言語研究、とくに英語研究は着実に進展していった。現在では、辞書編纂においてだけでなく、英語学、英語教育学、さらには理論言語学の分野においてもコーパス利用は珍しいことではなくなってきた。

海外の動向に目を向けると、コーパスを使った研究は、現在では英語研究の重要な領域の1つとなっている。英語教育、英文法・語法、英語辞書学、英語文体論、英語史等様々な領域においてコーパスを使った研究がなされ、コーパス研究に関連する統計学やコンコーダンサーの開発に関する研究も盛んに行われている。そして、とくに2010年以降、Corpus Linguistics というタイトルの研究書や啓蒙書が立て続けに出版され、コーパスを使った研究はますます広がりを見せている。

このような状況を踏まえて、英語コーパス学会では、学会設立20周年にあたって、社会への成果発表と社会貢献の一環として『英語コーパス研究シリーズ』(全7巻)を刊行することになった。本シリーズは、日本における英語コーパス研究の歴史から始まり、英語教育、英文法・語法、英語辞書学、英語文体論、英語史、そしてコーパス研究と関わりのある関連領域を含んでいるので、日本におけるコーパス研究の過去・現在・未来について一望することができる。このような網羅的なコーパス研究シリーズは、日本はもちろんのこと、欧米を含めても世界ではじめての試みである。コーパスをすでに使っている方々だけでなく、英語研究に携わっている方々、英語を教えている方々、そして英語を学習している方々に是非とも手に取っていただき、コーパスについての理解を深めていただきたい。

2015 年 9 月

堀正広・赤野一郎

Ⅸ 辞書編集に関わるコーパスツール――247

赤瀬川史朗

I

コーパスは辞書編纂にいかに寄与したか

赤野一郎・井上永幸

1. はじめに

全面的にコーパスを活用して編纂された英語辞書の先駆けであるCOBUILD1(1987)は、その後の学習英英辞書の編纂に多大な影響を与え、1995年にその影響が最も顕著な形で現れた。"corpus-based"を標榜した辞書の初版(CIDE, HEED)および改訂版(COBUILD2, LDOCE3, OALD5[1])が相次いで刊行されたのである。その後これらの辞書は改訂を重ね、コーパス依拠の度合いをますます高めていく。日本においても、コーパスを利用したことを明記する英和辞書が登場した。『ジーニアス英和大辞典』(2001、大修館書店)、『ルミナス英和辞典』(2001、研究社)、『新英和大辞典』(2002、研究社)などだが、部分的利用に留まっている[2]。我が国で本格的にコーパス言語学の手法を全面的に採り入れ編纂されたのは『ウィズダム英和辞典』(2003、三省堂)が最初である。

このように今日では、もはやコーパスを抜きにしての辞書編纂は考えられない。ではなぜこれほどまでにコーパスがもてはやされるようになったのか。どのようにコーパスが利用されているのか。コーパスを活用することで、英語辞書、とりわけ学習英英辞書と学習英和辞書はどのように変わったのか。本章ではこれらの点を念頭に、コーパスに基づく辞書編纂の経過を概観し、コーパスがいかに英語辞書の編纂に寄与してきたかを論じる。その際、実際のコーパスにアクセスして得られるデータをもとに、どのような辞書記述として実現するかを具体例とともに提示する。なお、辞書編纂の各段階におけるコーパス利用については、3章以降で詳しく論じられている。また、手作業で収集した引用例に基づく辞書編纂の変遷については、第2章「コーパス以前の辞書編集」を参照されたい。

2. 従来の辞書編纂の問題点

辞書はその性格上、広い意味で何らかの言語資料すなわちコーパスを利用している。コンピュータは使わないものの、辞書編纂にコーパスが用いられ始めるのは18世紀の中頃からである。Samuel Johnson の *A Dictionary of the English Language*（1755）や *Oxford English Dictionary*（1884–1928）がその代表だが、これらは権威あるテクストから収集した膨大な引用例をもとに編纂された。このように従来の辞書は、収集された用例がもととなる。それに母語話者の直観、英和辞書の場合であればネイティブスピーカーの協力が加わり、他の各種辞書、語法書、文法書の記述が参考にされる。この編纂作業における問題点の1つは、(1a) で述べられているように、用例の収集方法である。読書の折に目に留まった表現をカードに記録するのが、伝統的な収集方法だが、特異な例、珍しい例は目に留まるが、日常的に普通に使われる例は見逃されがちである。(1a) に続けて、Rundell らは OED の編纂過程において abusion は 50 例集まったのに対して、abuse は 5 例しか集まらなかったという James Murray の指摘を紹介している[3]。このようにして蓄積された用例集は、(1b) で指摘されているように、英語の全体像を反映せず、偏りが生じることになる。

(1) a. It is astonishingly difficult for even the most experienced person to collect

material for ordinary everyday usages since human beings tend to notice the unusual. (Rundell and Stock 1992: 13)

b. … this evidence consisted of collections of citation: a methodology prone to unrepresentativeness. (Moon 2007: 165)

従来の辞書編纂のもう1つの問題点は、母語話者の言語直観に関わる部分である。分析者自身の言語使用を自らの直観を用いて観察して得られる内省データ（introspective data）が果たして辞書編纂に相応しいのかという問題である。直観に基づく分析は、必然的に分析者が言語使用者と観察者の2つの役割を同時に果たさなければならず、その二重性から判断が主観的になる可能性がある。さらに判断そのものが正しいことを証明できないし、複数のインフォーマントの反応を集計しても、一致しないことがよくある。Spencer（1973）は生成文法が隆盛を極めていた時代に、6人の言語学者の論文に掲載された例文に関して、60名の被験者（言語学専攻の院生＋他分野専攻の院生＋一般人）に対して文法性判定の実験を行い、言語学者と被験者の判定が大きく食い違うことを示した。

また、この種のデータは、必ずしも言語能力を直接反映したものではなく、言語使用者の思いこみであることもある。たとえば、Barlow（1996: 4–6）は再帰代名詞 myself を目的語にとる頻度の高い動詞表現といえば、母語話者は cut myself や hit myself などをすぐ思い浮かべるが、実際にはむしろまれであるという。コーパスデータによれば、myself と共起する最も頻度の高い動詞は find で、(2) のような「find ＋ myself ＋分詞句」の構文であることを示し、直観と実際の言語使用との間にズレがあることを指摘している。このズレを埋めるのが、母語話者の無意識で自然な言語使用の集積、すなわちコーパスである。

(2) a. On looking back, I *find myself* always referring to Sir Percival in disparaging terms.

b. Exactly 11 years later, I *find myself* doing the same job, this time in the Kremlin.

3. 辞書編纂に適したコーパス

辞書、特に学習辞書編纂のためのコーパス構築には、言語分析用のコーパス構築とは違った配慮が必要となる。まずコーパスの規模に関しては、自然言語に現れる単語の分布は均等ではないので、それらすべてをカバーするコーパスをつくろうとすると理論的には5億語必要であるという試算がある(Francis 1982: 14)。Walter (2010: 429) も、コーパスの規模の重要性を論じている。10億語以上のCambridge International Corpusから得られた表1の1,000万語あたりの頻度表をもとにすれば、仮にこれが100万語のコーパスではeffortは148回生起するが、母語話者にとってはごく普通の語であるにもかかわらず、effortlessは1、2回しか生起しないことになる。後者は2,000万語のコーパスでも26回ということで、この語のコロケーションパターンに関する信頼のおける情報を提供するには不十分であると述べている。

表1. Word frequency data

Word	*Frequency per ten million words*
effort (including plural, efforts)	1,484
effortless	13
efficient	184
effusive	6
effusion	3

一方、(3)のように、コーパスの規模はできるだけ大きくなくてはならないし、増殖し続けなくてはならないといった漠然とした指摘もある。

(3) The dimensions of a corpus are of prime concern to most researchers in the initial conceptualization, and in the public statements. ... a corpus should be as large as possible, and should keep on growing.

(Sinclair 1991: 18)

コーパスのサイズは、実際のところは、つくろうとする辞書の規模や対象ユーザーによるところも大きいであろう。コーパス準拠が謳われ始めた初期のころはコーパスの規模を声高に主張するメッセージが辞書の目立つ位置に誇らしげに掲げられたものだが、最近ではコーパス準拠に目新しさもなくなり、加えてコーパスの規模だけで辞書の内容を判断されるのを避けるためか、コーパスのサイズを目立たないところに示したり、辞書本体に明示しない辞書も見られるようになってきている。表2はコーパスの活用を標榜する学習英英辞書(最新版)のうち、使用コーパスを明らかにしているものについて、その内容をまとめたものである。

表2. 主な学習英英辞書と使用コーパス

辞書名	コーパスの種類と規模
Collins COBUILD Advanced Learner's English Dictionary (HarperCollins Publishers, 2018; COBUILD9)	Collins Corpus (45 億語)
Longman Dictionary of Contemporary English (Pearson Education Limited, 2014; LDOCE6)	Longman Corpus Network (3.3 億語) (Longman Learners'Corpus (1,000 万語) を含む[4])
Longman Advanced American Dictionary (Pearson Education Limited, 2013; LAAD3)	Longman Corpus Network (3.3 億語)
Oxford Advanced Learner's Dictionary of Current English (Oxford University Press, 2015; OALD9)	British National Corpus (1 億語)、Oxford English Corpus (25 億語)
Cambridge Advanced Learner's Dictionary (Cambridge: Cambridge University Press, 2013; CALD4)	Cambridge English Corpus (15 億語)、Cambridge Learner Corpus (4,500 万語)
Macmillan English Dictionary (Oxford: Macmillan Education, 2007; MED2)	World English Corpus (2 億 2 千万語)、Corpus of Academic Writing (1,500 万語)、International Corpus of Leaner English (3,500 万語)

コーパスの規模以上に重要なのが、コーパスを構成する各テクストカテゴリーのバランスである。この構成に偏りがあると、英語の正確で妥当な全体像を与えてくれないばかりか、頻度を始めとする統計データが信頼のおけるものにならない。コーパスデザインは慎重であらねばならない。

さらに留意しなければならないのは、各カテゴリーに含めるテクストの質である。学習辞書が多種多様なユーザーを想定しているため、汎用的な内容が求められる以上、学習者が手本とするにふさわしいものでなければならない。たとえば、ウェブサイトからテクストを集める際には細心の注意が必要である。書き手は必ずしも母語話者であるとは限らないので、誤りも多く含まれているし、重複も多く、多種多様で雑多なテクストが偶然集まったものに過ぎないからである[5]。

辞書が想定する対象ユーザーのことも忘れてはならない。辞書を利用するのはだれで、どういった用途に使うのかといった点をはっきりさせないでコーパスを構築しても、決して実用に耐え得る辞書とはならないのである。日本語母語話者を対象とする学習英和辞書であれば、日本の文化や事情を発信・受信するに足る語彙・表現を含んだソースを含ませておくといった配慮も必要であろう。

4. コーパス分析ツール

語の振る舞いを様々な面から分析し、わかりやすく、かつ簡潔に提示したものが辞書である。コーパスを利用することで、この語の振る舞い、特に語と語の慣習的結びつき、すなわちコロケーションの記述の質が飛躍的に高まった。本節では、コーパス分析の強力なツールとなった、コンコーダンサー、統計指標、n-gram、Word Sketch について解説する。これらのツールとその利用法については、第 9 章「辞書編集に関わるコーパスツール」および第 7 巻第 7 章「コンコーダンサーとデータの読み方」を参照されたい。

4.1. コンコーダンサー

コンコーダンサーとは検索語 (keyword) を行の中央に置き、左右に文脈を配置する KWIC (KeyWord In Context) と呼ばれる形式で検索結果を表示するプログラムである。ある語の KWIC 表示された全体をコンコーダンス、各行をコンコーダンスラインという。図 1 は BNC で effect を検索し無作為に 2500 行を抽出した一部である[6]。

```
1     This would have the most pronounced effects on the" fertile crescent" of t
2    ntist 1 June Nuclear Power Chernobyl effects" not as bad as feared" A major
3    power station has concluded that the effects have been limited, and not nea
4     The report's task was to assess the effects on 825,000 people living in th
5     before they happen and to fight the effects of spills if they do occur." A
6    ed that supervision of environmental effects of mining was the World Bank's
7      them." A further study testing the effects of sediment dwelling animals s
8    ntries should also be monitoring the effects of global warming on the thinn
~~~~~~~~~~~~~~~~~~~~~~~~~~~~~~~~~~~~~~~~~~~~~~~~~~~~~~~~~~~~~~~~~~~~~~~~~~~~~~~~
2493 sinformed as to the availability and effect of alternative procedures. He c
2494 efendants was aware of the nature or effect of the documents they were sign
2495 ertaking and an understanding of the effect of the transaction, the fact th
2496 uate understanding of the nature and effect of the transaction; and (iii) t
2497 ave an adequate understanding of the effect of the charge. She thought it w
2498 had an adequate comprehension of the effect of the charge. The answer to th
2499 hich a wife, alive to the nature and effect of the obligation she is undert
2500  of understanding of its contents or effect, the amount of reliance placed
```

図 1. effect の KWIC コンコーダンス

コンコーダンサーは検索語の左か右の語を基準にして、アルファベット順に行を並べ替えるソート機能を備えている。effect の左 1 語目、左 2 語目、右 1 語目の順にソートすると、図 2 のような結果が得られる。ソートを行うことにより同じ形のものが集まり、そこから語の典型的パターン（'have a profound effect on'）が浮かび上がってくる。

```
  The best one is a digitally produced effect using a digital delay line having
haracter' of the Convention, producing effects similar to those of notification a
   background that may have a profound effect on the existing furniture, making
    Act of 1902 - which had a profound effect on the shape of secondary education
   intelligence: these have a profound effect on our daily existence, yet we have
uality of physical care has a profound effect on the social and emotional develop
    was also seen as having a profound effect on the criminals and deviants thems
avelling gave Zeng had such a profound effect on him that returning to normal lif
```

図 2. ソート（L1 → L2 → R2）の結果

KWIC コンコーダンスにより、辞書編纂において以下のような作業を正確かつ効率的に行うことができるようになる。

- 検索語の総体的頻度を評価する
- 検索語の主な意味を認定する
- 認定されたそれぞれの意味について定義をつくる
- 検索語を含む頻度の高い句・表現を認定する

実際の作業では、辞書執筆者がコンコーダンスラインを見ながら、キーワードの前後に現れる特徴的な共起語について、内容を吟味しながら上記の作業をすることになる。本章第6節「コーパスに基づく辞書記述の実際」において、その具体例が示されている。

4.2. n-gram

KWICコンコーダンスが特定の語と隣接する語どうしの共起関係を調べるツールであるのに対して、コーパスから機械的に切り出したn個の語の並びをn-gramといい、同形の語連鎖を集計し頻度順に並べるプログラムでもあり、コンコーダンサーの機能の一部として組み込まれていることが多い。意味的にまとまりのある句が上位を占める傾向にあり、「チャンク」とか"lexical bundle"[7]と呼ばれる表現を抽出するのに役立つ。ただし機械的に切り出すので、全体として意味のまとまりをもたない語連鎖も抽出される。表3は学術コーパスから4語の連鎖(4-gram)を抽出し頻度順に並べたものである[8]。in the case of, on the other had, as a result of, in the terms of, the extent to which, the way in which など論文でよく目にする特徴的な表現がうまく抽出されている。

表3. 学術書に頻出する4-gram

1	the end of the	6	as a result of	11	the nature of the	16	the development of
2	at the same time	7	on the basis of	12	as well as the	17	in the form of
3	in the case of	8	in the terms of	13	the extent to which	18	is likely to be
4	on the other hand	9	in the absence of	14	one of the most	19	on the one hand
5	at the end of	10	that there is a	15	for the first time	20	the way in which

表4は英米の映画のコーパスからknowを含む4語の連鎖を切り出し、頻度順に並べたものである。会話で話題提示の前置きとして使われる、(do) you know what などの決まり文句が抽出されている。

表 4. 映画のシナリオに頻出する know を含む表現

1	i don't know what	6	do you know what	11	know what I mean	16	know what to do
2	how do you know	7	i want to know	12	want you to know	17	what do you know
3	i don't know. I	8	you want to know	13	don't know what to	18	and you know what
4	you know what I	9	i don't know if	14	know who you are	19	i don't even know
5	i don't know how	10	i don't know why	15	don't know what you	20	you don't know what

4.3. 統計指標

4.1 節で見たように、KWIC コンコーダンスは隣接する語どうしのパターンを分析するのに適したツールだが、検索語と幾分離れた語が共起関係にあるかどうかは見極めにくいし、個人の分析能力に左右されることもある。また、コーパスの規模が大きくなると、そこから得られるコンコーダンスが膨大になり、時間的制約の多い辞書執筆者には分析が困難になってくる。そこで分析作業の省力化と分析結果の客観性を高めてくれるのが統計指標である[9]。コロケーションの研究で用いられる統計指標として、*t* スコア (*t*-score)、相互情報量 (MI)、対数尤度比 (Log-likelihood)、ダイス係数 (Dice coefficient)、logDice などがある。それぞれの統計指標の特徴とその比較については、第 9 章で詳述されている。

従来からよく用いられている *t*-score と MI を使って形容詞 aware がどのような語と共起するかを調べ、これらの指標の特徴を見てみよう。各統計指標の算出は Sketch Engine の Collocations を用いた。表 5 は処理範囲を aware の前後 4 語、コーパス内での aware の単独頻度を 5 以上、指定範囲内の頻度を 5 以上に設定して算出した結果である。

表 5. 統計指標から見た aware のコロケーション

		t–score	共起頻度		MI	共起頻度
1	be	84.34	(7,864)	acutely	11.87	(142)
2	of	47.88	(6,572)	keenly	10.78	(51)
3	that	54.47	(3,173)	dimly	10.16	(35)
4	the	52.58	(3,812)	uncomfortably	10.19	(43)
5	,	33.10	(1,920)	painfully	9.78	(55)
6	he	31.36	(1,127)	horribly	9.04	(16)
7	become	30.85	(964)	vaguely	8.87	(41)
8	I	27.40	(925)	guiltily	8.72	(5)
9	she	25.02	(708)	Friend	8.40	(15)
10	well	15.34	(24.44)	self-consciously	8.40	(5)

t-score の値が高い語は、become, well を除くと機能語である。これらの語群から 'be [become] (well) aware of [that] …' の形容詞構文が想起され、*t*-score は語の文法的コロケーションを明らかにするのに都合がよいことがわかる。それに対して MI の語群は 9 位の Friend を除いてすべて -ly 副詞であり、語の意味的特性を浮かび上がらせるという特徴がある。MI に関しては、共起語の頻度が極端に低い場合にも高い値を示し上位を占めるので、気をつけなければならないが、Sketch Engine や BNC*web* では、共起語の最低頻度を設定する機能があるので、これを利用すれば、分析対象の語の特性をよく表す共起語を示すことができる。表 5 の MI もその点に注意して算出した結果である。ただし忘れてはならないのは、表 5 のリストを鵜呑みにせず、疑問をいだいた語があれば、KIWC コンコーダンスに戻り、コンテクストを確認する必要がある。たとえば、奇妙なことに MI の 9 位に大文字で始まる Friend が入っている。KWIC コンコーダンスに戻り、そのソースを調べてみると 15 例すべてが同一のテクストからで、そのうち 14 例は "Is my (right) hon. and learned Friend aware that …" を含む文であり、表から排除すべき語である。興味を引いた語がある場合にもコンコーダンスに戻り前後の文脈を精査することで、また、処理範囲を変えて (副詞を調べるのであれば aware の左 1 語目を指定して) 統計値を取り直すことで共起関係がよりいっそう理解できるのである。

このように特徴・傾向を十分に理解した上で、それぞれの統計指標を活用すれば、語の共起関係の全体をすぐさま把握できるので、コンコーダンスを分析する際、その量の膨大さにおぼれることなく、どのような点に注目すればよいか予想がつく。ひいては辞書記述としてそれらをいかに反映させるべきかという指針を得ることができるのである。

4.4. Word Sketch

コーパスの規模が大きくなると、そこから引き出されるコンコーダンスも膨大なものになり、人間の目で処理できる範囲を超える。統計指標はこの問題を解決する1つの方法だが、統計処理の結果は語のリストとして提示されるので、その場ですぐに検索語と共起語の文法関係がわかるわけではない。たとえば、名詞 compromise の統計的に有意な共起語として、accept, reach, between, deal, solution がリストアップされてもこれらの語と compromise の文法関係は推測するしかすべがない。この解決策として考え出されたのが、Kilgarriff らが開発した Sketch Engine に組み込まれている Word Sketch である[10]（詳細は第9章参照）。Word Sketch は、統計的に処理した共起語を検索語との文法関係に基づきグループ化し、語の振る舞いの全体像が一目でわかるように提示してくれる。図3は名詞 compromise の Word Sketch である。compromise を目的語にとる動詞や修飾する語などが共起頻度と統計値（log Dice）とともに一覧表示されている。

compromise *(noun)* British National Corpus (BNC), tagged by CLAWS freq = 1,850 (16.49 per million)

usage patterns		
Swh	42	2.27
Sfin	37	2.00
poss	23	1.24
VPto	18	0.97
VPing	12	0.65
Sing	7	0.38

object_of	524	28.32
reach	92	6.49
effect	6	6.10
negotiate	8	5.73
entail	3	5.23
reject	12	5.21
strike	11	5.04
cancel	3	4.77
represent	23	4.74
represented a compromise		
accept	20	4.53
accept a compromise		
seek	17	4.36
seek a compromise		
resist	3	4.27
favour	3	4.08
oppose	3	4.05
achieve	12	3.98
propose	5	3.65
adopt	6	3.65
agree	11	3.59
arrange	4	3.45
suggest	9	2.89
find	29	2.63
to find a compromise		
offer	8	2.36
make	54	2.27
involve	6	2.26
announce	3	1.99
work	6	1.76

modifier	451	24.38
Luxembourg	13	8.45
the luxembourg compromise		
uneasy	11	7.97
an uneasy compromise		
pragmatic	7	7.47
muddled	3	7.26
binding	6	6.80
unsatisfactory	4	6.79
acceptable	12	6.48
an acceptable compromise		
honourable	3	6.11
reasonable	13	5.93
a reasonable compromise		
territorial	3	5.80
sensible	5	5.59
satisfactory	3	5.28
suitable	8	5.14
historic	3	5.07
internal	8	5.04
ultimate	3	5.03
ideal	4	4.71
best	18	4.69
the best compromise		
fair	5	4.36
perfect	3	4.13
usual	3	3.86
working	3	3.74
possible	13	3.60
possible compromise		
final	5	3.60
political	11	3.26
political compromise		

modifies	258	13.95
formula	18	6.71
a compromise formula		
solution	38	6.24
a compromise solution		
agreement	30	5.06
a compromise agreement on		
proposal	18	4.85
a compromise proposal		
resolution	6	4.62
candidate	11	4.60
a compromise candidate		
package	7	4.03
settlement	5	3.89
clause	3	3.60
deal	7	3.56
pocket	3	3.45
issue	15	3.43
the compromise issue		
bill	5	2.88
plan	6	2.19
position	7	2.19
approach	4	2.00

and/or	208	11.24
conciliation	5	8.24
moderation	3	7.25
cooperation	3	5.30
concession	4	5.25
accommodation	5	4.36
negotiation	4	3.98
settlement	5	3.90
conflict	3	3.06
arrangement	4	2.88
deal	3	2.33
issue	4	1.52
case	3	0.39

pp_obj_of-p	157	8.49
acceptance	3	4.25
sort	13	3.72
sort of compromise		
kind	15	3.55
kind of compromise		
series	8	3.36
spirit	3	2.77
degree	4	2.56
art	4	2.07
term	5	1.82
result	5	1.82
process	3	1.02
form	3	0.51

図 3. compromise の Word Sketch

共起語の右側の数字をクリックすると、コンコーダンスを参照することができる。たとえば、図 4 は compromise を目的語にとる reach の 92 をクリックし、右側の語を基準にソートした結果での一部である。

```
  s will be amenable to reaching a compromise. The Consortium will have to deci
  o July in the hope of reaching a compromise. The new accord contained many
  e two groups appeared to reach a compromise [see p. 39153 for earlier moves t
  , or more prosaically reaching a compromise between accuracy and amount of da
  le more warily, `You may reach a compromise between evil and good by enjoying
airman Ken Bates, is hoping that a compromise can be reached involving the pa
 wearing the chef's hat! Usually a compromise can be reached when there is go
MoD in January when he indicated a compromise could be reached . However,
cations; in the final agreement, a compromise had been reached in which the U
 On Nov. 21 it was reported that a compromise had been reached between the EC
```

図 4. compromise の右ソートのコンコーダンス

検索語の右側に目をやると be reached の受け身形が目に留まる。当然能動形との頻度差はどれくらいあるのだろうかという疑問がわき、答えを求めてさらに探索が続く。頻度を調べると、compromise が reach の能動態で 42 回、受動態で 50 回(過去分詞の後置修飾の 3 回を含む)生起していることがわかる。辞書記述としては、compromise の項の例文に受け身形を加えることを検討してよいであろう。このようにコーパスに基づき探索を続けていくことで、当該語の使用実態の一部にたどり着き、辞書記述としてまとめることができる。

5. 辞書編纂におけるコーパス利用の意義

5.1. 網羅性

辞書編纂でコーパスを利用する第 1 の意義は、(4) で McEnery et al. (2006: 80) が述べているように、コンピュータで処理できるという特性から、コーパスから語の典型的使用例をほんの数秒ですべて引き出せるその網羅性にある。

(4) The greatest advantage of using corpora in lexicography lies in their machine-readable nature, which allows dictionary-makers to extract all authentic, typical examples of usage of a lexical item from a large body of text in a few seconds.

コーパスから得られた検索結果は、編纂者の言語直観を補正・強化し (5.2 節)、語の使用に関する気づきを促し (5.4 節)、語の頻度 (6.1 節) および語義の分析(6.2 節、第 3 章)、用例抽出・作成(第 5 章)、使用パターン (コロケーションと文型) の認定 (6.3 節、6.4 節、第 4 章、第 5 章)、レジスター分析 (5.3 節)、シノニム記述 (第 7 章) など、辞書記述のあらゆる面に欠かせない基礎データとなる。

たとえば、語の使用頻度についていえば、従来の手作業による用例収集で仮にある特定の用法が 100 例集まったとしても、それが特殊な用法なのか、頻繁に見られる用法なのかを比べる基準がないため、100という数字は意味を持たない。他方、辞書編纂のために構築された汎用コーパス(第3節)であれば、コーパスのサイズ、言い換えれば母集団が一定であるので、全体として客観的な使用頻度を算出することができる。

5.2. 母語話者の言語直観の補完

辞書編纂の過程において、母語話者が提供してくれる情報は何物にも代え難いものであるが、母語話者の言語直観の信頼性には疑義があり、複数の母語話者の判断に差異が見られることは、2節ですでに述べた。このことは英和辞書編纂者、つまり非母語話者が英語母語話者をインフォーマントとして利用する場合、彼らから引き出された反応の取扱には注意が必要ということである。Celce-Murcia and Larsen-Freeman (1999: 65–66) で採り上げられている Peterson (1990) の主語と動詞の数呼応に関する調査は、まさにこの状況を例示するものである。表6をご覧いただきたい。Each of ＋複数(代)名詞(句)の主部に対してどのような動詞呼応を選択するかという問いに対する回答である。

1の文に対する結果は、truck drivers から office workers を経て M. A. students と、教育レベルが高くなるほど、each を単数扱いする規範文法の規則に従った反応を示している。2, 3のような複数概念の際立つ名詞句 (the children, these four-door cars) が先行する場合でも、M. A. students は規則を固守するのに対して、特に truck drivers では名詞の複数の影響が後続動詞に波及していることがわかる。M. A. students の場合には、文法規則を意識するあまり過剰矯正が働いており、彼らの日頃の実際の使用かどうか疑わしい。このようにインフォーマント調査はその対象者によって結果が大きく異なってくる可能性があるうえに、その回答は無意識の言語使用や現実社会の言語使用を必ずしも反映しているとは言えない。バランスよく集められたオーセンティックなコーパスを援用することによって、母語話者の判断の差異や揺れを吸収することが可能となる。

表 6.　each と動詞の呼応に関するインフォーマント調査結果

	Ofc. wrkrs. (N = 32)	M. A. stdnts (N = 36)	Truckdrvrs (N = 33)
1. a. Each of them sees many advantages in that plan.	**50%**	**83%**	**39%**
b. Each of them see many advantages in that plan.	50%	11% 6%—either	61%
2. a. Each of the children is happy today.	47%	58%	9%
b. Each of the children are happy today.	53%	39% 3%—either	**91%**
3. a. Every one of these four-door cars is ugly.	56%	**64%**	21%
b. Every one of these four-door cars are ugly.	44%	31% 5%—either	**76%**

5.3.　辞書記述の精密化

コーパスデータの活用の仕方は 2 つある。1 つは既存の文法記述や言語理論をコーパスデータで検証する研究アプローチで、「コーパス基盤的」(corpus-based) という。もう 1 つは、コーパスデータを活用することで、内省では発見が困難な言語事実を解明しようとする研究アプローチで、「コーパス駆動的」(corpus-driven) という (Tognini-Bonelli 2001)。前者の分析手法により、辞書記述の修正や改善などの精密化を図ることができる。本節ではこの手法による分析を扱う。後者の分析手法により、従来の辞書記述には見られなかった有益な記述を示すことができる。5.4 節でこの分析例を示す。

コーパスを利用することで、あらゆる面で辞書記述の精密化を図ることができる。ここでいう精密化とは、従来の不適切な記述を改めより適切で詳細な記述を提示することである。具体的には、レジスターを示すレーベル・語義説明・訳語の再検討、用例の精選、語法注記の見直しなどが含まれるが、ここではコーパスデータに基づくレジスター分析を示し、コーパス利用の意義を論じる。ちなみに第 3 章から第 7 章までの内容は、コーパスに基づく辞書編纂の各段階における辞書記述の精密化を論じたものであると言える。

ことばは、その使用者の性別、年齢、出身地、社会階層によって異なる。また、話し言葉と書き言葉でも異なるし、イギリス英語とアメリカ英語でもしばしば異なることがある。対人関係や場面の違いも考慮しなければならない。たとえば、Walter (2010: 437) は、Cambridge International Corpus を使った sidewalk の英米の話し言葉と書き言葉における使用分布を表 7 のように示している。sidewalk がアメリカ英語であることは明白である。

表 7. Cambridge International Corpus における sidewalk の使用分布

Word	*All (per 10m words)*	*US spoken*	*US written*	*British spoken*	*British written*
sidewalk	40.4	39.5	88.2	0.0	7.1

BNC では使用者による言葉の差異を調べることもできる。周知の通り、BNC は 9 千万語のイギリス英語の書き言葉と 1 千万語の話し言葉からなり、その構成は図 5 の通りである。

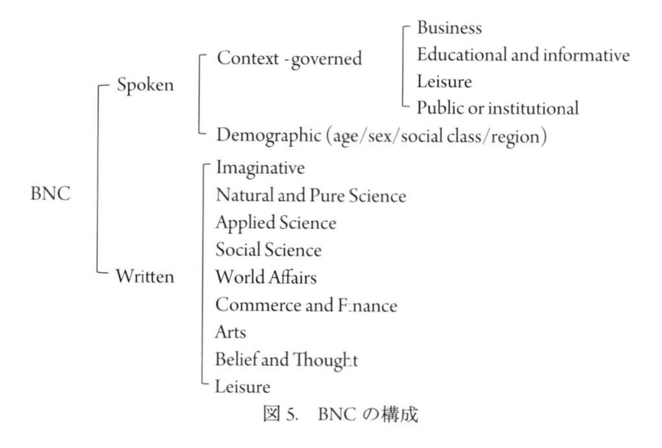

図 5. BNC の構成

Demographic spoken を利用すれば、性別、年齢、社会階層、地域に関わる言葉の使用差を明らかにできる。たとえば、wicked を性別と年齢でクロス表を作成すると図 6 のようになる [11]。右端の標準化頻度に着目すると、全体として、女 (25.92) より男 (40.02) がこの語を好んで使い、とりわけ十代前半まで (0–14) の男子 (213.68) が用いる傾向にあることがわかる。話し手のバックグランドで構成されたコーパスがなければ不可能な分析である。

Your query "wicked" restricted to "*Text type: Demographically sampled*" returned 151 hits in 37 different texts. The current solution set was found in 37 texts.

Categories:	Speaker: Sex	Show distribution
Categories (for crosstabs only):	Speaker: Age	New Query Go

The following distribution was found:

Age / Sex: Male

	No. of words	No. of hits	Dispersion (over speakers)	Frequency per million words
0-14	201,236	43	12/111	213.68
15-24	179,148	6	4/101	33.49
35-44	272,154	4	1/59	14.7
25-34	239,020	2	2/76	8.37
60+	259,352	2	2/65	7.71
45-59	273,372	0	0/73	0
total	**1,424,282**	**57**	**21/485**	**40.02**

Age / Sex: Female

	No. of words	No. of hits	Dispersion (over speakers)	Frequency per million words
0-14	154,437	20	8/90	129.5
15-24	321,471	13	6/110	40.44
25-34	451,700	8	4/87	17.71
35-44	433,728	7	3/88	16.14
60+	412,040	5	2/77	12.13
45-59	459,769	5	3/80	10.88
total	**2,233,145**	**58**	**26/532**	**25.97**

図 6. wicked の性別・年齢別分布

また、書き言葉では、図 7 が示すようにこの語は fairy, stepmother, witch などを修飾し、「意地悪な」などの否定的意味で使われる。

```
   who said it was only to be hoped no wicked Fairy envied us our pleasant lot.
 what happened? Every night a vila - a wicked fairy who lived in the clouds and
  personality - nothing like the hard, wicked stepmother she had been portrayed
          awful?' `Like in stories with wicked stepmothers ,' Eve agreed. `
 Had you flown up the chimney like the wicked old witch ? l didn't think so, so
   a community pantomime, in which the wicked witch - a local Labour councillor
        out here. `Except there isn't a wicked witch - is there?' `No. No wicked
```

図 7. wicked の KWIC コンコーダンス

一方、10 代の男の子どうしの会話 (5) では「かっこいい」の肯定的意味で用いられている。cool と共起していることにも注意されたい[12]。

(5)	Danny	I wish I'd keep the walkman that would be so *wicked*.
	Nick	Yeah I'd love to keep walkman.
	Danny	I think walkman's cool.

辞書ではこれらの差異は、formal, informal; BrE, AmE; spoken, written; approving, disapproving あるいは《英》・《米》、《話》・《書》、《学生》・《小児》、《否定的に》・《肯定的に》などのレーベルによって示される。バランスよく構築されたコーパスを活用すれば、ことばの差異をより正確に解明し、辞書におけるレーベルの表示を精密化することができるのである。

5.4. 言語事実の発見

コーパスは母語話者の言語直観の不完全さを補完することだけでなく、母語話者に、今まで気づいていなかった言語事実の発見を促す。(6)ではコロケーションに関する母語話者の気づきに言及されている。

(6) Lexicographic intuition, however sharp and well-tuned, are just not able to spot these (i. e. collocations) reliably, but once the computer has thrown them up, a skilled lexicographer can quickly assess their importance to the learner. (CIDE 1995 viii)

図 8 を見られたい。LDOCE2 において、conveniently は convenient の派生語扱いで、その記述はわずか 1 行足らずであったが、corpus-based な手法をより発揮した第 3 版では、見出し語として立項され、3 つの語義とそれぞれに詳細な語義説明と用例が与えられている。

con·ve·ni·ent /kən'viːniənt/ *adj* **1** [(**for, to**)] suited to one's needs or to the situation; not causing any difficulty: *Will three o'clock be convenient for you?*|*I'm afraid this isn't a very convenient moment to see you.*|*They met in a mutually convenient place.* (=suited to both their needs)|*For the government, the transport strike is politically convenient because it distracts people's attention from wider problems.* **2** [(**for**)] near; easy to reach: *Our house is very convenient for the shops.* —opposite **inconvenient** —**~ly** *adv*: *conveniently situated in a quiet suburb*

con·ve·ni·ent·ly /kən'viːniəntli/ *adv* **1** in a way that is helpful for you because it saves you time or does not spoil your plans or cause you problems: *The results can be summarized conveniently in the following table.* **2** in a place that is near or easily reached: *The hotel is conveniently situated near the airport.* **3** if someone has conveniently forgotten, ignored, lost etc something, they are pretending to have forgotten etc because this helps them to avoid doing something: *Mary conveniently forgot that she had promised to help clean the kitchen.*

図 8. LDOCE2 の convenient と LDOCE3 の conveniently

特に語義3の conveniently が forget, ignore, lost などと共起する用法は、コーパスデータを精査することで編纂者が初めて気づいた言語事実だったと推測される。その証拠に、LDOCE3に先んじること8年、世界で始めてコーパスに基づき編纂された辞書、COBUILD1は、当時すでに conveniently に2つの語義を認めている。

convenient /kəˀnviːnɪənt/. Something that is **convenient** is **1** suitable and arranged to fit in well with someone's particular plan or purpose. EG *May I come and talk with you whenever it's convenient?... ...a convenient time to visit the hospital.* ◇ **conveniently**. EG *The report conveniently fails to remember our earlier criticisms.* **2** useful because it saves you time and trouble. EG *The train is convenient–the service to London is fairly quick... We decided that it would be a rather convenient place to live... A quart measure marked in ounces is very convenient.* ◇ **conveniently**. EG *The amount of fuel is displayed conveniently on a gauge.* **3** near to you at a particular time, so that you can use it. EG *He sat in the shade on a convenient tree trunk.*

ADJ QUALIT / ◇ ADV / ADJ QUALIT = handy / ≠ inconvenient / ◇ ADV / ADJ CLASSIF : ATTRIB = handy

図9. COBUILD1 の convenient

しかしながら、この記述は適切とは言えない。COBUILD2に至るまでのコーパス規模の拡大(2億語)と充実のおかげで、改訂版(図10)ではその記述は緻密でより適切なものになった。特に語義4の解説に注目されたい。「困難なもしくは深刻な事態に対処しなくてもいいように、都合のいいように」の意味で使われ、conveniently forget(都合よく忘れる[忘れたふりをする])が典型的コロケーションであることを示している。

convenient /kənviːniənt/
1 If a way of doing something is **convenient**, it is easy, or very useful or suitable for a particular purpose. *...a flexible and convenient way of paying for business expenses... The family thought it was more convenient to eat in the kitchen.* ♦ **convenience** *They may use a credit card for convenience. ...the convenience of a fast non-stop flight.*
♦ **conveniently** *The body spray slips conveniently into your sports bag for freshening up after a game.*
2 If you describe a place as **convenient**, you are pleased because it is near to where you are, or because you can reach another place from there quickly and easily. *The town is well placed for easy access of London and convenient for Heathrow Airport... Martin drove along until he found a convenient parking place.* ♦ **conveniently** *It was very conveniently situated just across the road from the City Reference Library... He chose Simi Valley in Ventura County mainly because it was conveniently close to Los Angeles. ...two conveniently placed push-buttons.*
3 A **convenient** time to do something, for example to meet someone, is a time when you are free to do it or would like to do it. *She will try to arrange a mutually convenient time and place for an interview... Would this evening be convenient for you?*
4 If you describe someone's attitudes or actions as **convenient**, you disapprove of them because you think that they are only adopting those attitudes or performing those actions in order to avoid dealing with a difficult or serious matter. *We cannot make this minority a convenient excuse to turn our backs. ...a convenient scapegoat... It does seem a bit convenient, doesn't it?* ♦ **conveniently** *They've conveniently forgotten the risk of heart disease... Conveniently, he had developed amnesia about that part of his life.*

図10. conveniently(COBUILD2)

コーパスは母語話者の言語直観を刺激し、今まで気づかなかった言語事実に気づかせてくれるのである。

日本語母語話者が英和辞書を編纂する場合であれば、コーパスと非母語話者ならではの経験と勘によって、母語話者さえも気づかない、あるいは非母語話者だからこそ気づくような言語事実や現象の発見が可能となる。6.2節で示しているコンコーダンスの精査による"those of us who"の意味分析の事例がこれに該当するであろう。

5.5. コーパスと非文情報

コーパスは実際の言語使用の集積なので、「こうは言える、こうは言えない」という非文情報は得られないが、一般的な表現であるかどうかはある程度判断ができる。非文情報の提供ということに関して、最近の学習英英辞書の特徴の1つは、学習者コーパスの活用である。表2が示しているように、LDOCE6, CALD4, MED2は学習者コーパスの使用を明示している。

学習者コーパスとは、外国語もしくは第二言語として当該言語を学んだ学習者の話し言葉・書き言葉の集積をいう。学習者コーパスを利用することで、学習者の誤りを体系的に分析することができる。上記3種類の辞書は、学習者が犯しやすい誤りを一定の形式(それぞれCOMMON ERRORS, Common mistake, Get it rightのコラム)でその正誤を示している。

! Common mistake: all

Warning: check your word order!
All usually goes directly before the main verb in a sentence.
Don't say 'do all something', say **all do something**:
~~*The students need all to do more exercise.*~~
The students all need to do more exercise.
All can also go before the subject of the sentence:
All the students need to do more exercise.
But if the main verb is **am/is/are/was/were**, **all** usually goes directly after it:
~~*The students all are too lazy.*~~
The students are all too lazy.

Get it right: a bit

The expressions **a bit** and **a little bit**, when used before an adjective or adverb, are used mainly in informal English. To express the same meaning in written text, you can use any of the following:

- a little
- slightly
- rather
- somewhat

✗ *Public service television seems to be* ~~***a bit more serious***~~*, more based on facts.*
✓ *Public service television seems to be* ***a little more serious****, more based on facts.*
✓ *Public service television seems to be* ***slightly/rather/somewhat more serious****, more based on facts.*
✗ *That would improve the situation* ~~***a little bit***~~*.*
✓ *That would improve the situation* ***somewhat/a little****.*

図11. CALD4とMED2の非文情報

6. コーパスに基づく辞書記述の実際

本節では、辞書編纂にコーパスを利用することでどのように辞書が変わったかについて、COBUILD1, LDOCE3と筆者たちが編纂に携わった『ウィズダム英和辞典』で、具体的に見ていくことにする。

6.1. 頻度情報

理想的な辞書の条件の1つとして、情報へのアクセスの容易さをあげることができる。意味が不明な語を辞書で引いたとき、求める語義が即座に見つかり、目の前にある当該語を含む文と辞書に載っている用例が一致することである。そのためには、頻度順に語義を配列し、語義ごとに添える用例も頻度が高く典型的なものから並べる必要がある。コーパスに依拠した辞書が頻度情報の提示にどのような工夫を凝らしているか見てみよう。

COBUILD1 はコーパスの頻度順リストに基づいて収録語彙の選択が行われ、図 12 に示すように、各見出し語項目を語源や品詞によって分けるのではなく、綴りが同じであればすべての語義を頻度順に並べて同一項目内で処理するといった、それまでになかった配列法を採用して注目を集めた[13]。

right /raɪt/, **rights, righting, righted**. 1 If something is **right**, it is correct and in accordance with the facts. EG *You've got the pronunciation right... Are you sure that clock's right?... Is that the right time?... I think that's probably right... You get full marks for getting the right answer... You are French, is that right?* ▸ used as an adverb. EG *Some of the pupils remembered right and some remembered wrong.*
ADJ CLASSIF ⇑ true
▸ ADV WITH VB = correctly

11 If something is a **right**, you are morally or legally entitled to do it or to have it. EG *People in positions of influence have a right to comment on political issues... 'I know my rights,' he said... ...equal rights for women... ...basic civil and political rights... ...the right to strike... Both parents have an equal right to a career if they want one... ...whaling and mining rights... Authors should be protected over their rights.*
N COUNT, OR N + to-INF ⇑ entitlement

13 **Right** means **13.1** on or towards the side which, in English writing, has the last letter of a word, or the side of the body which for most people has the hand they write with. EG *Turn right off Broadway into Caxton Street... Her right hand was covered in blood... They forced David into a room on the right side of the corridor... I had the impression that the car was going to swerve right.* **13.2** worn, or intended to be worn, on the right foot, hand, etc. EG *...his right shoe.*
ADV, OR ADJ CLASSIF : ATTRIB ≠ left
ADJ CLASSIF : ATTRIB ≠ left

20 To **right** something means **20.1** to put it back into its correct or proper state. EG *He was there to right the balance... The situation should right itself in time.* **20.2** to return it to a normal upright position. EG *The ship righted itself.*
V+O (NG/REFL) ⇑ adjust
V+O (NG/REFL)

図 12. COBUILD1 における語義配列(s. v. RIGHT)

『ウィズダム』でもコーパスを活用し、使用実態を反映すべく、可能な限り頻度に基づき配列している。たとえば、名詞 press の項は語義のみを配列すると、(7)のようになっている[14]。

(7) **1a** 報道機関、**1b** 記者団、**1c** 報道、**2** 印刷所、出版社;印刷機;印刷、**3** 圧搾機、**4** 押すこと;アイロンをかけること、**5** 混雑、**6** 切迫、**7** ベンチプレス、**8** 大型戸棚これに対して同タイプのある英和辞書は(8)のように、ほぼ語義の発展順に並べていた[15]。語義どうしの関連性を示すためには、この配列は有効であるが、現代英語の理解のためのアクセスの容易さという点では、「新聞」が7番目、「報道機関」が8番目に置かれているのは問題であろう。

(8) **1** 押すこと、**2** アイロンをかけること、**3** 押し進むこと、**4** 切迫、**5** 圧搾機、**6** 印刷機；出版(業)、**7** 新聞、**8** 報道機関、**9** 戸棚、**10** 重量挙げのプレス、**11** (新聞名の)…プレス

頻度を中心にした語義配列にすると、語義のまとまりや派生過程がわかりにくくなるといったことが懸念されるが、『ウィズダム3』では頻度順配列を採用しながらも、語源表示欄に原義にあたる語義番号を表示するなどして語義派生の過程を見失わないように配慮している。

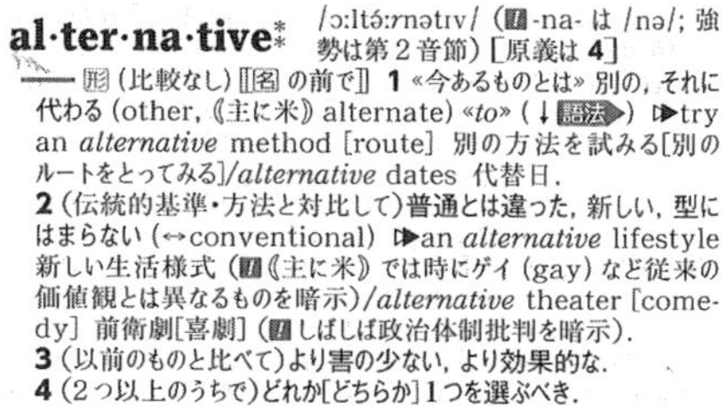

al·ter·na·tive** /ɔːltə́ːrnətɪv/ (▮-na- は /nə/; 強勢は第2音節) [原義は **4**]
── 形 (比較なし) [[名 の前で]] **1** «今あるものとは» 別の, それに代わる (other, 《主に米》 alternate) «*to*» (↓語法) ▷try an *alternative* method [route] 別の方法を試みる[別のルートをとってみる]/*alternative* dates 代替日.
2 (伝統的基準・方法と対比して)普通とは違った, 新しい, 型にはまらない (↔conventional) ▷an *alternative* lifestyle 新しい生活様式 (▮《主に米》では時にゲイ (gay) など従来の価値観とは異なるものを暗示)/*alternative* theater [comedy] 前衛劇[喜劇] (▮しばしば政治体制批判を暗示).
3 (以前のものと比べて)より害の少ない, より効果的な.
4 (2つ以上のうちで)どれか[どちらか]1つを選ぶべき.

図13. 語義の頻度順配列と原義

LDOCE3は図14に示すように、高頻度の見出し語項目には[S1]/[S2]/[S3]や[W1]/[W2]/[W3]といったロゴ表示をすることによって、それぞれの話し言葉や書き言葉における頻度について、上位1,000語、それに次ぐ1,000語、さらにそれに次ぐ1,000語といったように、3段階の頻度帯に属することを表示した。また、一部の重要語では棒グラフを使って、レジスター別頻度や構文別頻度が表示され、当該の単語がどのような状況で典型的に使われるのかがひと目でわかるようになっている。sorryは圧倒的に話し言葉で使われている。needの項で示されたグラフを見

れば、need sth が全体の頻度の 45%くらい、need to do sth が 35%くらいを占めていることが確認でき、この 2 つの用法を習得しておけば、学習者が need に遭遇したときに約 80%の確率で理解できるであろう。このような試みは、発信用辞書という面および効率的単語学習の面からも評価できる。

S2 W1 **pre·vent** /prɪˈvent/ *v* [T] to stop something from happening, or stop someone from doing something: *The rules are intended to prevent accidents.* | **prevent sb/sth (from) doing sth** *Lacey has a back injury that may prevent him from playing in tomorrow's game.* —**preventable** *adj*

a. prevent

Frequencies of the word **sorry** in spoken and written English.

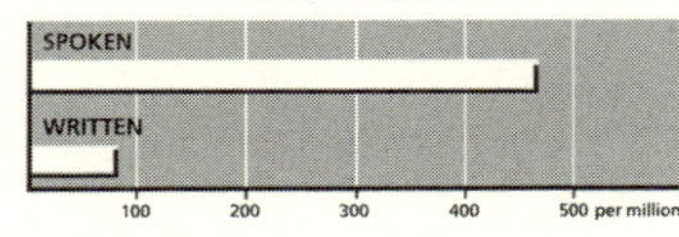

Based on the British National Corpus and the Longman Lancaster Corpus

This graph shows that the word **sorry** is much more common in spoken English than in written English. This is because it has special uses in spoken English and is used in some common spoken phrases.

b. sorry

This graph shows how common different grammar patterns of the verb **need** are.

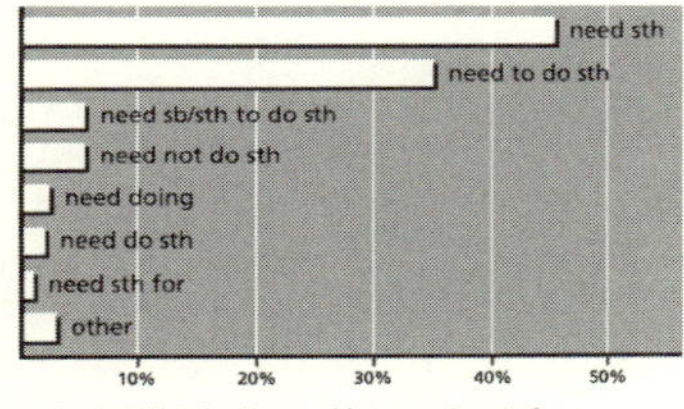

Based on the British National Corpus and the Longman Lancaster Corpus

c. need

図 14. LDCOE3 における頻度表示

用例の配列に関しては、従来は句例から文例へ、易から難へ配列するのが一般的であった。この方針に従うと、たとえば、that 節を従えるのが典型的な動詞であっても、that 節の例は長くなる傾向があり、最後に配置することになり、結果的に求める用例になかなかたどり着けない。コーパスデータを活用すると、コーパスから得られた文型とコロケーションの頻度をもとに用例を配列することが可能になる。begin を例にこの点に関してコーパスを用いると、従来の英和辞書の記述がどのように変わるかを提示してみよう。

辞書によって自動用法を最初に挙げているものと他動詞用法から記述が始まっているものがあるが、いずれを先にあげるかの明確な基準はなかった。さらにほとんどの辞書が自動詞用法としては(9a)を、他動詞用法としては(9b)に類する例を最初に挙げている。

(9) a. School begins at nine [on Monday, in September].

b. begin work

果たしてこの配列と用例選択はbeginの使用実態を反映しているだろうか。学習者が遭遇する確率の最も高い用法であろうか。手元のコーパスから得られた4765例のbeginの分布は、ほぼ60%がbegin to do/begin doingであり、to doとdoingの比率は3:1であった。この結果を反映させると、beginの記述は他動詞用法から始めるべきで、begin to doの例文を最初にあげることが望ましい。以上の分析結果を踏まえて、『ウィズダム3』では、配列を他動詞用法から始め、begin to do/doingとbegin＋名詞句の2つに分けて提示している。

— ㊥ **1** **[[begin to** do/doing]] 〈人・物・事が〉…し始める, …しだす (start) ▶She slowly *began to* climb the steps. 彼女は階段をゆっくり上り始めた (■began slowly to climb の語順も可能; 時間を表す 副 immediately, finally, suddenly, then, soon の位置は通例 begin の前)/*begin to* get to know each other 知り合いになり始める/I'm *beginning to* feel much better. 気分がずっと良くなってきた/Snow *began falling* that night and continued for two days. その夜から雪が降りだし, 2日間降り続いた.

2 〈人・物が〉〈事・物〉を始める, **開始する** (《より話》 start) ▶He *began* work on his second novel. 彼は2作目の小説の執筆を開始した/The lawyer immediately *began* a search for new evidence. 弁護士は直ちに新しい証拠の調査を始めた.

図15. beginの語義と用例の配列(『ウィズダム3』)

6.2. 語義分析

意味はコンテクストの産物であり、コンテクストはKWICコンコーダンスによって実現される。そしてコンコンダンスに現れるコロケーションあるいは統語上のパターンの違いを手がかりに語の語義が識別される(Sinclair 1991: 6)。名詞gapのコンコーダンス(図16)をもとに語義識別のプロセスを示してみよう。

1、4行目のbetween… teeth、9、11行目のin the fence (s)から'physical space'の語義「〈物の〉すき間、切れ目」を取り出すことができる。同様に、7、8、15、16行目のyear (s), month (s)から'interval of time'の語義「(時間的)空白、とぎれ」が、10、12、13、14行目のplug, fill, in… family history [knowledge, budget]から'deficiency'の語義「抜けて[欠落して]いる物」が、2、3、5、6、17、18のbetween, bridge, fill, reduce, close, generation [trade] gapか

ら'discrepancy'の語義「隔たり、不一致；不均衡」が特定できる。興味深いのは、'gap between ...' の統語的パターンは、文字通りの語義（'physical space'）と比喩的語義（'discrepancy'）で共有され、語義のさらなる区別は、語彙的コロケーションに委ねられるということである。『ウィズダム 3』では、コロケーションを盛り込んだ用例を添えて、図 17 のようにまとめられている。

```
1   at of eviction ." ( Diastema being a gap between the two front teeth of at_
2   es that the videos aim to bridge the gap between producer and consumer and
3   s Teamware is designed to bridge the gap between the two extremes ." "It se
4   ed yokel , grinned as he cleaned the gaps between his teeth with a piece of
5   panies moved in strongly to fill the gap between the state pension and the
6   . "These were designed to reduce the gap between the formal and informal st
7   ned to Yorkshire after an eight-year gap , but Buckinghamshire will be wond
8   t be a , a , a , about a three month gap , had had a proposal from one of t
9    the place , so we would see all the gaps in the fences ." The 1988 drought
10   be able , in some way , to plug the gap in his family history ." "It might
11  n romance or the moon ." Through the gap in the fence I could see the red-h
12  k and commissioning new work to fill gaps in our knowledge ; keeping UK pol
13  were currently issuing money to plug gaps in their national budgets ." "Cer
14   other questions there were enormous gaps in the knowledge necessary for co
15  el to visit the Maggs family after a gap of fifty years . As you can see I
16  then you got started again here . "A gap of even six months after initial t
17   this play will close the generation gap or produce many converts , but the
18   &pound;190 ." City : American trade gap reduced by 43pc "They abandoned
```

図 16.　gap のコンコーダンス

gap⁂ /gæp/
［動詞の用法は 19 世紀から］
――名（複 **～s** /-s/）C **1** «物の» すき間，切れ目，裂け目 «*between, in*» ▶Mind the *gap*.《英・カナダ》車両とホームのすき間にご注意（■《米》では Watch your step.（足下にご注意）を用いる）/look through the *gap in* [*between*] the curtains カーテンのすき間から見る．
2（時間的な）とぎれ，空白；«会話などでの» 間(ま) «*in*» ▶after ⌊a five-year *gap* [a *gap* of five years] 5 年間の空白の後．
3［通例修飾語を伴って］«…で» 抜けて［欠落して］いる物 «*in*» ▶***fill the gap in*** my knowledge 私の知識の抜けを埋める/His death left a big *gap* in my life. 彼の死は私の人生に埋められない空白を残した．
4 «人・物・考えの» 隔たり，不一致；（貿易の）不均衡 «*between*» ▶***bridge*** [***close***] ***the gap*** 相違点を克服する，空白を埋める/gender [generation] *gap* 男女［世代］間の断絶/the *gap between* rich and poor 貧富の差．

図 17.　gap の語義区分（『ウィズダム 3』）

いわゆる内包的意味あるいは語用論的意味の分析にもコーパスが有用である。これに関連して、コーパス言語学では、本来は意味的に無色の語が隣接する語と結合することで醸し出される意味的な雰囲気や色合いを意味的プロソディー（semantic prosody）と呼ぶ。意味的プロソディーと語用論的意味の詳細については第 3 章「語義説明」に譲ることにして、そこで扱われていない語義分析について次に考える。

英語には、一見なんの変哲もない表現で、その意味は部分の総和から得られそうで、実は文字通りの意味以上の意味、すなわち語用論的意味を備えている表現がある。'those of us who'もその一例である。

この表現に語用論的意味が備わっていることを発見した経緯を述べる。自作のコーパスでthoseを検索し右方向でソートした結果を、画面上でスクロールしていた時、図18のような部分に遭遇した。構成する個々の単語はありふれた語だが、パターンをなしていることは一目瞭然である。母語話者が好んで使う表現のように思えた。

```
1  alth? And the answer is no. Those of us who feel strongly about the
2  for female aviators?   For those of us who follow closely the Navy
3   cant change, at least for those of us who follow it carefully. And
4  of Fame that matters?  For those of us who grew up hating the Yank
5  ifferent holistic way than those of us who grew up in an alphabet
6   tears and beg forgiveness Those of us who grew up in the forties,
7  ernment sugar program, and those of us who grow sugar in America wn
8   evidence was invited from those of us who had directly experienced
```

図18. those of us のコンコーダンス

そこでどのような文脈で使われるのかを調べるために、各行から元の原文を参照し前後の内容を精査すると、自分たちを他のグループと区別し、時に自分たちの優位性を主張しようとするときに使われることがわかった。これは5.3節で解説したコーパス駆動的手法の一例である。ちなみに図18の5行目の前後は以下のようになっている。表意文字の漢字文化と表音文字のアルファベット文化のコミュニケーションの相違が述べられている。

(10) For instance, in Japan and China, the written language is a picture language, therefore people communicate in a different holistic way than those of us who grew up in an alphabet culture, where we've grown up in a very sequential way. (*The English Journal*, Nov., 1990)

『ウィズダム3』(s. v. THOSE 代 2b)では、(11)のような用例と注記が与えられている。母語話者には当たり前すぎて採り上げられることはないが、非母語話者の日本人英語学習者には有益な情報である。

(11) *Those of us who* survived the war will never forget the tragedy. 今度の戦争を生き延びた我々は絶対あの悲劇を忘れない(☑話者が限定された集団に属することを意識した表現)

まとまった数のコンコーダンスラインが目に留まったことがきっかけで実現した記述である。

6.3. 機能語の辞書記述

機能語にとっての意味とは、Sinclair が (12) で述べているように、用法・機能の説明に尽きる。また、(13) の Francis が主張するように、ある特定の統語構造は特定の語群と共起する傾向にあり、語は生じる構造・用法と一体で記述する必要がある。

(12) Some words—mainly grammatical words—need to be considered almost entirely in terms of their discourse or clause functions: there is simply little or nothing else to analyze. Examples include determiners such as *the, a, this, that, such,* or conjuncts such as *and, but, however*. These words traditionally appear in dictionaries with definitions, as if allocated meanings, whereas what is needed is an explanation of functions: in fact, it is the only thing possible. (Sinclair 1987: 99)

(13) ... we take the view that syntactic structures and lexical items (or strings of lexical items) are co-selected, and that it is impossible to look at one independently of the other. Particular syntactic structures tend to co-occur with particular lexical items, ... (Francis 1993: 143)

たとえば、同格の that 節の主要部の名詞について Quirk et al. (1985) は、(14) のように述べ、例として fact, idea, proposition, reply, remark, answer をあげているが、辞書においては、"and the like" の中身を詳細に示すことが重要である。その詳細なリストを示したのが『ウィズダム 3』の語法のコラムである。

(14) appositive that-clause: the head of the noun phrase must be general abstract noun such as *fact, idea, proposition, reply, remark, answer* and the like.

(Quirk et al. 1985: 1260)

2〚同格〛…という (■ that を省略するのは《比較的まれ》) ▶Many people don't accept the fact *that* they are equal. 自分たちは平等であるという事実を受け入れない人が多い (■ ... accept *that* they are equal. より that 節中が事実であることを強調する言い方)/Tom's argument is based on the idea *that* each of us is responsible for the environment. トムの主張は私たち一人一人が環境に対して責任があるのだという考えに基づいている/The thought came to Ken *that* somebody could be watching him. 誰かが監視しているかもしれないという考えがケンの心に浮かんだ (■ the thought と同格の that 節が分離していることに注意)/There's no evidence *that* he is alive. 彼が生きているという証拠はない/Bob moved to Florida ***in the hope that*** the climate would be better for his health. ボブは気候が彼の健康に良いだろうと見込んでフロリダへ転居した/I was always a feminist, ***in the sense that*** I never minded working for a woman. 私は常に男女平等論者でした，女性が上司でも気にしないという意味ではね.

[文法のポイント] 同格 (apposition)
名詞の働きをする語句が２つ並んで，後ろの語句が前の語句の，言い換え・補足・内容説明などになっている場合，後ろの語句は前の語句と「同格」である，という．前にある名詞の内容を説明する that 節を特に同格名詞節という；→of[1] **10 a**.

[語法のポイント] 彼が退職したという手紙を受け取った
× I got a letter that he quit his job.
○ I got a letter saying that he quit his job.
■ letter や e-mail は同格の名詞節を導かない.

[語法] [コーパス] **(1) 同格の that 節を従える主な** [名] (■ *印は (2) にも現れる) ▶argument, assumption*, belief*, chance*, chances, charge, claim, concept, conclusion, decision, discovery, doubt, evidence, **fact**, fear, feeling, ground(s)*, hope*, **idea**, illusion, impression*, information, knowledge*, law, likelihood, message, myth, news*, notion, observation, opinion, perception, possibility, promise, premise*, principle*, realization*, reason, recognition, report, risk, rumor, sense*, sign, statement, story, suggestion, theory, thought, understanding*, view, word.
(2) 同格の that 節を従える主な慣用表現 (■ *印は (1) にない [名] を含むもの) ▶on the assumption that, on the basis that*, in the belief that, on the chance that, on (the) condition that*, to the effect that*, in the event that*, **to the extent that***, **on the ground(s) that**, **in the hope that**, under the impression that, in [with] the knowledge that, with the news that, on the premise [principle] that, with the realization that, with the result that*, **in the sense that**, on [with] the understanding that.

図 19. 同格の that 節を従える名詞

後ろに同格の that 節を伴う名詞を列挙する際、単独で that 節を従えることのできる名詞と、他の語を伴いながら特定の慣用表現の一部としてのみ that 節を従えることできる名詞を示した上で、両用法に共通する名詞にはアスタリスクが付与され、高頻度語句は太字にするなど、コーパスを活用した緻密な記述になっている。

6.4. 基本語の辞書記述

基本語についても、機能語と同様、Moon (2007) が正しく指摘しているように、意味・用法をその語が生起するパターンと切り離して記述できない。従来簡単な記述で終わっていた基本語の記述が、コーパスを活用すれば、豊富で緻密な記述になる。

(15) ... it becomes difficult to detach meanings or uses of very common words such as *take, know, fact,* or *time* from the patterns in which they occur.

(Moon 2007: 168)

たとえば、LDOCE の fact の記述量は 2 版から 3 版で 15 行から 5 倍の 75 行に増えている。具体的には、定型表現に関する情報の追加によるものである。2 版で示された定型表現が The fact (of the matter) is/as a matter of fact/in (actual) fact/in point of fact だけだったのに対し、3 版ではこれ以外に次の 16 の表現が追加されている。

(16) facts and figures/it's [that's] a fact/I know for a fact that/get your facts right [wrong] /stick [keep to] the facts/the bare facts/the hard facts/the facts speak for themselves/given the fact (that) /in view of the fact (that) /owing to the fact (that) /due to the fact (that) /the fact remains/sth is a fact of life/the facts of life/after the fact

基本語 way の記述を『ウィズダム 3』で見てみよう。この語もコーパスで分析すれば、多様なパターンを有することがわかる。その 1 つが 'the way + clause' のパターンで、図 20 のようなデータに基づき 4 つの意味・用法を区別し、図 21 のように、the way A does のパターンのもとに詳細な記述が可能となった。

```
a
monkey-puzzle tree . "At_once I liked the way he treated her , coolly , not
bossing about . &equo; &bquo; That 's the way I remember it . He expects to
b
is is the way the world ends "This is the way I am , and I figure why be di
effield United . "But I 'm happy with the way I look , because it 's the lo
c
of people think , Oh I 'll just write the way I talk ." So theirs is like t
 minutes ? no ." "She had looked just the way the boy did , and Jean-Paul l
d
the other side of the vine ." "&bquo; The way I see it , my job will be to
ent at it made me very suspicious . " The way things are , you might strugg
```

図 20. the way ＋ clause の 4 つの用法

2〚**the way** A does〛(■way とAの間には in which または関係副詞の that を補って考える; the way how A does ... は《まれ》). **a** …する方法, …の仕方 ⧐I don't like *the way* young people today talk. 今の若者のしゃべり方は好きじゃない/That's *the way* I see it. それが私の見解です/This is *the way* we wash our hands. 手はこうして洗うんですよ/I think it's a shame *the way* the old man died alone. その老人が1人ぼっちで亡くなったのは大変遺憾だと思う(■*the way* は文脈によってはこのように意味が薄れ that の機能に近くなることがある).
b …である様子; …の状態[現状]; …のあり方 ⧐I'm very happy with ***the way things are*** (***going***). 現状に非常に満足している/I love you just *the way* you are. 今のままの君が好きだ(■直前の you を修飾するように訳す).
c〚接続詞的に〛…するように(■in *the way* A does の in が省略されたと考える) ⧐Just do it *the way* I did it. ただ私がしたようにしなさい(≒Just do it as I did it.)/Some things just don't go *the way* you want them to. なかには自分の思い通りにいかないこともある.
d〚接続詞的に〛…するやり方から判断すると; …の仕方では ⧐*The way* I see [look at, figure] it, ... 私の見る[考える]ところでは[私の思うに]….

図 21. the way ＋ clause の辞書記述

6.5. 訳語の決定とバリエーション

コーパスデータを活用すると、今までにない訳語を見いだすことができる場合がある。図 22 の visibly のコンコーダンスに注目されたい。BNC によれば visibly と共起頻度の最も高い語は shaken で 19 回、次いで頻度は半分程度に下がり 11 回の relaxed、8 回の shocked と続き、後は 4 回の低頻度ながら、affected、different、moved、shaking、upset などが続く。different を除き、心の内を表す語が visibly と連語することで、肯定的・否定的を問わず、外から見えない心の状態が「見えるほど」はっきりしているという強意副詞として機能している。そこから得られる訳語として『ウィズダム 3』では「目に見えて」、「(傍目にも) あきらかのほどに〈動揺してなど〉」の訳語を決定した。〈　〉で共起語の代表を示していることにも注意されたい。

```
und the table could see that he was visibly annoyed by the Englishman 's abs
; Am I happy ? &equo; they repeat , visibly embarrassed ." "The apostolic co
produced by a typesetting system . "Visibly frustrated , I make it worse by
t Charles s shoulder , the Sergeant visibly moved , took a pace forward and
he magician 's assistant ." She was visibly pleased . "Cultural Studies woul
ay . She looked across the hall and visibly relaxed as she saw a man moving
etence , ministerial confidence was visibly shaken , and smouldering discont
lections and match strategies , was visibly shocked ." "The French messenger
ns of the 15-minute piece he looked visibly tired when asked to provide a co
n ended with the Head of Department visibly upset by the criticisms over out
```

図 22. visibly の共起語

英和辞書の利用目的の多くを占めるのが語義・訳語の確認であろう。ところが、特別な専門用語を除いて、複数の言語間で対応する語や語義が完全に一致することはまれである。たとえば、pneumonia と「肺炎」、influenza と「インフルエンザ」といった医学用語では、英語と日本語がずれるところがないが、come や go といった例では、それぞれ「来る」や「行く」は訳語の 1 つでしかなく、英語と日本語における物理的意味や文化的意味の分布に大きな違いが見られる。

外国語学習の際にやっかいなのは、このように外国語と母語で対応する単語の意味範囲にかなりの差が見られるものがあることである。特に、外国語に対応する母語の訳語が多岐にわたる場合は、早期から外国語の意味分布を概念化して、場面に応じて母語で表現できるようにしておくことが必要である。たとえば、基本動詞 put の場合、「置く」というのはあくまで基本的概念であって、「載せる」、「入れる」、「付ける」、「しまう」など、「置く」の守備範囲をはるかに超える訳語を文脈に応じて使い分ける必要がある。put を使いこなすには、そのような文脈をより多く経験するしかないが、『ウィズダム 3』では、語義の一部として与える訳語だけではなく、語源、用例の訳文、表現欄などによって、全体像をつかみやすくする工夫を凝らしている。図 23 を見られたい。

put /put/
[語源は「押す」]

── 動 (**~s** /-ts/; ~; **~ting**)
── 他【物を置く・入れる】**1**〚**put** A + 副〛A〈物など〉を(…に)置く, 載せる, 入れる, 付ける, しまう (注 副 は場所・方向の表現; 日本語と違って省略不可能; 文脈によって訳文ではさまざまな日本語に対応する; ↓ 表現) ▶Please *put* your hands *on* your knees. 手を膝の上に置いてください/*put* a map *on* the wall 壁に地図を貼る/*put* the files *on* top of each other ファイルを重ねて置く/*put* the present *in* a box プレゼントを箱に入れる/*put* a candle *in* the candle holder ろうそく立てにろうそくを立てる/*put* the thermometer *in* [*into*] one's mouth 体温計を口の中に入れる/*put* some water *in* the vase 花びんに水を入れる/*put* one's daughter *in* a boarding school 娘を全寮制の学校に入れる/*put* milk and sugar *in* one's tea 紅茶にミルクと砂糖を入れる/I don't know where to *put* these old floppies. この古いフロッピーをどこにしまったらよいのかわからない/*put* the subject *at* the top of the agenda その話題を議事日程の最初に置く/She *put* her finger *to* his mouth—"shhhhh." 彼女は彼の口元に指を当てた.「静かに」/*Put* it where I can reach it. それを僕の手の届く所に置いてくれ.

表現 **put に対応する日本語** ▶~ the food *on* a plate 料理を取り皿にのせる/~ a spoonful of jam *on* the toast トーストの上に1さじ分ジャムを出す/~ some iodine *on* the wound 傷口にヨードチンキを塗る/~ the coat *on* a hanger コートをハンガーにかける (注「コートをハンガーにかけ直す」は~ the coat back *on* the hanger のように back を添える)/~ a bandaid *over* the wound 傷口にバンドエイドを貼る/~ the needle *through* a hole in the button 針をボタンの穴に通す/~ one's elbows *on* the table テーブルに肘をつく/~ the song *on* one's next album その歌を次回のアルバムに収録する/I ~ my arm *around* her shoulders. 彼女の肩に手を回した/~ drops *in* one's eyes 目薬をさす/be ~ *in* jail 刑務所に入れられる.

図 23.　put の訳語のバリエーション

7. おわりに

コーパスとその検索ソフトの進歩により辞書（特に学習者のための辞書）編纂の質が飛躍的に高まったことを、具体例とともに見てきたが、

第2節で述べた従来の引用ファイルや用例カードにも利点がいくつかある。1つは新語や言語変化の記録はコンピュータより人間のほうが優れているということである。コーパスは作成された時点での言葉の記録なので、新たに出現した語や語義は記録されない。第2節で述べたように、特異な例に向きがちな人間の目が、新語や新語義の発見には、逆に有利に働くのである。OEDの編纂過程で、ありふれたabuseより低頻度のabusionが50例集まったという事実は、人間の目がいかに優れているかの証左であろう。ちなみに大規模コーパスといえども、abusionは50例も含まれていない。たとえば、BNCでは0回、English Web 2013 (enTenTen13; 約197億語)でも11回にすぎない。

従来の収集方法の2番目の利点は、自ら集めた用例なので収集者が文脈を完全に理解しており、語のニュアンスを実感できるということである。研ぎ澄ました語感と、普通の用例を集めているのだという意識をもって臨めば、適切な実例を集めることができる。(17)は筆者の用例カードファイルからの例である。

(17) a "You *made* Mr. Allen *change* his mind, did you not? " "He changed his mind. I couldn't force him. I didin't. It was his decision."

(P. Margolin, *The Undertaker's Widow*)

b Mogan promised to *fax* me a letter to this effect by late morning.

(J. Grisham, *The Rainmaker*)

c "I have some things to tell you, "he said. "I'm *all ears*."

(S. Woods, *Imperfect Strangers*)

(17a)は使役動詞makeの「強制」の意味を、(17b)はfaxが二重目的語構文で使われていることを、(17c)はイディオムall earsの意味を適切に例証している。

手作業の収集は、コーパスに比べ集まる数の点では劣ることは否めないが、今日では電子カードとしてコンピュータに蓄積されているので、全文検索が可能になり、1枚のカードを何枚分ものカードとして活かすことができる。(17b) の電子カードは fax だけでなく、promise to do, to ... effect, by などの用例にもなる。そのほか、電子カードは従来の紙ベースのカードや用例スリップとは異なり、(a) 大量のデータ管理が容易、(b) 分類・並び替え・検索が瞬時に可能、(c) 一定の基準に従った分類ができるので、1 枚 1 枚ばらばらに存在していたデータに有機的関連性を見いだすことが可能、などの利点がある (赤野・井上 1987)。

辞書編纂に汎用的コーパスを利用するのが当たり前になっている今日、誰がそのコーパスを検索・分析しても同じ結果が得られ、競合する辞書どうしが内容的に類似したものになるという状況が生まれている。たとえば、strenuously を BNC で検索し、どのような動詞と共起しているかを調べると、deny との共起が突出していることがわかる。

```
 in The Exile number 2, and was strenuously defended by Pound in number 3
 what he had seen but the child strenuously defended his story; somehow the
featuring MC Wormski, have been strenuously denied, and plans to front a
Saisset's alleged fantasies was strenuously denied, the mere existence of
cation chairman, Tommy Farrell, strenuously denied a report that the region
had" permitted robbery". Lacayo strenuously denied any knowledge of or involve
cision came the near certainty, strenuously denied at the time, that Aden
irms previous reports last week strenuously denied by both Digital and Ingres
nvestigating a complaint. Allen strenuously denies the allegations. ACCUSER
rbara is a magistrate, said: `I strenuously deny the charges and have no
ly protesting his innocence and strenuously denying any involvement in the
icitor said his client would be strenuously denying the charges and that
ther teacher organisations have strenuously opposed Government efforts to
ny growth in his power would be strenuously opposed in, say, Ramallah, Nablus
tions in respite care should be strenuously resisted. The humanitarian reasons
she had for so many years quite strenuously resisted. We have all inherited
```

図 24. strenuously ＋動詞のコロケーション

この結果が strenuously の項の用例にも反映されている。

(18) a. Barrett *strenuously denied* rumors that he would resign. (LDOCE6)

b. The government *strenuously denies* the allegations. (OALD9)

c. He *strenuously denies* all the allegations against him. (CALD4)

データから客観的に得られたのだから、同じ結果になるのは当然で、辞書記述としては正しいが、これが行き過ぎると、それぞれの辞書の個性が薄れることにもなりかねない。いくらコンピュータの進歩によって大量のデータが短時間のうちに処理できるようになったとしても、「コーパスに縛られる (corpus-bound)」ことがあってはならない (Summers 1996: 261–262)。コーパスからどのような結果を採用し、採用した情報をどのように辞書の紙面に反映させるかはあくまでも人間である。(19) で Rundell も指摘しているが、集めたデータを生かすも殺すも、執筆者や編集者の知識や経験、そして勘によるところが大きいことは今も変わっていない[16]。

(19) Though the language resources available to us have improved dramatically, creating high-quality dictionary text from these raw materials remains very much a human skill. (Rundell 2008: 27)

8. まとめと本巻収録の論文紹介

本章では、辞書編纂とコーパスの関係について全般的に論じた。最初に従来の手作業による引用ファイルに代表される言語資料の問題点を指摘した後、辞書編纂に適したコーパスの種類と特徴をあげ、コンコーダンスなどのコーパス処理に適したツールを紹介し、語の分析におけるコーパスの威力を具体的に示した。最後に、筆者たちの辞書編纂経験を活かし、頻度情報の提示方法、語義の分析、機能語・基本語の取り扱い、訳語の決定など、いくつかの編集段階におけるコーパス利用の実際を提示した。

以下の章では、より詳細にかつ具体的に、辞書編纂におけるコーパス利用について論じている。第 2 章「コーパス以前の辞書編集」(南出康世) の中心は、16–17 世紀の難語辞書から始まって 1980 年代の「コーパス革命」に至るまでの辞書—ジョンソンの辞書、OED、POD、COD、ODE、ウェブスターの辞書、英和辞書、和英辞書、EFL 辞書などを、広義のコーパス (手作業で集められたカードあるいは用例スリップからなる引用ファイル) の観点から論じている。

第3章「語義説明」(赤須薫)は、コーパス導入の前と後で、語義記述がどのように変化したのかに関する論考である。語義の配列と区分、選択制限、-ly副詞、語用論的意味をとりあげ、「辞書の語義記述は質的にも量的にも向上した」ことをコーパスデータに基づいて示している。最後に従来あまり論じられなかった二言語辞書におけるパラレルコーパス利用の問題点と可能性を指摘している。

第4章「文法情報」(畠山利一)では、主にOALD4以降とLDOCE2以降の比較を通して、コーパス出現以前と以後で文法情報の記述にどのような変化が起こったかを論じている。動詞の文型表示に関して、PalmerからHornbyを経て、LDOCEの各版でどのように処理されてきたかを概観した後、動詞語義記述の比較、知覚動詞および形容詞(interested, anxious)の文型記述の変遷、名詞(apology, surgery)の可算・不可算の処理の仕方を採り上げ、辞書の文法情報はコーパスの裏付けによって質的に向上し、記述量も増えたが、「コーパスさえあればよい辞書ができるわけではない。情報を読み取る力と辞書に反映させる力量によって、辞書の出来は左右される」と締めくくっている。

第5章「用例・コロケーション」(赤野一郎)は、コーパスデータをどのように辞書の用例およびコロケーション記述として反映させるかを論じている。辞書における用例の機能、作例と実例の問題、コーパスが用例にもたらした変化について論じた後、コーパス言語学の手法を用いた具体的な用例作成のプロセスを示している。コロケーションに関しては、外国語学習におけるコロケーションの重要性を述べた後、語彙的コロケーションと文法的コロケーションをコーパスを用いてどのように辞書に盛り込むかを具体例とともに提示している。

第6章「語法情報」(中山仁)は、コーパスに基づく語法研究により、従来の辞書における語法情報の適否を、2つの点で検証できるようになったと主張する。1つはコーパスを活用することで従来の語法情報をより実態に沿った形で記述することができるようになったこと。もう1つは例外または誤用とみなされる表現の実態を適切に記述できるようになったことであるとし、前者の例としてpartiallyとpartlyを、後者の例として with regard to とその関連表現を取り上げ、辞書記述に有益と考えられる情報の抽出を試みている。

第7章「シノニム記述」(井上永幸)では、シノニムの定義と辞書におけるシノニムの記述の歴史を踏まえ、学習英語辞書に求められるシノニム情報について論じる。各種英英辞書および英和辞書に見られるシノニムの提示方式と記述の現状を概観した上で、『ウィズダム』編纂の経験に基づき、コーパスを活用することによりシノニム記述が精密化することを、quiet と silent および come to A と come into A を例に、詳細なコーパス分析とその結果としての辞書記述を示している。最後に効率的なシノニム選択を行うツールとして Sketch Engine の Word sketch differences と WordNet を紹介している。

第8章「辞書編集と出版」(山本康一)は、出版社の辞書編集部の立場からの辞書編集とその周辺についての論考である。辞書市場と辞書をとりまく現状、辞書の種類を概観した後、辞書出版の全過程を詳細かつ具体的に紹介し、コーパスによる辞書出版、辞書制作のプロセス、および電子化の技術的課題について出版社の視点から論じ、近年の新たな編集方式と辞書媒体によって見通される未来の辞書の可能性で締めくくっている。辞書出版の現場からのこれほど詳細で具体的な論考はかってなかったであろう。

第9章「辞書編集に関わるコーパスツール」(赤瀬川史朗)では、1980年代の COBUILD プロジェクトに始まる辞書制作におけるコーパスツールのこれまでの歴史的変遷を概観し、代表的なツールとして、コンコーダンス、統計サマリー、レキシカルプロファイリングの3つを取り上げ、それぞれの特徴および長所と短所を比較し、最後に、今後の発展が期待される次世代のツール、Good Dictionary Examples (GDEX) と Pattern Dictionary を紹介している。

注

1. 前書きにBNCを活用したとあるが、コーパス利用によって大きく変貌するのは第6版である。
2. 『ジーニアス英和大辞典』の「はしがき」には「語や表現の頻度、用例、語法記述の参考資料とした」とあり、『新英和大辞典』では「重要語を中心として語義などを原則として頻度順に配列し、検索の効率化をはかった」とある。過去にコンピュータテクストを英和辞書の編集に使った例としては、『ロイヤル英和辞典』(旺文社、1990)や『講談社英和中辞典』(講談社、1994)があるが、いずれの場合も用例採取を主要目的としていた。
3. *Webster's Third New International Dictionary of the English Language* (1961, Merriam) はコンピュータの助けを借りない最後の大規模辞書であるが、1961年に出版されるときまでにその用例コーパスは450万例にのぼっていたという。それにもかかわらず、冠詞、前置詞、代名詞など基本語の用例不足に遭遇した。この問題は当時Merriamで1年間ランゲージコンサルタントを務めたW. Freeman Twaddellによって解決されたが、その方法とは、用例を採るのに使ったばらばらになった本や雑誌のスクラップを集めて、各ページの第1行目の始めから6番目の単語を記録するという方法であった。これによって高頻度の単語の用例がうまく集まるようになったという (Francis 1992: 22)。
4. 他に次のコーパスが含まれている。Longman Spoken American Corpus (500万語)、Longman Written American Corpus (1億語)、Longman/Lancaster Corpus (3千万語)、BNC/Spoken Corpus (1千万語)。
5. Webページをコーパスとして活用する利点もある。第1にその規模と多様性である。既存のコーパスには収録されそうもない多様で幅広いタイプのテクストが含まれている。第2にWebページは日々増え続け、絶えず修正や削除が行われる動的データの集まりなので、刻々と変化することばの今を監視するSinclair (1991) の言う "monitor corpus" の役目を果たしている。したがって新語や新語義の収集に適している。とは言え、Webページは、世の中の関心事に関するテーマについては異様にページ数が多くなるなど、必ずしもバランスがとれているとは言えないことは心に留めておく必要があろう (Church 2008: 332–333)。
6. 以下各図で示すコンコーダンスは、解説の主旨を明確にするために理解しにくい行を削除するなどの編集を行っていることがある。
7. Biber et al. (1999: 1001–1014)
8. 表4も含め分析にはAntConcを使っている。
9. 辞書編集の現場における厳しい時間的制約はしばしば指摘されるところであるが、Church et al. (1991: 115–116) は、英国と違って米国でコーパスを活用した辞書編集に関心がもたれない理由のひとつとして、大量のデータから即座に言語分析の手がかりが得られる対話式のソフトウェアが不足しているからではないかという見方を示している。

10. https://www.sketchengine.eu/
11. BNC *web* (http://bncweb.lancs.ac.uk/) を使えばこのようなクロス表を作成できる。
12. 用例中のイタリック体は筆者。以下、同様。
13. 徹底した語義の頻度配列を行っているCOBUILDは初版から8版まで一貫して、make の第1義にいわゆる軽動詞 (light verb) の用法が当てられ、'You can use **make** with a wide range of nouns to indicate that someone perform an action or say something. For example, if you **make** a suggestion, you suggest something' の語義説明が与えられている。しかしながら、日本の英語教育でここまで頻度を重視するのは、語彙の指導上問題なので、『ウィズダム』では「〈物〉を作る」を第1義にしている。
14. 見出し語の選択に独自のコーパスを使った分析結果を反映させた初めての英和辞典は『プロシード英和辞典』(1988、福武書店) である。「はしがき」に以下の解説がある。「述べ900万語強の英文を大型コンピュータで分析した結果から、現代の英語圏社会で高い頻度で使用されている5,000語が現代英語のkeyとなる語として、とくに本辞典のために抽出された。この『キーワード5000』は学習段階に合わせて5段階に区分されているので、その区分を上手に活用すれば英語学習の効果ははるかに高くなるはずである。」
15. 当該改訂版では配列を頻度順に変更している。
16. コーパスから得られた結果を鵜呑みにすると、重大なミスを犯すことがある。結果構文の優れた研究Boas (2003: 183–184) が、BNCにおけるwipeの補語に生じる形容詞として、clean (41)、dry (6)、free (3)、clear (2)、moist (1) をあげている。ところがmoistを含む箇所を確認すると、形容詞の言語学書 (Ferris, C. (1993) *The meaning of syntax: a study in the adjectives of English*) の一節で、moistが非文であること述べている箇所である。

    Much more often, the idiomaticity works the other way, so that a set of lexical items that could fit the structure of (21), with appropriate values, seem to give unacceptable sentences, as in (42):

    (42) *Eva played her opponent exhausted
    *Wendy wiped the floor moist

参考文献

赤野一郎 (1998)「コーパスによる英和辞書編纂のこれから」小西友七先生傘寿記念論文集編集委員会編『現代英語の語法と文法―小西友七先生傘寿記念論文集―』pp.3–13. 大

修館書店.
赤野一郎(2000)「〈特集：辞書をめぐる7つの闘い〉データ収集をめぐる闘い」『言語』29(5): 50–58.
赤野一郎(2001)「コーパスが英和辞典を変える」『英語青年』147(3): 46–49.
赤野一郎(2004)「〈特集：コーパス言語学の現在〉語彙研究とコーパス」『英語青年』149(11): 9–11.
赤野一郎(2006)「英語コーパス言語学と英語教育」『日本語教育』130: 11–21.
赤野一郎(2008)「辞書編纂におけるコーパス利用」『英語青年』153(12): 10–12.
赤野一郎・井上永幸(1987)「パソコンを使った語法カードの整理学」『英語教育』36(7): 78–82.
Biber, Douglas, Stig Johansson, Geoffrey Leech, Susan Conrad and Edward Finegan (1999) *Longman Grammar of Spoken and Written English.* Harlow: Pearson Education Limited.
Barlow, Michael. (1996) Corpora for Theory and Practice. *International Journal of Corpus Linguistics.* 1 (1): 1–37.
Boas, Hans C. (2003) *A Constructional Approach to Resultatives* (Stanford Monograph in Linguistics). California: Center for the Study of Language and Information.
Celce-Murcia, Marjanne and Diane Larsen-Freeman. (1999) *The Grammar Book: An ESL/EFL Teacher's Course.* 2nd edition. Boston: Heinle & Heinle Pubs., Inc.
Church, Kenneth. (2008) Approximate Lexicography and the Web Search. *International Journal of Lexicography.* 21 (3): 325–336.
Church, Kenneth, William Gale, Patrick Hanks, Donald Hindle, Bell Laboratories, and Oxford University Press. (1991) Using Statistics in Lexical Analysis. Uri Zernik (ed.) *Lexical Acquisition: Using On-line Resources to Build a Lexicon,* pp.115–164. Hillsdale, New Jersey: Lawrence Erlbaum.
Francis, Gill. (1993) A Corpus-driven Approach to Grammar: Principles, Methods and Examples. Baker, Nora. Gill. Francis and Elena. Tognini-Bonelli (eds.) *Text and Technology. In Honour of John Sinclair,* pp.83–101. Amsterdam/Philadelphia: John Benjamin Publishing Company.
Francis, Nelson W. (1982) Problems of Assembling and Computerizing Language Corpora. Johansson, S. (ed.) *Computer Corpora in English Language Research,* pp.7–24. Bergen: Norwegian Computing Centre for the Humanities.
Francis, Nelson W. (1992) Language Corpora B. C. Svartvik, Jan (ed.) *Directions in Corpus Linguistics: Proceedings of Nobel Symposium 82, Stockholm, 4–8 Auguast 1991,* pp.17–32. B
井上永幸(1992)「日本の英語辞書学—現状と今後の課題—」『英語教育と英語研究』9: 39–49. 島根大学教育学部英語教育研究室.
井上永幸(2003)「コーパスと英語辞書」『英語コーパス研究』10: 223–246. 英語コーパス学会.
井上永幸(2004)「〈特集：コーパス言語学の現在〉辞書とコーパス」『英語青年』149(11):

18–20.

井上永幸(2005)「コーパスに基づく辞書編集」齊藤俊雄・中村純作・赤野一郎編『英語コーパス言語学—基礎と実践—』(改訂新版). 研究社.

井上永幸(2008a)「辞書とコーパス」, 中村純作・堀田秀吾編『コーパスと英語教育の接点』pp.45–63. 松柏社.

井上永幸(2008b)「コーパスで検証する(3)－語義と訳語：put の場合－」WISDOM in Depth: #24.【三省堂ワードワイズ・ウェブ】Sanseido Word-Wise Web.〔http://dictionary.sanseido-publ.co.jp/wp/2008/04/01/wisdom-in-depth-24/〕

井上永幸(2010)「辞書編集におけるコーパス活用」『英語語法文法研究』17: 5–22. 英語語法文法学会.

南出康世(1998)『英語の辞書と辞書学』大修館書店.

McEnery, Tony, Richard Xiao and Yukio Tono. (2006) *Corpus-Based Language Studies: an advanced resource book*. London and New York: Routledge.

Moon, Rosamund. (1987) The Analysis of Meaning. Sinclair, John M. *Looking Up*. 86–103.

Moon, Rosamund. (2007) Sinclair, Lexicography, and the Cobuild Project. *International Journal of Corpus Linguistics*. 12 (2) : 159–181.

Peterson, L. M. (1990) Subject-verb Agreement with Select Subject Quantifiers: A Usage Study of *All, Each, Every, Either, Neither*, and *None*. Unpublished Master's Degree Project, School for International Training: Brattleboro, Vt.

Rundell Michael. (2008) The Corpus Revolution Revisited. English Today 93.24 (1) : 23–27.

Rundell, Michael and Penny Stock. (1992) The Corpus Revolution. *English Today 30*. 8 (2) : 9–14.

Quirk, Randolph, Sidney Greenbaum, Geoffrey Leech and Jan Svartvik. (1985) *A Comprehensive Grammar of the English Language*. London: Longman.

Sinclair, John M. (ed.) (1987) *Looking up: An Account of the COBUILD Project in Lexical*. London: Collins.

Sinclair, John M. (1991) *Corpus Concordance Collocation*. Oxford: Oxford University Press.

Sinclair, J. (2004) *Trust the Text: language, corpus and discourse*. London: Routledge.

Spencer, Nancy J. (1973) Differences between Linguists and Non-linguists in Intuitions of Grammaticality-Acceptability. *Journal of Psycholinguistics Research* 2: 83–98.

Summers, Della. Computer Lexicography: the Importance of Representativeness in Relation to Frequency. Thomas, J and M. Short (eds.) (1996) *Using Corpora for Language Research: Studies in Honour of Geoffrey Leech*, pp.260–266. London: Longman.

Svensen, B. (2009) *A Handbook of Lexicography: The Theory and Practice of Dictionary-Making*. Cambridge: CUP.

Tognini-Bonelli, Elena. (2001) *Corpus Linguistics at Work*. Amsterdam/Philadelphia: John Benjamin Publishing Company.

Walter, Elizabeth. (2010) Using Corpora to Writing Dictionaries. O' Keeffe, Anne and Michael McCarthy (eds.) (2010) *The Routledge Handbook of Corpus Linguistics*, pp.428–443. London and New York: Routledge.

辞書類

([ ]内は本文中で用いた略称。本文中でフルタイトルで引用した辞書は省く。)

Cambridge Advanced Learner's Dictionary. 4th edition. 2013. Cambridge: Cambridge University Press. [CALD4]

Cambridge International Dictionary of English. 1995. Cambridge: Cambridge University Press. [CIDE]

Collins Cobuild English Language Dictionary. 1987. London & Glasgow: Collins ELT. [COBUILD1]

Collins Cobuild English Dictionary. New Edition. 1995. London: HarperCollins. [COBUILD2]

Collins Cobuild Advanced Learner's English Dictionary. 4th edition. 2018. Glasgow: HarperCollins Publishers. [COBUILD9]

Harrap's Essential English Dictionary. 1995. Edinburgh: Chambers Harrap Publishers. [HEED]

Longman Advanced American Dictionary. 3rd edition. 2013. Harlow: Pearson Education Limited. [LAAD3]

Longman Dictionary of Contemporary English. 2nd edition. 1987. Harlow: Longman Group Limted. [LDOCE2]

Longman Dictionary of Contemporary English. 3rd edition. 1995. Harlow: Pearson Education Limited. [LDOCE3]

Longman Dictionary of Contemporary English. 6th edition. 2014. Harlow: Pearson Education Limited. [LDOCE6]

Macmillan English Dictionary. 2nd edition. 2007. Oxford: Macmillan Education. [MED2]

Oxford Advanced Learner's Dictionary of Current English. Fifth edition. 1995. *Oxford: Oxford University Press*. [OALD5]

Oxford Advanced Learner's Dictionary of Current English. 9th edition. 2015. Oxford: Oxford University Press. [OALD9]

『ウィズダム英和辞典』初版. 2003. 三省堂. [『ウィズダム 1』]

『ウィズダム英和辞典』第 3 版. 2013. 三省堂. [『ウィズダム 3』]

II

コーパス以前の辞書編集

南出康世

1. はじめに

コーパスと辞書編集は縁が深い。1755年のジョンソン (Samuel Johnson) の辞書も、1828年のウェブスター (Noah Webster) の辞書も、1928年のOEDもコーパスを利用している。もちろん、コーパスといっても今日でいうコンピュータコーパスでなく、手作業によって集められた用例カード、あるいは用例スリップから成る引用ファイル (citation file) である。引用ファイルはコンピュータコーパス以前の辞書編集に多大の貢献をしたが、弱点もあった。収集者の個人的趣味や好みに左右されやすいこと、一般的に言って特殊な語、逸脱した用例に集中しがちであることなどがあげられる。(たとえば、OEDの初期のリーディングプログラム (reading program) では、*abusion* 50例に対して *abuse* は5例しか集まらなかったのは有名な話である)。一方コンピュータは指示された用例を何千何万と飽きることなく集め、典型的な型 (typical pattern) と頻度を提示できる。ここがヒトと機械の相違である。"You shall know a word by the company it keeps." (Firth 1957) という理論上の仮説が実証可能なものとなったのである。

辞書編集を念頭に置いたコンピュータコーパスプロジェクトの始まりは、American Heritage Intermediate Corpus (1968) であろうか (Baker et al. 2006: 107–108)。1971 年には、このコーパス (約 500 万語) を基にした頻度辞典、J. B. Carroll et al. (eds.) *The American Heritage Word Frequency Book* (Houghton Mifflin) が出版され、1972 年にはこのコーパスから抽出された 70 万例と親版 *The American Heritage Dictionary of the English Language* をベースにした P. Davies (ed.) *The American Heritage School Dictionary* (AHSD) が出版された。序文には「短いフレーズであってもコーパス用例は、辞書の編者が作成した用例よりはるかにベターである。というのも、編者は遅かれ早かれ現実に起こりそうもない場面を想定した用例、少なくとも痛ましいほどに人工的な用例を作りがちであるからである」といった趣旨のことが述べられている (cf. Sinclair 1987: 144)。見坊 (1976: 215) は「…AHSD の姿勢は、学習辞典でありながらもまさに科学的であり、このような辞書の作り方というものは、ひょっとしたら世界でも最初の試みではないだろうか、と思うのである」とコメントしている。『三省堂国語辞典』を編纂し、生涯をかけて手作業で 145 万例を収集したといわれる辞書学者の言葉だけに興味深い。しかし、この AHSD はコンピュータコーパスの規模が小さいこともあって、コーパス根拠 (corpus evidence) を COBUILD のようにうまく辞書記述に反映することができず姿を消してしまった。

1980 年代に入るとコンピュータコーパスと辞書学はさらに接近を始め、1987 年には The Bank of English に基づく John Sinclair (ed.) *Collins Cobuild English Dictionary* (COBUILD) が出版され、「コーパス革命」という言葉も生まれた。2000 年代に入るとコーパスと辞書はますます密になる。Baker et al. (2006: 107) は "[Lexicography is] an application of corpus linguistics that has aided the accuracy of dictionary citations" とさえ言っている。

さて、本章の焦点は「コンピュータコーパス以前の辞書編集」であるから、16–17 世紀の難語辞書から始まって 1980 年代の「コーパス革命」に至るまでの辞書—ジョンソンの辞書、OED, POD, COD, ODE、ウェブスターの辞書、英和辞典、和英辞典、EFL 辞典などを、広義のコーパスの観点から概観する。しかし該当する辞書の数は膨大であるので、取り上げる辞書が選択的にならざるを得ない。そこに多少の主観が入ることをお許し願いたい。

2. 英国の辞書

ジョンソン以前の難語辞書

英語辞書は16–17世紀における Edmund Coote, Robert Cawdrey, John Bullokar, Henry Cockeram, Thomas Blount などの難語集、難語辞典から18世紀の John Kersey, Nathan Bailey、ジョンソンの辞書を経て日常的な語彙をも収録する包括的な辞書へと発達してきたとされる。これにはラテン語の衰退と英語の隆盛との相対的な関係の変化を反映している。ラテン語が全盛の頃は難解なラテン語を平易なラテン語で説明する行間注解（interlinear gloss）と余白注解（marginal gloss）が主で、そこに英語が入る余地はなかった。しかしラテン語が国際語としての地位を失い始めると、英語に対する意識も高まり、「ラテン語—英語」形式の注解、注解集が現れるようになった。そして、15世紀中頃には「英語—ラテン語」の注解集（glossary）、辞書も出現した。またこの頃になると外国との貿易が盛んになり、「フランス語—英語」といった2言語辞書が発行されるようになった。16世紀後半から17世紀前半にかけて外国語からの借用で英語の語彙は急増し、英国内の文芸界では、外国語から派生した難解なことばを擁護する派と、成熟度が増したアングロサクソン系の英語を推進する純正派（purist）の対立があり、後者は外国語（特にラテン語）から派生した難語を「インク壺ことば」（inkhorn term）という烙印を押して攻撃した。この論争は「インク壺論争」（inkhorn controversy）と呼ばれた。一方文芸界の対立とは別に、英語に入った外来系難語を庶民に平易な英語で解説する試みがなされた。最初の英語一言語辞書とされる Robert Cawdrey の *A Table Alphabeticall, conteyning and teaching the true vvriting, and vnderstanding of hard vsuall English wordes, borrowed from the Hebrew, Greeke, Latine or Franch & c. With the interpretation thereof by plaine English words ...*（1604）である。短縮して紹介するなら

A Table Alphabetical of Hard Usual English Words である。彼の言う難語とは「庶民が聖書、説教で聞いたり読んだりするヘブライ語・ギリシャ語・ラテン語・フランス語由来の英語」のことで、我々が今日考える「普段聞いたことも見たこともない難しい英語」とは少しずれがあるようである。*Hemisphere* はラテン語 *hēmisphærium* に由来するものであるが、16 世紀には *hemysperie, Emysperies, Hemisperie* などまだ綴りは流動的だった。Cawdrey はこれを *hemisphere* と英訳し、これが英語の正式の綴りになった。この経過は OED を見れば明らかである。難語辞典は本格的な辞典編集の観点からすれば未熟な段階であるが、英語語彙に及ぼした影響は小さくないことを指摘しておきたい。

一般辞典が発達した今日、難語辞典が果たした役割は終わったと考えがちであるが、R. H. Hill (1993) *The Wordsworth Dictionary of Difficult Words* (Wordsworth Editions), Archer & Archer (2012) など難語辞典の伝統は連綿と続いていることを指摘しておこう。対象とするユーザーはかつてのように「未熟な人々 (unskillful persons)」ではなく、高等教育を受け、かつ知的好奇心旺盛な言葉の愛好者 (word lover) たちであろうか。英米には「フランス語であれイタリア語であれ、外国語で会話や文書を味付けすると、あか抜けてクールに響く」(Archer and Archer (2012: 11) という伝統があるようである。ちなみに、Todd (2006: 74) によれば、オンライン辞書で検索される回数が最も高い語は、ethereal, loquacious, empathy, agnostic, protocol, fascist, sycophant, facetious, capricious である。このあたりが今日の英語母語話者の hard usual word ということになろうか。

さて話を 18 世紀前半に戻すと、この頃英国では、国威の掲揚とともに自分たちの母語である英語に対する誇りが高まり、英語の「発音と綴りの不安定」「変化が引き起こす腐敗と堕落」が問題になってこれをどのように食い止め、英語の純正さ (purity) をいかに維持するかが真剣に議論され、Joseph Addison, Jonathan Swift らによってさまざまな「純正化」の提案がなされた。「堕落」を食い止めるにはまず「純正な」英語を記録しこれを固定する必要があった。そのためには文法と辞書が必要であった。辞書といっても難語中心の辞書では不十分で、包括的なものが必要であった。このように見てみると Bailey の *An Universal Etymological English Dictionary* (1721) は注目に値する。この辞書は一般辞書であって、語源辞典でない。どうして etymological という語をわざわざ使ったのであろうか（語源入りの英語一言語辞書は、Blount の *Glossographia*（1656）などすでに存在していた）。この頃の辞書編集の流れとして、語源をきちんと明示できる語が由緒正しい語で、そうでないものは隠語（cant）あるいは俗語（slang）として軽んじられ辞書から除外される傾向があった。英語の核となるべき由緒ある語を扱った辞典という意味合いであろう。さて、universal という語が示すように、Bailey の辞書の記述対象は、いわゆる難語に留まらず一般語に拡大し収録語は 4 万に及んでいる。1730 年には彼はさらに 8,000 語（俗語も含む）を加え、見出し語と語源となる語にアクセント記号を付け、簡素ながら図版も付した *Dictionarium Britannicum* を刊行した。この辞書の第 2 版（1736）は近代辞書の祖とされるジョンソンンの辞書の底本となった。この時代にもう一つ特筆すべき辞書は、Thomas Dyche & William Pardon の *A New General English Dictionary*（1735）である（本章で参照したのは 16 版（1777））。この辞書で初めて短いながらも文法解説 "A Compendious English Grammar" が付き、見出し語の後に品詞が表示された。といっても、品詞表示は名詞 S（substantive）、動詞 V（verb）、形容詞 A（adjective）、不変化詞 P（particle）の 4 つである（不変化詞は副詞（adverb）、接続詞（conjunction）、前置詞（preposition）など屈折変化しない語を指す。当時の品詞分類については Michael（1970）参照）。ざっと一覧すると収録語のほとんどが、「開かれた類」（open class）、特に名詞、動詞であることがわかる。

さて、当時の辞書編集の支えとなった広義のコーパスはなんだろうか。もちろん引用ファイルなどはなかった。彼らの主たるコーパスは先行辞書と新しい語を補うために貪欲に渉猟した文献だった。たとえば、Bailey は「Harris, Philips, Kersey その他以前に編まれたいかなる英語辞典より数千は多い語句を収録し」（*Universal Etymological*）、「すべてとは言わないまでも、多岐にわたるテーマに関する膨大な数の著作を読んだばかりでなく、P. Miller の植物学を始めとする多くの専門書の恩恵をうけている」

(*Dictionarium Britannicum*) と述べている。さまざまな先行辞書・事典をほとんど丸ごと飲み込み、その語義に多少の修正を加えつつ、新たに読んだ専門事典などから語彙を付け足すことによって収録語彙が増加・拡大してゆく過程がうかがえる。Mugglestone (2012: 30–45) の言葉を借りれば「創造的な無断借用」(creative appropriation)、あるいは「形容詞 crafty の意味が濃厚な craft」の時代ということができる。ともあれ、近代辞書の基盤は、方法論的にはともかく、こうして徐々に整い後はジョンソンの辞書を待つばかりとなった。

3. ジョンソンの辞書

ジョンソンの *A Dictionary of the English Language* (1755) は 16 世紀後半から 17 世紀の「最高の作家」(best authors) の作品から約 113,000 例を集めてデータとした (4 版ではさらに 3,000 例が加わった)。これらの用例をジョンソンはどうやって集めたのであろうか。Hulbert (1968: 22) と Bate (1975: 249) の話を総合すると、彼はまず引用しようとする本を自分で読み、例文に取ろうとする語にしるしをつけ、その語をふくむ文を 6 名の助手を使って用例カードに書き写し、これをアルファベット順に配列し、用例として使えるようにしたという。さらに用例カードが足りない場合は、記憶を頼りに引用したともいう (Bate1975: 49)。さて、言うのは簡単だが大変な作業であったろう。特に基本的な多義語の場合そうであったろう。たとえば、put は 66 の精緻な語義がありそこに用いられた引用例は、聖書から 37、Shakespeare から 26、Dryden から 15、Milton から 10、Swift から 8 に及ぶのである。

話は前後するが、ジョンソンは 1747 年の『英語辞書計画書』では概略「語源の確認できない語を認めぬことによって、我々は英語が隠語に蹂躙されぬよう、下品な言葉や愚劣・衒いから英語を守らねばならない」、「変化はすべてそれ自体悪である」という規範主義的な立場をとっていたが、辞書 (1755) の序文では「言語の変化は不可避である」「言語は人間、すなわち永続性や不変性を期待できない人間の作品である」といった記述主義的な見解を示している。その一方で、辞書本文では語源・論理に反する語法には'low', 'bad', 'vulgar', 'corrupt', 'ludicrous', 'barbarous'などというラベルを多用するなど矛盾した方針をとっている。おそらく彼は辞書を完成した段階で「言語の変化は不可避である」ことを実感しそれを序文に書き示したのであろう(Mugglestone 2012: 33–34)。

ともあれジョンソンの辞書は英語の「矯正」(correcting)、「改良」(improving)、「固定」(ascertaining)を求める彼の同時代の人々から「権威」ある辞書として高い評価を受けた。しかし後世の「慣用が言語のすべての基盤をなす」という立場をとる言語学者たちからの評価は低かった。たとえば、Fries (1963: 45–47) は近代言語学の発達を論じるにあたって、*The Oxford English Dictionary* を第一期言語科学発達期の中に含めているが、ジョンソンの辞書を含めていない。その理由に一つとして、OED は原則として語の規範的な判断を行っていないことをあげている。確かに OED には "In this sense *disinterested* is increasingly common in informal use, though widely regarded as incorrect" (s. v. *uninterested*) といった記述主義的な記述が多くみられるが、しかし、'affected', 'needless', 'pedantic''familiar', 'ludicrous', 'illiterate', 'ignorant', 'vulgar', 'improperly', 'erroneously', 'low' といった規範的な響きを持つラベルは珍しくない。さらに'catachrestic and erroneous uses, confusions and the like'を示す ¶ という記号もある。OED 編纂の原動力となった Trench (1857) は厳正な記述主義を説いたが、一方では「語や語義が言語の特質に反すると判断した場合、辞書編集者がそれを明示的に指摘することに何の反対もない」といった趣旨のことを述べている。OED 編者はこの考え方を受け継いだものであろう(南出 2005)。

ともあれ、ジョンソンのラベルは、社会的地位・モラルに関するものが多く、低社会階層語法や上流階級の気取った発音は普通の人は用いるべきでない、といった含みで用いられている。この社会階級と語法・発音の相互関係は Ross (1954 and 1956) によって U/Non-U という明示的な形で取りあげられ英国における辞書学・社会方言研究の伝統となった(Mitford1956: 1–28, Buckle1978: 28–49, Hughes 1988: 238–240)。

ジョンソンは引用ファイルを使用し、この方法は後の OED、ウェブスターの辞書などにも受け継がれた。また、日常的な語を句動詞なども含めて収録し精密な定義を与えるなど、その先見の明において彼はまさに近代辞書編集の祖ということができる。とはいえ、Lynch (2002) などが指摘するように、ジョンソンの辞書には、不正確な語源・定義や定義と引用例の不整合等の欠陥が少なくない。これが、Richard C. Trench の講演を生み、OED 編集へとつながって行くのである。

4. オックスフォードの辞書(1)

OED

Trench (1857) は当時の辞書の不完全さと欠陥を指摘し、アングロサクソン時代以降の英語の完全な調査を提唱し、これを受けた The Philological Society of London の呼びかけで New English Dictionary 計画が発足した。この辞典にかかわった人は多いが、中心になったのは、Herbert Coleridge, Frederick J. Furnivall の後を引き継いだ James A. H. Murray であった。彼はミル・ヒルスクールの校庭にスクリプトリアム (Scriptorium) と呼ばれる作業室 (1884 年にはマレーの自宅の裏庭に移された) を建て、リーディング・プログラムに従って全国のリーダー (reader) から送られてきた 600 万余の用例スリップを整理・配列して、助手とともに編集作業にあたった (Mugglestone 2012: 35) (OED に使用された引用例は 1,861,200 例といわれる)。当初の予定では 10 年で 4 巻 6,400 ページの辞書を完成する予定であったが、最終的には 70 余年の作業を経てオックスフード大学出版局 (OUP) から 1884 年に最初の分冊が発行され、これ以降新たに、Henry Bradley, William A. Craigie, Charles T. Onions などが編集に参加し 1928 年に 128 冊目の最後の分冊が出版され、同じ年に 10 巻からなる *A New English Dictionary on Historical Principles* (NED) が刊行された (Murray はすでに 1915 年に没していた)。そして 1933 年に 12 巻に再編集され、*The Oxford English Dictionary Being a Corrected Re-issue with an Introduction, Supplement, and Bibliography of A New English Dictionary on Historical Principles* (12 巻) ＋補遺 (Supplement) 1 巻 (全 13 巻) として出版された。このセットは広く普及したので、一般にOED初版(1928)といっているのはこの12巻構成のOED(1933)のことを指していることが多い。

初版は「英語の歴史を最も包括的にそして「通常の語」(common word)を最も完全な形で記録した世界最高の辞書」として高い評価を受け、OED第2版(1989)はこれに加えて「伝統的な辞書編集の技術を最新のコンピュータ技術に融合させた辞書」としてさらに高い評価を受けている。第2版に至る経過を簡単に見ると1957年にRobert Burchfieldは1933年補遺に代わる新補遺の編集に取り掛かった。1933年以降科学技術用語は激増し、英語もアメリカ英語、オーストラリア英語、ニュージランド英語、南アフリカ英語、カリブ英語へと拡大し、最終的には新補遺は4巻(1972–1986)となった(新補遺には1933年補遺も含まれる。また新補遺はOEDが原則的に除外した性に関するタブー語も収録した)。1984年にOEDの全データをデジタル化するNew Oxford English Dictionary Projectが発足し、John SimpsonとEdmund Weinerを中心とするチームは、最新のコンピュータ技術を駆使して、初版の本体12巻に新補遺4巻(1972–1986)を統合し、さらに5,000語を新たに追加した形で再編集し、第2版(全20巻)を1989年に完成させたのである。

追加された補遺の部分を除いた本体では、初版と第2版は同じであるが、細かく見てゆくと"ideological corrective"ともいうべき修正がかなりある。たとえば、初版ではcanoe=A kind of boat in use among uncivilized nations: Originally applied to those of the West Indian aborigines ... である。カヌーを使うのはuncivilized nationsと見なすのは当時の英国帝国主義的な観点からすればなんの躊躇もなかったであろう。「定義は言語が記録された当時の支配的なイデオロギー反映しているのである」(Benson 2000: 29)。しかし、第2版ではcanoe=A kind of simple, keelless boat: Originally applied to those of the West Indian aborigines... となった。同様の修正は*fetish, pagne, dirt-eating, war-dance, pottage*などにもみられ、civilized/uncivilized (or savage) という2項対立的な見方は第2版ではひっそり姿を消した。この民主主義的定義はもちろん第3版に向けてのOED Onlineでも引き継がれている。

OED Onlineは2000年から始まったが、語源・語義の修正と加筆、語・

語義の初出年の更新、新用例の追加（OEDは原則的には19世紀の産物なので、20世紀以降の例は新補遺を通じて入ってきたものを除いては極めて少ない）などの改訂作業を第2版と比較しながら、ほぼリアルタイムで見ることができる。また、オンライン辞書の長所は、その柔軟性において、変化してやまない生きた言語のダイナミズムと歩調を合わせることができることである。それゆえ、新語・新語義（e. g. *animal rightist*, *carbon*=carbon dioxide）は紙の辞書よりはるかに早く収録できる。この点で現在進行中のOED Onlineは新語辞書としても利用できるのである（新語・新語義の補遺は正規に行われる年4回のアルファベット順の改訂とは別進行で行われているようである）。最近の辞書学では、crowd-sourced content（CSC）/expert-sourced content（ESC）の相違がしばしば議論される（厳密にはexpertはlexicography expertとsubject-field expertに分かれる）。概して言えば、オンライン辞書（たとえば、*Urban Dictionary*, *Macmillan Open Dictionary*など）はCSCに、従来の紙の辞書はESCに属する。しかしOEDは例外で紙の辞書の時代からCSC+ESCであった。コンピュータ時代に入って、マニュアルからデジタルにその方法論は変わったが、'Wisdom of the Crowds' 尊重の精神は今も変わらない。また最近ではOED Onlineは*Historical Thesaurus of the Oxford English Dictionary*とリンクした。すでにこれを使った研究も発表されている（Zimmer 2012）。

5. オックスフォードの辞書（2）

COD, POD, NODE, ODE

さて20世紀初頭の英国ではOEDの完結を待ちわびる一方で、新しい一巻辞書に対する要求が強くあった。チェンバーズ社はこれに答えて、*The Chambers 20th Century Dictionary*（1903）を発行した。これに対応するため、OUPはOEDの完結に先立って、それまでのOED編纂の成果を取り入れつつ、しかし全く異なる構想の一巻ものの辞典を2つ発行した。*The Concise Oxford Dictionary of Current English*（COD, 1911）、*The Pocket Oxford Dictionary of Current English*（POD, 1924）で、いずれもファウラー兄弟

(W. Fowler & F. G. Fowler)の編集である。CODは自らを「圧縮の勝利」(triumph of condensation)と称している。改訂版も含めてCODは井上十吉『井上英和大辞典』、斎藤秀三郎『熟語本位英和中辞典』、岡倉由三郎『新英和大辞典』など大正期から昭和の初期にかけて英和辞典に大きな影響を及ぼした。その後、6版(1976)は語義配列を頻度順にするなど大改訂がおこなわれ、7版(1982)以降「圧縮された情報」よりも「検索容易な情報」を提供することが重視された。8版からコンピュータ組版になりフォーマットが大きく変わった。10版(1999)よりCODはthe British National Corpus, the Oxford English Corpus, OEDの引用ファイルをデータとする*The New Oxford English Dictionary*(NODE)(1998)系列に入り、「コンピュータコーパスに基づく」辞書となった。2004年には書名を変えCOED(*The Concise Oxford English Dictionary*)となった(厳密には修正10版(2001)で書名変更があった)。通算するとCOD 11である。現在一番新しいのが、2011年8月に出版された12版(COD12)である。この版は初版発行からちょうど100年になるので、"One hundred years of the Concise Oxford Dictionary" (by E. Knowles)という論文が収録されている。CODの歴史は英語辞書の歴史そのものでもあるのでこの論文は大変貴重である。一方PODも7版(1984)では語義配列を頻度順とするなどOED離れが顕著となり、CODと同様、8版(1992)以降は「圧縮された情報」よりも「検索容易な情報」を提供することが重視された。9版はNPOD(*The New Pocket Oxford Dictionary*)(2001)と書名を変えCODと同様NODE系列に入ったNPODは、2002年には再び書名を変えPOED(*The Pocket Oxford English Dictionary*)になった(通算するとPOD 10)。2013年にはその改訂版が出た(通算するとPOD 11)。(POD, POEDのペーパーバック版として*Oxford Dictionary of Current English*というのがあり、よく似た書名が錯綜している)。

また、*The New Oxford English Dictionary*(NODE)もNewを取って*The Oxford Dictionary of English*(ODE)(2003, 2005², 2010³)に書名変更した。

6. 米国の辞書

ウェブスターの辞書

1783年には米国はもはや英国の植民地ではなかったが、まだ一つの国家といえる状態でなかった。一つの国家としてまとまり英国から完全に独立するには何か確固たるものが必要だった。このような背景のもと書かれたのがウェブスター（Noah Webster）の *A Compendious Dictionary of the English Language*（1806）である。彼にとって辞書編集とは国家の主体性（identity）を確立し、旧世界と新世界を分離することであり、これらに関わってくる言葉の問題を解決することであった。その一つがスペリング改革である。彼がこの辞書で提案した主な改革スペリングは9種類に上るがそのうちの4つを紹介しておこう（詳しくは Essinger 2006: 222–224）。(1) *-ick* → *-ic*（e. g. mus*ick* → mus*ic*）(2) *-re* → *-er*（e. g. theat*re* → theat*er*）, (3) *-our* → *-or*（e. g. fav*our* → fav*or*）, (4) *-se* → *-ce*（e. g. offen*se* → offence）。これらのスペリングは1700年代には共存していたが、ウェブスターはより簡単で合理的なスペリングの採用を提唱したのである。

1828年にウェブスターはアメリカ辞書の金字塔ともいうべき *An American Dictionary of the English Language*（ADEL）を刊行した。微調整を行いつつスペリング改革を遂行する一方で、senator, congress などアメリカ固有の語を再定義しイギリス英語からの独立を確固たるものにした。この辞書の1841年版はいわゆる「交雑受精」（cross-fertilization）の元となり（英）*The Imperial Dictionary of the English Language*（1847–1850）－（米）*The Century Dictionary and Cyclopedia*（1889–1891）－（米）*American College Dictionary*（1947）－（米）*The Random House Dictionary of the English Language*（1966）－（英）*Collins English Dictionary*（1979）といった具合に後世の英米の辞書のみならず英和辞典にも大きな影響を及ぼした辞書を生み出したのである。*Imperial Dictionary* は19世紀英国で最も人気のあった辞書で、その豊富な挿絵（木版一部は銅版）は辞書学史上画期的なもので、この挿絵は1859年版の *American Dictionary of the English Language*、日本では『附音挿図英和字彙』（1973）などに利用された。*Century Dictionary* はその豊富な引用例と8,000もの図解で百科事典的辞書として人気を博し、『詳解英和辞典』(1912)など明治後期・大正期の英和辞典に影響を与えた。*American College Dictionary* はshwa /ə/を最初に取り入れた辞書で米国のカレッジ版辞典の原点となった．*The Random House Dictionary of the English Language* は後述するWeb 3に対抗する形で出された大型辞書で、これを底本にした日本語版『小学館ランダムハウス英和大辞典』が出版されるなど日本でも好評を博した。*Collins English Dictionary* は英国で長い人気を保っている辞書である。最新版は12版(2014)で、8版からはコンピュータコーパスも使用している。

上記のリストにOEDが上がっていないが、ADELがOEDに及ぼした影響はどうなのであろうか。Allen (1909: 17)は語の定義の面でOEDにも影響を与えたことを示唆している。Murrayがウェブスターを「生まれながらの語の定義人」と評したことからもありうることであろう。試みにmouseの定義をWebsterの"a small animal of the genus Mus, inhabiting houses. The name is also applied to many other species of the genus, as the field mouse, meadow mouse, rock mouse, &c." とOEDの"an animal of any of the smaller species of the genus *Mus* of rodents. Most commonly applied to the house mouse, *M. musculus*. Other species are the field or wood mouse, *M. sylvaticus*, the harvest mouse, *M. minutus*, and the Barbary mouse of North Africa, *M. barbarous*"を比較してみると(1語だけで判断するのはもちろん危険だが)、OEDの定義は「科学的定義」を嫌ったジョンソンの定義("the smallest of all beasts; a little animal haunting houses and corns, destroyed by cats")より「科学的定義」「百科事典的定義」を好んで使ったウェブスターに近い。さて、ADELのコーパスは、聖書、(政治・文化・動植物などに関する)専門書、アメリカ文学などをベースとする引用ファイルである。ジョンソンの辞書ほど英文学からの引用例は多くない。ウェブスター自身の作例も多い。その多くは"Vice is rarely a solitary invader; it usually brings with it a frightful train of followers."といった宗教的・教訓的な例で「聖書なくしては教育は無用」というウェブスターの宗教的信仰を反映している。*potato* にも通例の百科事典的定義の後、"one of the greatest blessings bestowed on man by the Creator"という注記がつく。キリスト教育財団(Foundation for Christian Education)がごく最近までADELの

レプリントを発行し続けてきた所以である。

1843年にウェブスターは死去し、ウェブスターに関わる版権はすべてをメリアム兄弟(George & Charles Merriam)が買い取りG. & C. メリアム社を設立した。その頃人気を得ていたJ. E. Worcesterの*Comprehensive Pronouncing, and Explanatory Dictionary of the English Language*(1834)に対抗するため、G. & C. メリアム社はウェブスターの娘婿でエール大学教授のChauncey A. Goodrichを編集主幹に迎え、*An American Dictionary of the English Language*の改訂版を1847年から1859年にかけて矢継ぎ早に出版した。1859年版には前付けに図版と類語解説を入れるなど工夫を凝らした。

G. & C. メリアム社は1864年にはGoodrichとNoah Porterの編集による全面改訂版(しばしば*Webster's Unabridged*と呼ばれる)を出し、ジョンソンの伝統を重んじるWorcesterとの辞書戦争を制し、Webster(あるいはWebster's)はエポニム(eponym)となった。アメリカ式スペリングの確立、発音区分法による発音表示、(百科事典的情報を加味した)新しい定義スタイルの確立、アメリカニズムの収録など、彼の辞書が辞書史に果たした役割は大きい。

その後G. & C. メリアム社は英語が国際語になったことを鑑み、*Webster's Unabridged*を改訂して、1909年には*Webster's New International Dictionary of the English Language, Unabridged*を発行した。この*International*版と引用ファイルについて少しふれておこう。第2版(1934)編集時には引用ファイルは2,615,000例に達していた。その後のたゆまぬ努力によって、第3版(Web. 3)編集時には4,500,000例に達していた。このように数量が増えたのはデータの収集の対象が文学や聖書を超えて、新聞・雑誌・専門ジャーナル・カタログなどあらゆるテクストタイプに広げたためである。この膨大な引用ファイルの不断の蓄積を支えたのは「言語経験を広める最良の手段は本を読むことである。人を圧するほどの良書を読むことによって人は言語の境界を打ち破り言語に関する個人的偏見を打破し、言葉の権威となりうる」という精神であった。

7. ウェブスター3版をめぐる論争

しかし人は言語経験を広めるほど「言語の混沌」に直面する。これに対処するには二つの方法がある。一つは混沌に法と秩序を求めることである。すなわち正と誤に分ける規範主義ともう一つは「言語の混沌」をあるがままに記録する記述主義的である。1960年代はまだ徹底した記述主義をモットーとする構造主義言語学が隆盛の時で、第3版(1961)の編集方針がその影響下にあったのは明らかである。しかしその記述主義は辞書に規範を求めるマスコミや一般大衆の攻撃にあって大論争が持ち上がった。ジョンソンの定義をもじって「辞書編集者は「労役者」(drudge)であろうが、もはや「無害」(harmless)ではないのは確かだ」とも批判された。翌年の1962年にはこの論争をまとめたJames H. Sledd & Wilma R. Ebbittt (eds.) *Dictionaries and That Dictionary* (Scott, Foresman and Co.)が出版されたことからもこの論争がいかに大きかったか推測できる。第3版に対抗する形で「記述」よりも「規範」を重視する*The American Heritage Dictionary of the English Language*が発行されたが、引用ファイルやコンピュータコーパスが提供する膨大な言語事実を無視して、主観的観点から一刀両断的に正誤を決めつけることはできず、レナード調査(Marckwardt and Walcott, 1938)にならって語法委員会(Usage Panel)を結成し、論争語法についてはひとまずその「実態」を観察し、委員会の「意見」とか「評価」を聞きそれを語法注記としてつける二本立ての形をとった。こうした方法を回りくどいと考える人々は語法辞典に助けを求めた。個人編集の語法辞典だと正誤に関して主観的な判断ができる。Henry Fowlerの*A Dictionary of Modern English Usage* (1926)を原点とする語法辞典の人気が衰えないのはこのためである。

さて第3版は新語を随時追加付録として補ってきたが、本文の本格的な改訂は1961年以来一度もなされていなかった。しかしオンラインの*Merriam-Webster Unabridged*は親子関係にある*Merriam Webster's Collegiate Dictionary*第11版とうまく連携し、新語も引ける辞書としてその存在を維持してきた。さらに2013年には5000の新語・新語義を収録するなど

増補を行い *Merriam-Webster Unabridged* は *New Merriam-Webster Unabridged* として登場した。増補は随時行われ、*cyberbullying*（ネットいじめ）も *cloud*（クラウド）も引ける上に、用例も厳選されていて（e. g. Your data is stored in the *cloud,* so it's accessible from anywhere. —Dan Moren, *Macworld,* February 2010）極めて有用性の高い大辞典に変貌したのである。

8. 日本の英語辞書

英和辞典の成立と発達

安政元年（1854）に開国の世になるが、英語との対応を迫られた幕府は、安政6年（1859）に、もと和蘭通詞、蕃書調所教授方の堀達之助に英和辞書編集を命じ、文久2年（1862）に『英和對訳袖珍辞書』を実現させた。『諳厄利亜興学小筌』、『諳厄利亜語林大成』から約50年を経ての出版であり、その目的もこの間の時代の流れを反映して、鎖国体制の維持・国防から欧米文化の摂取へと大きく変化した。『英和對訳袖珍辞書』は蘭英辞典を底本としながらも、日本人英語学習者に必要と思われない情報はたとえ底本にあっても削り（例えば、性（gender）の区別など）、逆に底本になくても必要と思われる情報を加える（例えば、自動詞（v. n.）、他動詞（v. a.）の表示とか、不規則変化を示す irr の表示：Go, went gone going, irr. v. n. 行ク）などして、今後の英和辞典編集の原型を示した。2007年に『英和對訳袖珍辞書』初版の草稿21枚、再版（1866）の校正原稿122ページ分が発見され、『英和對訳袖珍辞書影印』（名雲書店、2008）が発行されるなどして、初版・再版の編集作業の見直しも行われつつある（三好 2015）。

この『袖珍辞書』は官版の辞書として世人の信頼を得て、増補改訂が19世紀後半まで続くが、一方では蘭学の衰退、英学の興隆を反映して、『附音挿図 英和辭彙』（1873）、『英華和訳字典』（1879）、『ウェブスター氏新刊大辞書 和訳字彙』（1888）、『明治英和字典』（1889）などに見られるように、John Ogilvie、Peter A. Nuttall、ウェブスターなどの英英辞典や William Lobscheid、Robert Morrison などの英華・華英字典をベースにする英和辞典の編集が主流になった。一方で神田乃武他編『模範英和辞典』（1911）などに見られるように、明治期後半になると複数の英英辞典を底本として利用するようになり、底本にない情報を盛ることが多くなったため、次第に原本と原著者・訳者を明示しなくなった。代わりに編者、監修者として日本人の名が上がるようになり、書名も「字典」、「字彙」が廃れ「辞典」が一般になった。

OED, COD, POD の出現により、入江祝衛・井上十吉・斎藤秀三郎・藤岡勝二などの辞書に見られるように大正期の英和辞典はことば典的色彩を次第に強めていった。中でも注目すべきは斎藤の『熟語本位英和中辞典』(1915) で"Words are nothing in themselves, everything in combination."という指摘は現在盛んにいわれる phraseology, collocation の概念そのもので、斎藤の先見の明をうかがい知ることが出来る。1922 年には神田乃武・金沢久『袖珍コンサイス英和辞典』が発行された。この辞書もジョーンズ式発音を採用しその普及に貢献した。現在では木原研三『コンサイス英和辞典』第 13 版(2001) としてその伝統を受け継いでいる。

昭和に入ると語源解説を初めて盛り込んだ岡倉由三郎『新英和大辞典』(1927) が研究社から発行された。この辞典はすでに第 6 版(2002) まで版を重ねている。この他に現行の中型・大型英和辞典として『小学館ランダムハウス英和大辞典』、『ジーニアス英和大辞典』、『グランドコンサイス英和辞典』、『リーダーズ英和辞典』などがある。

一方学習英和辞典は戦後約 20 年を経て『新英和中辞典』(研究社) の出現によって新しい時代を迎える。現在第 7 版を数えるこの辞典は戦前に出た ISED の動詞型表示、可算名詞、不可算名詞、スピーチレベル表示、わかりやすい例文など発信に必要な情報をうまく取り入れ評判を得て、これを機会に学習辞典は「辞書戦争」に入ったのである。現在では『新英和中辞典』に加えて、『ジーニアス英和辞典』、『オーレックス英和辞典』、『ウィズダム英和辞典』、『スーパーアンカー英和辞典』、『ルミナス英和辞典』、『グランドセンチュリー英和辞典』など学習英和辞典は百花繚乱である。中でも『ウィズダム英和辞典』は日本で初めてコンピュータコーパスをフル活用した辞典としてその存在価値を高めている。

なお、『小学館−ケンブリッジ英英和辞典』にも言及しておきたい。これは、親版 *Cambridge Learner's Dictionary* に必要最低限の日本語を添えたものである(『ワードパワー英英和辞典』のように親版の英語の定義、用例のすべてに日本語訳を付けた英英和辞典もあるが、それとは異なる範疇の辞典である)。この形式の辞書は英語では bilingual dictionary と区別して semi-bilingual (or bilingualized) dictionary と呼ばれ、その歴史はヨーロッパにおいて18世紀中頃までさかのぼるが、これを学習辞典の視点から捉えなおしたのが Ian & Ari Kernerman の "Password Kernerman Semi-bilingual Dictionaries" シリーズである(Kernerman 2011)。英英和辞典は双解辞典(たとえば、斉藤静(1944)『双解英和辞典』など)と混同されるが、双解辞典は英和英辞典で、基本的には英和辞典である。『小学館ーケンブリッジ英英和辞典』は Kernerman Semi-bilingual Dictionaries の意図を正しく引き継いだ唯一の「英英和辞典」といえよう。

9. 日本の英語辞書

和英辞典の成立と発展

日本初の和英辞典は J. C. Hepburn の『和英語林集成』(1867) である。本書は、序文に"His principal dependence, however, has been upon the living teacher." とあるように、基本的には「生きた(日本語)教師」(living teacher) 即ち、彼が接触したさまざまな階層の日本人、彼の下僕、出入りの職人・商人、彼の患者等から吸収した日本語である。「生きた教師」をコーパスにしていることから、当時の日本人の日常生活語彙を俗語・擬声語 (e. g. Jara-jara)・方言 (e. g. uwanari) なども含めて精力的に収録している。初版のローマ字表記は、後にかなり変化するが、現在ヘボン式と称されるローマ字表記(チ (chi)、シ (shi)、ジ (ji)、ツ (tsu)、フ (fu)) は、初版よりも3版のものに近い。いずれにせよ、Joseph Wright の *The English Dialect Dictionary* (1898–1905) に先駆けて "Quotations are spoken." を基軸とするフィールドワーク的な辞書が日本で誕生していたことは注目に値する。

『和英語林集成』はヘボンが日本を去ってからも4版ー9版と版を重ねたが、実質第3版と同じである。後の和英辞典に与えた影響は極めて大きかった。ヘボン離れが起こるのは1900年代というのが定説である。英和辞典と違って、範とする英英辞典がないため、見出し語は既存の国語辞典を参考にできるとしても、英文用例収集はゼロからの出発であったため和英辞典の編集は難行であったろう。現在の和英辞典のモデルとなったのは竹原常太『スタンダード和英大辞典』(1924)と武信由太郎主幹『新和英大辞典』(1931)(この辞典は『研究社 新和英大辞典』として第5版(2003)まで版を重ねている)でなかろうか。それぞれの特徴を見てみると、『スタンダード』は、「日本英語」(Japanese English)から脱するため英米の新聞・雑誌・文学などから集めた30余万例をコーパスとして用い、その中から約6万例を精選し、ジョンソンの辞典に倣って各用例に *Spectator* のように簡単ながら出典を示した。

序文には、「此のジョンソンの採りたる方法は和英辞典編集者の踏襲すべき唯一の方法なのである」とある。『新和英大辞典』は「邦人の英文に免れ難き和臭」を取り除くため、*A Basic Guide to English Composition*(研究社、1928)の共著者であるG. B. Sansomが全用例の「ネイティブチェック」を行った。

和英辞典の目的は、「日本語で言いたいこと」を自然な英語でどう言うかを示すことである。英文先行型だと「日本語で言いたいこと」が脱落してしまう可能性が大きい。また英文校閲は日本語と英語のずれを見落としやすい。『ジーニアス和英辞典』第3版(2011)では、日本語と英語の母語話者のペアを約40余組作り、共同で作成した10万余の用例をコーパスとし、自然な日本語に対する自然な英語を提供することを試みている。日本語・英語コーパスを併用しつつ、日本語・英語母語話者の直観(intuition)と内省(introspection)をコーパスとして最大限に生かした和英辞典編集の一つのモデルを示したといえよう。

学習和英辞典も、戦後その数はおびただしく増えた。『新和英中辞典』、『プログレッシブ和英中辞典』、『オーレクス和英辞典』、『ウィズダム和英辞典』、『スーパーアンカー和英辞典』、『ルミナス和英辞典』など英和辞典に劣らず百花繚乱である。

10. パーマー(Harold Palmer)とホーンビー(A. S. Hornby)

パーマーの *A Grammar of English Words* (1938) はいわゆる文法コード (C, U, VP1 〜 VP27 など) を採用した最初の英語辞書ということができる。この文法コードを精密化して学習辞典に組み入れたのが、A. S. Hornby, E. V. Gatenby & A. H. Wakefield の *Idiomatic and Syntactic English Dictionary* (1942, ISED) である。文法コードで注目すべきことはいくつかあるが、一つ上げると、(1) He *wants to go*. (2) He *happened to be* out when she called はともに表層構造は動詞 +to-infinitive であるが、ISED は基底構造の相違に着目して (1) VP2=Transitive Verb+ (not) to+Infinitive, (2) VP25B=Intransitive Verb+to+Infinitive という具合に異なる動詞形に分類している。生成文法の先取りと言われたこともあったが、これは Jespersen (1937) の知見を援用したものである (Close 1977)。この ISED に先だつこと 1935 年には最初の EFL 辞典とされる、M. P. West & J. G. Endicott の *The New Method English Dictionary* (1935) が出ている。初めて制限定義語彙 (1,490 語) を採用した辞書である。今日では名詞の C U、動詞型、制限定義語彙などは学習英英辞典の定番であるが、その楚を作ったのが、パーマー、ホーンビー、ウェストということができる。

さて ISED は OUP に版権が移り、3 版 (1974) からは *The Oxford Advanced Learner's Dictionary of Current English* (OALD) のように Oxford の名が冠されるようになり今日の第 9 版に至っている。1978 年に *Longman Dictionary of Contemporary English* (LDOCE) が発行されて「EFL 辞典の第 2 世代」に入った。LDOCE は OALD の伝統をよく引き継いでいるので、両者は「いとこ同士」(cousins) と称されることもあったが、制限定義語彙 (約 2,000 語) を採用したこと、文法コードを動詞のみならず形容詞・名詞の型にまで拡大かつ精密化し、その情報を R. Quirk, et al. (1972) *A Grammar of Contemporary English* (Longman) に仰いだこと、文体表示を 4 段階にしたこと等の点で新しい学習辞典の道を切り開いた。しかし精密な文法コード化は「ユーザーフレンドリーでない」(Béjoint 1981) との批判に押されて一挙に後退し、1980 以降学習英英辞典はコード化の削減、あるいはより透明度の高いコード化の採用の時代を迎えるのである。

コンピュータの観点から見てみると、本章の冒頭で述べたAHDSが先駆的役割を果たしたわけであるが、後の辞書に大きな影響を与えたのは、大規模なコンピュータコーパスを構築し、コーパス根拠に基づく、語の頻度、語義配列、レマ化、コロケーション記述、用例例示に新しい原理・原則を提唱、実践し、共テクスト (co-text) に反復生起する言語事象を巧みに生かした文形式の定義を試みたCOBUILD (1987) である。COBUILD以降コーパスは辞書編集、特に学習辞書編集に不可欠のツールとなった。また、EFL辞典の形態も大きく変わろうとしている。これまでDVD-ROM版/オンライン版は冊子体のおまけという感じであったが、最近の出版状況をみるとオンライン版/DVD-ROM版が主体で、冊子体は (pin code, DVD-ROMを入手するための) おまけという感じになった。また、すでに冊子体を廃止して全面的にオンライン版に移行したEFL辞典もある。スマートフォンの普及もあり、オンライン化の傾向はますます拍車がかかることが予想される。これについては詳しい議論が第1章および3章以降でなされている。

参考文献

Allen, P. S. (1909/2011) *Noah Webster's Place among English Lexicographers.* Springfield, Mass: G. C. Merriam. [Nabu Public Domain Reprint (2011)].

Archer, Peter and Linda Archer. (2012) *500 Foreign Words & Phrases You Should Know to Sound Smart.* Avon, Massachusetts: Adams Media.

Bailey, Nathan. (1721) *An Universal Etymological English Dictionary.* London: J. Darby.

Bailey, Nathan. (1736/2011) *Dictionarium Britanicum.* London: T. Cox. [Eighteenth Century Collections Online Print Editions, 2011].

Baker, Paul, et al. (2006) *A Glossary of Corpus Linguistics.* Edinburgh: Edinburgh University Press.

Bate, W. Jackson (1975) *Samuel Johnson: A Biography.* New Work: Counterpoint.

Béjoint, Henri. (1981) The foreign student's use of monolingual English dictionaries: A study of language needs and reference. *Applied Linguistics* 2 (3) : 207–222.

Benson, M. et al. (eds.) (1986) *Lexicographic Description of English.* Amsterdam: John Benjamins.

Benson, Phil. (2000) *Ethnocentrism and the English Dictionary.* London: Routledge.

Boswell, James. (1791/1992) *The Life of Samuel Johnson*, reprinted edition with an introduction by Claude Rawson. New York: Knopf.

Bodleian Library. (ed.) (2007) *The First English Dictionary 1604 by Robert Cawdrey: Introduction by John Simpson*, Oxford: The Bodleian Library [*A Table Alphabetical* (1604)] の復刻版].

Buckle, Richard. (ed.) (1978) *U & Non-U Revisited: A Classic Compendium for All Those Who Wish to Be in the U-know*. London: Debrett's Peerage.

Close, R. A. (1977) An analysis and arrangement of verb patterns. *ELTJ*, XXXII (I) : 23–33.

Crystal, David. (2006) *Samuel Johnson: The Dictionary of the English language: An Anthology*. Cambridge: Cambridge University Press.

Dyche, Thomas and William Pardon. (1735) *A New General English Dictionary: Peculiarly Calculated for the Use and Improvement of Such as Are Unacquainted with the Learned Languages*. London: G. Bathurt.

Essinger, James. (2006) *Spell Bound: The Improbable Story of English Spelling*. London: Robson Books.

Firth, J. R. (1957) A synopsis of linguistic theory 1930–55. *Studies in linguistic Analysis* (Special volume of the Philological Society), pp.1–32. Oxford: Basil Blackwell. 1968.

Fries, Charles C. (1962) *Linguistics and Reading*. New York: Holt, Reinhart and Winston.

Hughes, Geoffrey. (1988) *Words in Time: A Social History of the English Vocabulary*. Oxford: Basil Blackwell.

Hulbert, James. R. (1968) *Dictionaries: British and American*, revised edition. London: Andre Deutsch.

Jespersen, Otto. (1937) *Analytic Syntax*. London: George Allen & Unwin.

Johnson, Samuel. (1755) *A Dictionary of the English Language*. London: W. Strahan et al. Facsimile edition. London: Times Books. 1979.

見坊豪紀(1976)『辞書をつくる』玉川大学出版部.

Kernerman, Ari. (2011) A quarter-century of semi-bilingual dictionaries. In Kaoru Akasu and Satoru Uchida (eds.) (2011) *Lexicography: Theoretical and Practical Perspectives: Asialex 2011 Proceedings*, pp.239–246.

Lynch, Jack. (2002) *Samuel Johnson's Dictionary: Selections from the 1755 Work That Defined the English Language*. New York: Levenger Press.

Marckwardt, Albert H. and Fred Walcott. (1938) *Facts about English Usage*. New York: Appleton-Century-Crofts.

Mcdermott, Anne. (ed.) (1996) Johnson's Dictionary: CD-ROM version of the first (1755) and fourth (1773) editions. Cambridge: Cambridge University Press.

Michael, Ian. (1970) *English Grammatical Categories and the Tradition to 1800*. Cambridge: Cambridge University Press.

南出康世(1989)「文法と辞書における規範主義—18 世紀から 19 世紀まで—」『近代英語研究』5: 1–16.

南出康世(1991)「辞書」「文法書」大阪女子大学付属図書館編『蘭学英学資料選』pp.126–173.

南出康世（1994）「日本における英語辞書学成立の背景―蘭和辞書学と蘭英辞書学の融合―」『英学史研究』27: 107–118.

南出康世（1998）『英語の辞書と辞書学』大修館書店.

Minamide Kosei. (2003) English lexicography in Japan with special reference to the Unabridged Genius, In Minoru Murata et al. (eds.) *Dictionaries and Language Learning: How can Dictionaries Help Machine and Human Learning ? : Proceedings of ASIALEX'03 Tokyo*, pp.39–41.

南出康世（2005）「OED 覚え書き」『女子大文学（英語学英米文学編）』6: 1–35. 大阪女子大学.

南出康世（2011）「辞書と辞書学」岡田伸夫・南出康世・梅咲敦子編『英語研究と英語教育』（英語教育学大系第 8 巻）pp.155–172. 大修館書店.

Mitford, Nancy. (ed.) (1956/2002) *Noblesse Oblique: An Enquiry into the Identifiable Characteristics of the English Aristocracy with an Introduction by Ned Sherrin* (Oxford Language Classics (2002)), Oxford: Oxford University Press.

三好彰（2015）「『英和対訳袖珍辞書』草稿の影印本の功罪」日本英学史学会第 25 回全国大会（於：拓殖大学）プログラム・研究発表レジュメ, p.15.

Mugglestone, Linda. (2012) *Dictionaries: A Very Short Introduction.* Oxford: Oxford University Press.

Ross. A. S. (ed.) (1956) *What Are U ?* London: Andre Deutsuh.

Ross, Allen C. (1954) Linguistic class-indicators in Present-day English, reprinted in Nancy Mitford (ed.) (2002) *Noblesse Oblique* (Oxford Language Classics), pp.1–28. Oxford: Oxford University Press.

Sheidlower, Jesse. (2008) Inside the OED, Part1-Part3, Visual Thesaurus, July 30—August 6, 2008. 〈http://www.visualthesaurus.com〉 2012. 8. 30.

Sinclair, John M. ed. (1987) *Looking Up: An Account of the COBUILD Project in Lexical Computing.* London: Collins ELT.

Starnes, DeWitt T. and Gertrude, E. Noyes. (1946) *The English Dictionary from Cawdrey to Johnson 1604–1755,* New edition with an introduction and a select bibliography by Gabriel Stein. Amsterdam: John Benjamins, 1991.

Todd, Richard W. (2006) *Much Ado about English: Up and down the Bizarre Byways of a Fascinating Language.* London: Nicholas Brealey Publishing.

Trench, Richard C. (1857) *On Some Deficiencies in our English Dictionaries: Being the Substance of Two Papers Read before the Philological Society Nov. 5, and Nov. 15.* London: John W. Parker and Son.

Webster, Noah. (1808) *A Compendious Dictionary of the English Language.* New Haven: Hudson and Goodwin.

Webster, Noah. (1828) *An American Dictionary of the English Language.* New York: S. Converse. Reprinted edition prefaced by R. A. Slater. San Francisco: Foundations for American Christian Education, 1986.

Yamada, Shigeru. (2013) Monolingual learners' dictionaries—Where now? In Howard Jackson (ed.)

(2013) *The Bloomsbury Companion to Lexicography*, pp.188–212. London: Bloomsbury.

Zimmer, Ben. (2012) How we talk about "other" men and women, Visual Thesaurus, July 26, 2012. 〈http://www.visualthesaurus.com〉 2012. 8. 30.

III

語義説明*

赤須薫

1. はじめに

本章では「語義」を扱う。コンピューターコーパスの導入により、辞書編纂上および辞書学にどのような変化がもたらされたのかについては、次の Rundell and Stock (1992a: 14) のことばが明快に語ってくれていると思う。

> It [=the corpus] can be of immense help in enabling the lexicographer to give examples to show the word in its most typically or frequently used contexts. It allows the lexicographer to structure an entry in such a way as to reflect how a word is normally used in a broad range of situations. It can give the dictionary maker to give an accurate account of grammatical behaviour at the level of individual senses of a word.

要するに、語に関して言えば、その最も典型的な用法およびコンテクストが示されるので、その語がどういう風に普通は使われるのかがよくわかるようになったということである。ここで注目しておいてほしいことは、語の「意味」がわかるようになったとは明確には述べられていないという点である。

さて、言語には基本的に「形式」と「意味」という両面がある。本章で扱う「語義」は当然ながら「意味」の問題である。コーパスは、容易に想像がつくことであるが、形式面の処理において長足の進歩を遂げた。それは、形式は目に見えるものであり、コンピューターが直接対象として捉えることができるという面が大きくかかわっていると言えよう。上記の引用においても、「用例」や「語の文法的振る舞い」といった、いわば形式面への言及が見られるが、そのような背景があることは明白であろう。

「意味」は内的な存在なので、直接は目に見えない。すなわち、コーパスデータを表面的に見ているだけでは捉えることができないのである。したがって、語義にかかわる問題は、「動詞の主語あるいは目的語にどのような語が来るか」とか「形容詞に付く前置詞は何であるか」、「ある特定の名詞を修飾する形容詞は何であるか」といった形式的な問題とは異なる面があることをまず認識しておく必要がある[1]。つまり、意味の特定には人間の目というか「判断」が強く求められるのである。

2. コーパスの導入と語義記述の変化

2.1. 頻度と語義配列

意味を特定する話に入る前に、コーパスの導入により、辞書においてどのような変化が語義記述において起こったかを具体的に見ておきたいと思う。ここでは、いわゆる一言語学習辞書の代表と言える「学習英英辞典」を例にとって考えてみることにする。

ほんの一例であるが、名詞の film がどのような語義記述をされていたか、OALD の 3 版と 5 版で比べてみよう[2]。

OALD3

film[1] **1** [C] thin coating or covering
2 [C, U] roll or sheet of thin flexible material for use in photography
3 [C] motion picture

OALD5

film[1] **1** [C] (*esp Br*) a story, etc recorded as a set of moving pictures to be shown on television or at the cinema; a MOVIE
2 [C, U] a roll or sheet of thin flexible plastic that is sensitive to light, for use in photography
3 [C usu *sing*] (**of sth**) a thin covering on or over sth

名詞 film には基本的には 3 つの意味があることがわかる。①映画、②フィルム、③薄膜、である。学習者用英英辞典としては一番歴史のある OALD であるが、1973 年に出た 3 版においては③→②→①の順番であった。それが、コーパスの利用をうたった 5 版（1995 年発行）では順番が全く逆になっていて、①→②→③となっているのがわかる。容易に想像されることであるが、コーパスの活用がこの記述の変更の大きな要因になっているのではないかと思われる[3]。

LDOCE ではどうなっているであろうか。

LDOCE1

film[1] **1** [S; U] a thin skin of any material
2 [C; U] (a roll of) the prepared substance on which one takes photographs or makes cinema pictures
3 [C] *esp. BrE* a cinema picture

LDOCE3

film[1] **1** [C] *especially BrE* a story that is told using sound and moving pictures, shown at a cinema or on television for entertainment; MOVIE
2 [U] the making of films considered as an art or business
3 [U] the material used in a camera for taking photographs or recording moving pictures for the cinema
4 [C] *BrE* a metal container with film in it that you put inside a camera to take photographs
5 [singular, U] a very thin layer of something that appears on the surface of something else

LDOCE 初版の出版年は 1978 年で、コーパス活用を前面に打ち出した 3 版は 1995 年の発行である[4]。種々の面で新機軸を打ち出し、話題をさらった LDOCE1 ではあったが、問題の語義順は、期せずして OALD3 と同じで、③→②→①であった。それが、3 版になると、語義が細分化され語義区分が増えた点が表面上大きく異なるものの、基本的な語義順は同年出版の OALD5 と同じく①→②→③と変更になっている[5]。これもコーパスのデータ活用と結び付けて考えられるであろう。

それでは、初めからコーパス準拠を謳ったCOBUILDの初版ではどうなっていただろうか。

COBUILD1

film 1 A **film** is moving pictures shown on a screen, especially at a cinema, that tell a story, or sometimes show a real situation or series of events.
2…
3 Film of something is moving pictures of a real event that are shown on television or on a screen.
4 Film or a **film** is also a long narrow flat piece of plastic that is used in a camera to take photographs.
5 The making of cinema films, considered as a form of art or a business, can be referred to as **film** or **films**.
6 A **film** of powder, liquid, or grease is a very thin layer of it on the surface of something.
7 Plastic **film** is a very thin sheet of plastic, used especially to wrap and cover things.

COBUILDの初版の出版年は1987年であるが、語義順は既に①→②→③となっていたことがわかる[6]。COBUILD1の制作過程はSinclair (1987)に詳しく述べられているが、コンピューターコーパスの活用の有用性と重要性を如実に示してくれている例と言えよう[7]。

COBUILD1が拠りどころとした、もともとのコーパスは総語数が700万語程度であった。辞書出版当時で約2,000万語になったとのことである(Sinclair 1987: *vii*)。その後、このコーパスはthe Bank of Englishと称されるようになるが、そのデータで名詞のfilmのコンコーダンスの例を見てみたいと思う。単数のfilmが90,521行、複数のfilmsが22,873行あり、総ヒット数は113,394行となった。その中から無作為に選んだ100例を対象に語義を精査してみた。以下に、コンコーダンスラインの一部を示す。

表 1.　film/films NOUN の検索の KWIC 表示

posts, or directorships in film or television. Pessimists say
them from the rest of the film. Kroyer says that as long as
coaches, sitting intheir film rooms decide a national
So for some insight into these film offerings we turn to Paul
of special effects for a film. <p>Hydeman: Well, a lot of
What was the first Bond film in which Roger Moore
says: ` I've seen bits of the film-but years ago. <p>She was
watches and luxury goods to film stars like Joely Richardson
John Barry, the legendary film music composer, has given six
favourite 007."Brosnan and the film's other stars, including
John Motson's favourite film is Groundhog Day. That's the
She said: ` I have seen the film thousands of times but I still
You'll just have to see the film ! "The boys, who have scored
put something in your way. The film industry is a many-splendoured
specialized makes. Chromogenic film uses colour film chemistry to
he had got tickets for this film, and took me along to see it.
10.30am-4pm) in all aspects of film-making, from acting to camera,
remember, as a director. The film's backer, Orion Pictures, was
t."<p>The one time she did a film just for the money she was
wholesome, finale. Due to the film's unconventional structure, it'
（中略）
<date>19980705</date>TOP FILMS 1 # City of Angels (12) New
about the subjects of his films is their lack of self-
picture can surf the net, show films, manage all your affairs, and
You will want to know what films are suitable for your
organisers, the year's top films and actors seem certain to be

ここで示した短い用例だけでは判断がつかない場合もあるので、コンテクストを拡げて調べてみる必要があった。その結果、ここで得られた100 例の film/films の意味の内訳は、次の通りとなった[8]。①「映画」88 例、②「フィルム」9 例、③「薄膜」2 例。①の「映画」の意味が圧倒的に優勢であった。当該辞書が現代英語を対象とした辞書であること、また辞書の想定する対象者が学習者であるという性格、目的を考えれば、最も高頻度の「映画」の語義を一番先に出すことは当然の処置と言えるであろう。本格的にコーパスデータを採用した LDOCE3 や OALD5 も同様の取り扱いになったことは既に見た通りだが、十分うなずけることである。ここでは名詞の film を例として取り上げたが、他の語（名詞の spring や tea など）の意味の異動を調べてみても、同様の傾向が見られることがわかる。

Rundell and Stock (1992a) のことばを繰り返すまでもなく、コーパスデータはその頻度によって「何が普通であるか」がよくわかる。ここで見た語義の配列順の変化は、そのようなコーパス活用の特に大きな成果であり、それによる顕著な改善と言ってよい。

この関連で、COBUILD1 の、動詞 take の記載事項の冒頭に見られる記述に関して一言触れておきたい。

take ... The most frequent use of **take** is in expression where it does not have a very distinct meaning of its own, but where most of the meaning is in the noun that follows it (i.e. its direct object). The first paragraph gives examples of some of the main nouns which follow **take**, grouped as clearly as possible into different senses.

いわゆる「軽動詞 (light verb)」として使用される場合の take である。具体的な表現としては、take a look, take a nap, take a shower, take a walk, take a decision などに見られるものである。「発見」と言ってもよいかもしれない、このような事実の掘り起こしは、やはりコーパスデータのなせる技であり、最も得意とする分野であると言えよう。

ちなみに、OALD5 では動詞の take には語義番号が 41 あったが、この語義は最後の 41 番目に記載されている。他方、LDOCE3 では同 47 項目中 2 番目の語義として出てくる[9]。辞書には語義配列に関するそれぞれ固有の原理原則・考え方・方針というものがあるので、どれがよくてどれが悪いとは一概には言えない。COBUILD1 でこのような「語彙的意味をほとんどもたない」動詞 take の用法を最初に持ってくるという処理をしたのは、少なくともこの例においては「頻度」を最重要視したと考えられる[10]。いずれにしても、頻度という客観的な「物差し」を手に入れることができたことは、語義配列を考える際の基準の選択肢が増えたことを意味し、辞書編纂者側の立場に立てば大変歓迎すべきことであると言える。

2.2. 選択制限

動詞の主語あるいは目的語にはある特定の性質をもった名詞が来なければならないとか、名詞を修飾する形容詞にはどのような特性の名詞が来なければならないかといった、意味上の制約を個々の語が要求することが知られている。これを「選択制限（共起制限と呼ばれることもある）」と言う。COBUILD1 の分析を行った小島他（1989: 99–103）において、問題点が散見されるものの、選択制限の記述が他の辞書よりも豊富であるという指摘がなされている。この点も、コーパス利用との関連で注目に値する。

具体的に考えてみよう。前節で名詞 film の語義記述を 3 つの辞書で見たが、③の「薄膜」に相当する語義を比較してみたい。COBUILD1 では、語義番号の 6 がこれに当たる。そこでは "A film of powder, liquid, or grease is a very thin layer of it on the surface of something." と定義されていて、薄膜が「どのようなものから成るのか」が具体的に示されていて、明示的な表現になっている。同じものを定義するに当たり、OALD5 では "a thin covering on or over sth" となっており、簡潔さではまさるが、「薄膜」がどのようなものから成るのかは一切わからない[11]。LDOCE3 でも "a very thin layer of something that appears on the surface of something else" となっていて、より多くの語を費やしてはいるが、結局 something とあるのみで、これも不鮮明である。8 年も早く出版されているにもかかわらず、COBUILD1 の方が選択制限の記述において優れているのがよくわかる。コーパスデータを徹底的に活用したことの表れであろう。

もう 1 つ別の例で考えてみよう。Rundell and Stock（1992b: 23–24）では、動詞 commit の目的語にどのような特性を有する名詞が来るかが論じられている。この動詞 commit はいわゆる多義語であるが、ここでは「（罪など）を犯す」という最も中心となる意味を対象としている。Rundell and Stock（1992b）は、母語話者の直観（intuition）により多少は想像はつくのであるが、確信をもって問題の名詞の通常の範囲を特定するにはコーパスデータに頼るしかない、それが唯一の方法であると明確に述べている。結果として、目的語の名詞は大体次の 3 つのカテゴリーに分けることができるとのことで、1 つは "specific 'named' crimes such as treason, rape, assault, and robbery with violence"、2 つ目は "acts of great wickedness or cruelty: 'barbarities', 'evil deeds', 'genocide', and the like"、3 つ目として "major blunders or errors of judgement that have great consequences" が挙がっている。これら3つのカテゴリーに共通している特徴に関して、次のように述べている。

> Across all these categories, one common feature persistently recurs and compels us to take note of it: **commit** overwhelmingly connotes wrongdoing of a very *serious* kind. Where the object of the verb is some form of crime, this is almost always a major offence and most typically one that involves violence.

つまり、「犯罪」であれば何でもよいということではなく、そこには軽重の違いが見られ、何かしら「暴力的な行為」を伴うものという特性が求められるとのことである。「軽い」犯罪ではニュアンスが合わないようだ。このような情報を見出し項目内に実際どのような形でどこまで盛り込むかは個々の辞書の編者の判断にゆだねられる問題であるが、コーパスデータの活用により、より客観的な証拠に基づく有益な情報が得られるようになったことは確かであり、貴重である。

2.3. 副詞

副詞といっても様々なものがあるが、ここでは formally, loosely, slowly といった、形容詞に接尾辞 -ly を付けて派生される、いわゆる「-ly 副詞」を対象として考える。その理由については、次の Landau (2001: 297) のことばが参考になる。

> Adverbs are perpetually slighted in dictionaries because it is so easy to run them on to adjectives and pretend they are less important and that their meanings can be easily surmised from the adjectives.

すべての辞書が -ly 副詞をそのように「軽く」扱っているわけではないが、おおむねそのような処理がなされてきたというのも一方では事実であろう。特に頻度の低い -ly 副詞となると、~·-ly という形の「追い込み見出し」にして、定義は言うまでもなく用例もなくそれだけで済ますということがなされてきた。Landau (2001: 297–298) は significantly という副詞を例にとって、次のように続ける。

> Dictionaries define "significant" as important, worth noticing, and meaningful. An examination of "significantly" in our corpus showed first of all that it was fairly common, occurring 18.6 times per million words, almost exactly the same frequency as the word "realistic," for example–hardly a rarity. The corpus evidence also showed that its most common meaning was not "importantly" but "by a noticeably large amount, " as in these two corpus examples: "Our prison population has significantly increased in the last ten years" "Men are making significantly more money than women at the same professional level." By measuring relative frequency, the corpus told us that this word is worth including and its examples showed that meanings inferred from the adjective were insufficient; the word therefore merited separate-entry status and its own definition. Neither the lexicographer's intuition nor experience would have yielded enough information to make that decision.

現に OALD3 では significantly を"**~•-ly** *adv*" と記載するだけで済ませていたし、LDOCE1 においても"**~ly** *adv*"とあるのみであった[12]。

同様に、副詞 lamely もよく知られた例であろう。もともとは Moon (1987: 94–95) に言及が見られ、後に多くの日本人研究者によっても取り上げられた経緯がある (例えば、八幡 (1996)、赤野 (1997)、鷹家・須賀 (1998) など)。すなわち、形容詞の lame には 1 足が不自由な、2 (言い訳などが) 下手な、という 2 つの語義があるのだが、副詞の lamely になると '"But I still love you, " he added rather lamely.' (LDOCE3 の lamely の用例) という例文に代表されるように、形容詞の 1 ではなく 2 の語義が派生した意味で普通は使われるのである。この事実が以前の辞書では正確に捉えられていなかった。このような事実の発掘にはコーパスデータの活用が大いに物を言うのである。繰り返しになるが、意味の分析には、人間の目、判断・解釈が求められるという点を再度強調しておきたいと思う。

2.4. 語用論的意味

ここでは、文体(style)・位相(phase)・使用域(register)などと称されるものから、日本語ではまだ定訳がないように思われる意味的プロソディ(semantic prosody)の問題を含む現象を取り上げることにする。これらを「語義」に含めてよいのかどうかは議論の余地があるところであろうが、コンテクストがかかわるという意味でこれらを「語用論的意味」と称して、以下、まとめて論じたいと思う。

最初に、文体・位相・使用域関係から考える[13]。COBUILD1では定義の説明文の中に組み込まれていたが、辞書では一般に語法レーベル(usage label)と呼ばれる表示によって示される内容である。種々のレーベルがあるわけだが、ごく一部のレーベルを取り上げ、コーパスを利用して判断がしやすいものとそうでないものとがあることを指摘しておきたい。

まず初めに、位相の問題を取り上げる。英米などの地域レーベルがこれに属する。イギリス英語やアメリカ英語といった地域変種ごとにタグ付けがなされているというのが当然前提になる。白黒がつく(either-or)というよりも程度(more or less)の問題が多いので、簡単であるとは言わないが、比較的処理はしやすい方である。これと似た分野で、話しことばであるか書きことばであるかという使用域を示すレーベルがある。これも同様の扱いをすることができる。Rundell(1995: 31–35)は、British National Corpus内の話しことばデータを利用して得られた、さらに細かなそして興味深い調査結果を報告している。十代の若者だけが使う特別なsadという語があること、Shall I… ?は全世代にわたって使用が見られるが、I shall….の使用は50代以上が中心であること、gorgeousという形容詞の使用は男性よりも女性が3倍多いこと、などである。年齢・性別・出身・職業・社会的地位といった、より細部にわたる属性に基づく分類がなされ、それに対応するタグが付されていれば、このような指定も可能となる。

以上のレーベルに対して、判断が難しい部類に属するものとしては文体関連のレーベルが挙げられる。例えば、かなり頻繁に使われる「格式的」(formal) と「略式的」(informal) というレーベルを考えてみよう。格式的であることと略式的であることは、理論的には両極であるけれども、現実には連続体であって、切れ目がないと考えられる。そして、確かに格式的な場面でのみ使われる語あるいは略式的な場面でのみ使われる語があるであろうが、多くの語は中立的であって、いずれの場面でも使えるということになる。したがって、格式的な(あるいは略式的な)場面で使われているからといって、その語を格式的(あるいは略式的)であると一概には特徴づけられないという面がある。そのようないわば内的な理由に根ざす難しさがある一方で、コーパスで得られるデータは一部の用例であり、範囲が限られている。たとえ用例の文脈を拡大したとしても、小説の一節を読むような場合とは異なり、その場の「雰囲気」をつかむのは時として難しいというのも事実である。

ここで、参考までに日本語の例を考えてみたい。「ご飯」と「めし」、「食べる」と「食う」という2つのペアを例にしてみよう。確かに「ご飯」と「めし」という二語同士で考えれば、その間に格式度 (ないし略式度) に差があることは日本語話者であれば明白であろう。また、「食べる」と「食う」でも同様の指摘ができよう。そこで、仮に「ご飯」と「食べる」を格式として、「めし」と「食う」を略式としたとしよう。「ご飯を食べる」と「めしを食う」という組み合わせが認められる。しかしながら、異なるレーベルの語同士を組み合わせた「ご飯を食う」と「めしを食べる」という言い方はどうであろうか。「少納言」でこの4つの組み合わせの表現を検索してみると、次のような結果となった[14]。

表2. 少納言の検索結果

ご飯を食べる	75件
ご飯を食う	1件
めしを食べる	1件
めしを食う	9件

いずれの表現についても使用例が見つかったわけではあるが、生起数には差異が見られ、同じレーベルの語を組み合わせた表現の方がはるかに多いことが判明した。

この関連で、もう1つの結果を示す。Sketch Engine で、「食べる」と「食う」の Thesaurus 検索をおこなってみたところ、「ご飯」は「食べる」と、「めし」は「食う」と相性がいいということがわかった。これは、前述の少納言のデータを支持する結果である。具体的な数字は以下の通りである。

表 3. Sketch Engine の検索結果[15]

	食べる (29,098)	食う (4,182)
メシ	30	142
飯	143	475
ご飯	1462	9
御飯	180	0

より正確な判断を下すにはもっと綿密な調査をする必要があるものの、判断の拠りどころの一端をコーパスが提供してくれる可能性が垣間見えると言えそうである。ただし、「ご飯」と「食べる」、「めし」と「食う」のレーベルが上記で仮に定めたその表示のままでよいのかどうかはやはり別問題であって、さらに詰める必要がある。

意味的プロソディの話に移ろう。この semantic prosody という用語は COBUILD1 の編集主幹であった故 John Sinclair が最初に用いたとされるが[16]、彼自身による句動詞 set in の研究が有名である。Sinclair (1987: 155–156) のことばは次の通り。

> The most striking feature of this phrasal verb [=set in] is the nature of the subjects. In general they refer to unpleasant states of affairs. Only three refer to the weather: a few are neutral, such as *reaction,* and *trend.* The main vocabulary is *rot* (3), *decay, malaise, despair, ill-will,* .... Not one of these is desirable or attractive.

つまり、set in は「(何かが) 始まる、起こる」という意味であるが、その

「何か」とはどのような名詞でもよいということではなく、ある特定のニュアンスをもつ名詞が普通は来るというのである。個々の語がこのような意味を有するのではなく、共起する語にかぶさるように制限を加えているので、このような名前がついている。

同様に、Stubbs（1995（=2007））の cause（動詞だけでなく名詞の用法も含む）の研究もよく知られている。Stubbs（2007: 169）は negative semantic prosody と呼んでいるが、"CAUSE is overwhelmingly used in contexts where cause and effect are unpleasant. The main collocates concern problems, trouble and damage, death, pain and disease." と述べて、レマとしての cause の環境も「負」のニュアンスを含んでいることを指摘している。その後も、Partington（1998）の peddle や Channell（2000）の par for the course、Hunston（2002）の sit through など、この主題を扱った一連の研究が続くことになる。この種の研究の特徴は、特定の語を中心とした環境が焦点となることである。したがって、コンテクストを拡げて対象を観察し、その底流に共通して流れる感情・評価・価値などを見て取る必要があるのである。

2.5. まとめ

以上、大きく分けて 4 つの観点から、語義記述の進展をコーパスの活用とのかかわりで見てきた。これまで扱ってきた事例が教えてくれることをまとめると、個々の語の使用ないし個別の例文を孤立した形で見ているだけでは見逃してしまう（そして、実際に見逃してきていた）意味的特徴や意味がかかわるパターンというものが存在し、それらを捉えるにはひとまとまりのデータ、すなわちコーパスが不可欠であるということである。これは、母語話者の直観に頼っているだけではなかなか掘り起こせないものでもあった。裏返せば、コーパスの出現によって初めて捉えられ、見えてくるものがあったということである。その結果、辞書の語義記述は質的にも量的にも向上したと思われる。特に、より客観性を有することになった辞書の語義記述は信頼性が増し、記述内容の底辺も広がったと言えよう。

3. 語義の識別とコーパスデータ

3.1. 語義区分

語義記述の前提として、語義の特定・確定が必要である。例えばStock (1984: 134–136) は、曖昧性を有する語の語義分けをおこなう手続きについて、語の統語的な振る舞いを活用する方法やコロケーションのパターンを利用する方法などを提案している。また、Moon (1987: 89–101) には、文法などに基づく形式的な基準や意味的な基準などについてかなり詳しい解説がある。ここでは、形式的な基準を用いた手段のいくつかを具体的に取り上げて、考えてみることにする。

まず第一に、品詞による区分を挙げることができる。語形 fine を例に取ると、それが形容詞であるか副詞であるか、あるいはまた名詞であるか動詞であるかを特定することにより、大まかな意味区分をすることができる。また、単独の品詞内であっても、名詞であれば、可算名詞であるか不可算名詞であるかが 1 つの基準になって、意味を区別できる。よく知られた例でいえば、room [U] と room [C] などはその典型的な例である。動詞であれば、その動詞のパターン (いわゆる補部構造 (complementation)) が語義の区別に役立つことが知られている。以下の例は、動詞 decline の使用例を無作為に 100 行 Bank of English から拾ったものである。中心語の右側に来る最初の語をアルファベット順に並べ替えてある[17]。

表 4. 動詞 decline の検索結果

quarter ending Sept. 30 will decline 10% to 13% from year-earlier
for $ 20.50. The offer was decline d, and Traylor asked for the
needs, shopping centres were declining, and community facilities
and Bill Murray. When Murray decline d and Hoffman committed
The partial deduction decline s and is phased out as the
s performance will continue to decline as the current archetype
of these particles will go on declining as the universe expands,
the Chinese Ambassador decline d at the last moment and
they have fallen. Assets decline d at many banks. <p> Reacting
week of June. Tartikoff decline d both times. Cosby is,
that the jobless count has decline d, but economists were quick
the past twenty years, it has decline d by 29.5 percent for the
Spending, he testified, will decline by 34 percent and within six

per passenger per kilometre declined by 6.5 # Cathay's by more
Research, C of E attendance declined by 12 per cent between 1980
than with evidence of a declining currency value, or that
years, implying further real declines. Demand for oil products
performance this year has declined due to decreased
of stifling regulation and declining economic performance, most
past two decades has led to declining educational opportunities
move despite house building declining for two consecutive
Leacock, the key to the declining fortunes of the historical
<p>Cheque transactions have declined from 17 per cent of all
gross margin rate has sharply declined from the level attained in
that the population of Europe declined from 73 million in 1300 to
Entries for physics A level declined from 32, 059 to 30, 701 and
since then the proportion declined further until, by 1992-the
conducting because of his declining health. <h> BLIND WOMAN
wife may feel protective and decline her husband's sexual
yet decisively, I'm going to decline his invitation. I answer the
showed that British science declined in the 1980s. First, between
why has the Labour Party declined in membership and votes
proposal has therefore declined in value. One senior Asda
1986. <p>Huge leverage and declining interest rates make the
（中略）
Atlantic Corp. Bell Atlantic declined to comment. In the past,
this week. The Big Board declined to name the Wall Street
million. Officials for Temple declined to comment. News of the
responsible for the Shin Bet, declined to comment on the reports
to go three-up. When Woods declined to concede a two-and-a-
What is certain is that they decline to be buried. The election
in his employer, who declined to fan the flames. I'm not
The Irish Dental Association declined to comment. <hl> Mortgage
reasons why Donald Rumsfeld declined to visit Israel on his
850 million. The Daily Mail declined to comment. The freezing
though. <p> Although the BBC declines to be precise about numbers,
to fall and domestic output to decline. Unemployment rose for the
show either unchanging or declining UV-B at the surface. To me,
that land prices ordinarily decline with distance from the city,
the threat of higher fees and declining working conditions at UC.
are, as you would like to be declined yourself-it's important.

名詞が10個混じっていた。それを除く90例の動詞declineの内訳としては、自動詞用法52、他動詞用法38となった。さらに詳しく見ると、自動詞用例中47例が「低下する、弱まる」という意味で、残る5例が「断る」であった。他動詞はすべてが「断る」であった。したがって、自動詞であるか他動詞であるかという形式的な基準で、おおむね意味を見分け

ることが可能であることがわかる。

さらに分析を進めて、自動詞・他動詞それぞれの中身を見てみると、より興味深い事実を指摘できる。他動詞用法の 38 例中、30 例において、to 不定詞が続いている。残る 8 例が、その他の名詞句を目的語としていた。これには decline が受動態となっていて、本来の目的語が主語の位置に来ているものも含んでいる。副詞用法の to 不定詞が続く可能性もないわけではないので実際には注意を要するが、後続の to 不定詞があれば、ほぼ「断る」という意味であろうという判断の「目安」が得られることになる。また、自動詞用法においては、from … to … が後続するものが 5 例、by を伴うものが 4 例、in が続くものが 2 例あることがわかる [18]。これらの前置詞を伴う組み合わせは「文法的コロケーション」とも呼ばれるが、これが指標となって意味区分に役立つであろうこともわかる。さらにもう 1 つ指摘すれば、「低下する」の意味の自動詞用法は、14 例において declining という語形で限定用法として使われている。これも 1 つの指標になるであろう。

ちなみに、(語彙的) コロケーションの観点から眺めると、目的語に名詞句を取る他動詞用法 8 例中、4 例が offer であり、2 例が invitation という名詞であった。また、「低下する」の意味の自動詞用法に significantly と slightly という、意味こそ違えど同類の副詞が結びついている点も注目に値しよう。

以上見てきたように、形式的な特徴に着目し、それを手がかりにして意味の峻別を図るということが可能なのである。上述の動詞 decline ほど単純な例ばかりではないというのが一方では事実であるが、Moon (1987: 89) で引用されている Sinclair のことば "Every distinct sense of a word is associated with a distinction in form." はまさに的を射ていると思う。

3.2. コーパスのデータ過剰

10 年ほど前までは 1 億語のデータが大きいと思われていた時代もあったが、最近は電子データが取りやすくなったことも手伝って、10 億を単位とするデータが珍しくなくなってきた。大変歓迎すべきことではあるが、データ過剰(overflow)という面がないわけではない。こうなると、これまで見てきたような「目に頼る」方法だけではとても処理できないという状況が生まれてきている。そこで期待されるのが種々の統計的指標である。従来から活用されてきた*t*-scoreやMI-scoreに加えて、最近は様々な指標が活用されるようになっているが、結論から言って、これなら完璧というものは存在しない。したがって、これらの結果を参照しつつ、最終的にはコンコーダンスラインを丁寧に読んで確認するという作業がやはり欠かせないということは強調しておきたい。ある意味、その作業の重要性は以前よりも増しているとも言えよう。特に、意味にかかわる問題であれば、なおさらのことである。

南出(1998: 192)は「執筆・編集は日本人・英語のネイティブスピーカーの共同作業とする」と書いて、共同作業の必要性を説いていたが、コーパスデータの読み解きにおいても、それが往々にして大きな役割を果たすことがあることを指摘しておきたい。コンコーダンスラインを読み解く際に、思い込みで理解していることがないとは言えないし、百科事典的知識の不足やコンテクストが限られているなどの問題で意味をつかむのに四苦八苦することもあり、母語話者の助言やら説明に救われることもある。逆にノンネイティブサイドが助ける側に回ることもある。その一方で、母語話者であればすべての用例を容易に理解し、語の意味を判断できるというわけでもないことは付け加えておかねばならない。いずれにしても、ネイティブスピーカーと協力しながらコンコーダンスラインを読み解くことは、不利益にはならず、利益をもたらすことが多いと言えよう。

4. 二言語辞書とパラレルコーパス

学習者用英英辞典のような一言語辞書を前提に話を進めてきたが、英和辞典・和英辞典といった二言語辞書に多少触れておこうと思う。その関連で、今後活用が期待されるパラレルコーパスについて述べておきたい。

筆者自身が編集に携わっている英和辞典においてパラレルコーパスを利用して見出し語の訳語を検討したことがある。すべての見出し語に対してではなく、副詞に関して導入を試みた。その結果わかったことは、英語の副詞が日本語でも同じように副詞的に訳されているとは限らないということである。例えば、He speaks fast. という英文が「あいつは早口だ」となっていたり、She can run fast./She walks really slowly. が「あの子は足が速い／足が遅い」となっていたりするのである。辞書においては、対象言語（target language）における訳語の品詞は、起点言語（source language）の品詞に合わせるのが一般原則である。つまり、副詞は副詞で訳す。言い換えれば、「当該語は副詞である」ということを訳語を通じてもその情報が伝わるように工夫されているのである。しかしながら、実際の翻訳では、このように品詞が意識されることはなく、内容全体を別言語に置き換えることが目的であるので、必ずしもこちらの期待通りの日本語が得られるとは限らないのである。これは決してパラレルコーパスが無効であるという主張をしているのではない。利用には注意を要するという原則を指摘しているにすぎないことを明確に述べておきたいと思う。英和辞典をひっくり返せば和英辞典ができるだろうというようなナイーブな考えと同様、パラレルコーパスを使えばすぐに訳語が見つかるだろうというような単純な発想ではうまくいかないのである[19]。

辞書は「語」という単位が基本になっているわけであるが、翻訳は「語」を単位としていないという現実的な違い、「ズレ」が根本にあると思われる。そこでむしろ提案したいことは、「翻訳上の単位」（ここでは仮にフレーズと呼んでおく）を設定して、従来の辞書とは異なる「辞書」の制作を考えてはどうかと思う。例えば、「言う」とか「口」とかの語レベルのものを単位とするのではなく、「…は言うまでもない」とか「口が堅い」とかの、語よりも大きな固まり・まとまり、すなわち「フレーズ」を単位とするのである。急いで付け加えるが、パラレルコーパスが非常に有用な面もある。「尖閣列島」を何と言うかとか「メタン・ハイドレート」に当たる日本語は何かというような場合には即戦力として活躍が期待されるであろう。

この関連で、もう一点述べておきたい。2012年のヨーロッパ辞書学会(Euralex)のオスロ大会で、Granger and Lefer (2012)による口頭発表があった。パラレルコーパスと訳語に関するもので、主張の1つは「「ますます」を表すフランス語 de plus en plus をある仏英辞典で調べると more and more と出ている。この表現を仏英のパラレルコーパスで検索してみると、more and more が使われていないわけではないが、一番頻繁に使われている訳語は increasingly であって、これが半数以上を占めている。この語が複数の辞書に掲載されていないのはいかがなものか」というようなものであった[20]。質疑応答の時間になって、参加者の1人 Robert Lew が「二言語辞書の訳語にはいくつかの機能がある。そのうちの1つとして、見出し語の概念的意味を説明するというのも重要な機能だと思う。したがって、翻訳上の等価語を示すことだけを考えるのは不十分ではないか」という趣旨のコメントをした。Lew の発言内容には共感が持てると思った。Lew 自身も「二言語辞書の編集にかかわったことがある」と個人的に話してくれたが、そのような実践的な経験がこの発想に結びついているのではないかと筆者には思われてならない。

5. おわりに

最後に、コンピューターコーパスの特性についていくつか取り上げ、感想を述べることとし、本章の結びとしたいと思う。

コンピューターコーパスの出現に伴って生じた最大の変化は、利用可能となったデータの量であると思う。その量たるや想像を絶する、莫大なものであり、従来の形ではとても収集は不可能と言ってもよいほどの量であることは疑う余地もない。「量」と「質」とは基本的には種類を異にする問題であるが、これだけ多量となれば、量が質に影響を与えるということも考えられるのではないかと思われる[21]。

我々は普通のこと、当たり前のことは見逃しがちで気づかずにいるものである。逆に言えば、いつもと異なるもの、風変わりなもの、異常なものには敏感に反応し、すぐに目が向く。コーパスがもたらした大きな特徴の1つはこれに関連するもので、「何が普通であるか」「普段どういう形式で何を語っているか」を考えさせてくれる道具を我々にもたらしたという点であろう。

今後、技術がこれまで以上に進歩することが予想されるが、それに伴い、意味の自動的な峻別もさらに進むであろうことが期待される。それが果たしてどこまで進むか。それ次第では、computer が「計算する人」ではなく「コンピューター」を指すようになったがごとく、lexicographer が「辞書編纂者」ないしは「辞書学者」ではなく「(機械の) レキシコグラファー」という意味になる日が来るであろうか。期待と不安の入り混じった、大変興味をそそられる問題でもある。

注

* 本稿は2012年12月23日に提出したものであることを追記しておきたい。

1. 「意味タグ (semantic tag)」というものがないわけではない。品詞タグ (POS tag) のように精度が上がり、普及すれば、その有用性には計り知れないものがあるであろう。したがって、将来的にはその期待は大きい。しかしながら、現状ではその普及が十分進んだとは言えないし、まだまだ今後の研究開発を待たねばならないという状況にある。最新の情報は Cheng (2012: 89–90) などを参照されたい。
2. 説明の都合上、辞書の記述は簡略化してある。実際には、用例や発音表記も記載されている。
3. OALD3 の詳しい分析は竹林他 (1975) を参照されたい。OALD3 と OALD4 の詳しい比較・分析については高橋他 (1992) を、同様に、OALD4 と OALD5 の詳細な比較・分析にあっては Ichikawa *et al.* (1996) を参照のこと。
4. LDOCE1 の詳しい分析は東他 (1979) を参照されたい。LDOCE1 と LDOCE2 の詳細な分析と比較、また LDOCE2 と LDOCE3 の詳しい比較と分析については、それぞれ清水他 (1989)、Urata *et al.* (1999) を参照のこと。
5. 1987年に出版された LDOCE の2版では、②→①→③の順番となっていた。実際どの程度まで活用されたのかは知る由もないが、この版 (LDOCE2) においてもコーパスへの言及は見られる：The Longman Citation Corpus, consisting originally of around 25 million words of text on half a million conventional index cards ... has been expanded and updated by adding a further two million words of randomly gathered computerized text from current British and American newspapers, and another half a million words of citations covering 15, 000 neologisms,

gathered by human editors, and then computerized. (General Introduction F8)

6. この語義順①→②→③は COBUILD の 2 版 (1995) においても基本的に変わっていない。従来の英英辞典の記述方式に慣れている利用者は COBUILD の辞書に多少戸惑うところがあるかもしれない。というのは、COBUILD は名詞であろうが動詞であろうが固有名詞であろうが、つづりが同じものは 1 つの見出し語のもとで扱うという、ある意味特殊な方針を採用した。つまり、「クマ」の bear と「運ぶ」の bear は品詞はもとより語源も異なるが、単一の見出し項目内で処理された。この film のエントリーにおいては、語義番号の 2 では動詞 film の定義 (When you **film** or when you **film** someone or something, you use a camera to take moving pictures which can be shown on a screen or on television.) が記されている。本文の引用内に語義番号 2 の記述が省略されているのはそのためである。また、定義に完全文を採用しているところにも着目してほしい。独特の特徴を多岐にわたって有する辞書であるが、本節の趣旨からそれるので、ここではこれ以上立ち入らないでおく。
7. COBUILD1 の詳しい分析は小島他 (1989) を参照されたい。COBUILD1 と COBUILD2 の詳細な比較と分析は Masuda *et al.* (1997) を参照のこと。
8. 用例の数であるが、「88+9+2」では 99 となり、100 に 1 足りない。動詞の例が 1 つ紛れ込んでいたためである。The Bank of English の品詞タグは自動でなされているため、時に不正確ないし不完全であり、このような結果に出くわすことがあることも考慮に入れておく必要がある。
9. OALD5 と OALD6 の間で、動詞 take の語義記述にどのような変更がなされたかに関する詳しい分析は Akasu *et al.* (2001: 16–19) を参照のこと。同様に、LDOCE1 と LDOCE2 との間での動詞 take の語義記述の異動に関しては、清水他 (1989: 185–188) に詳しい分析がある。
10. COBUILD7 すなわち本稿執筆時の最新版 (2012) においても、この取り扱いは変わっていない。
11. ただし、OALD5 では、この語義の前に (of sth [=something]) という「文法的コロケーション」の表示がついたことは注目に値する。これは語義の問題ではないが、コーパス活用と無縁ではないと思われる。
12. OALD5 において、また LDOCE3 においても、significantly は追い込みという「低い」地位を脱し、その取り扱いは大いなる改善を見せた。前者においては、形容詞 significant が主見出しとなっていて、問題の副詞 significantly は、それの準見出しとして出ている。しかしながら、語義が 2 つ登録されていて、用例も付されている。発音表記こそないが、実質的には主見出しと同列に扱われていると言っても過言ではない。後者においては、significantly は形容詞 significant と同列の、文字通り主見出し扱いとなっている。語義は OALD5 同様 2 つあり、いずれも用例が付されている。ここで注目に値するのは、Landau (2001) が指摘した語義“by a noticeably large amount”の方が、定義の仕方こそ違えど、もう1つの語義“importantly”に先行して記述されていることである。

13. 「文体」と「位相」の違いについては、竹林他 (1982: 87–88) に明解な解説がある。
14. 「少納言」とは、KOTONOHA という名称の「現代日本語書き言葉均衡コーパス」の検索デモンストレーションサイトのことである。
15. Sketch Engine 内で使った日本語コーパスは jpWaC と呼ばれるもので、約3億4千万語ほどの大きさがある。

   「食べる」の生起例の方が「食う」のそれよりも7倍ほど多い点にまず留意されたい。また、コンコーダンス・ラインを具体的に見てみると、「ゴミ」がまじっている（一例として、「ご飯を食べる」の中に「ご飯を作って食べました」のような例が入っている）ので、正確とは言えない面がある。したがって、データをそのまま鵜呑みにするわけにはいかないことをお断りしておきたい。いずれにしても、筆者個人の感覚では、いずれの語同士の組み合わせでも特に表現上問題があるとは思われず、それほどの違いはないだろうと予想していた。ところが、上記の検索結果が示すように、データ的には違いがあることが認められたため、少なからぬ驚きというか「発見」があった次第である。

16. Louw (1993: 158) を参照のこと。
17. ここでは動詞の用法のみを対象としたが、名詞を含む decline の詳しい分析が Sinclair (1985: 86–94) でなされているので、参照されたい。
18. 表4中1行目の用例では from が省略された形で (from) A to B となっているが、これに含めてある。また、in the 1980s の in は後続の2例の in とは意味が異なるので、数に入れていない。
19. 同系の言語、つまり似た文法の言語同士であれば事情は多少なりとも異なるかもしれない。
20. 詳細は、Granger and Lefer (2012: 688–690) を参照されたい。
21. この問題にかかわる論考として、Tognini Bonelli (2010) を参照されたい。

辞書類

Collins COBUILD English Language Dictionary. 1987. London & Glasgow: Collins ELT. [COBUILD1]

Collins COBUILD English Dictionary. New Edition. 1995. London: HarperCollins. [COBUILD2]

Collins Cobuild Advanced Learner's Dictionary. 7th edition. 2012. Glasgow: HarperCollins Publishers. [COBUILD7]

Longman Dictionary of Contemporary English. 1978. Harlow: Longman Group Limited. [LDOCE1]

Longman Dictionary of Contemporary English. 2nd edition. 1987. Harlow: Longman Group Limited. [LDOCE2]

Longman Dictionary of Contemporary English. 3rd edition. 1995. Harlow: Pearson Education Limited. [LDOCE3]

Oxford Advanced Learner's Dictionary of Current English. 3rd edition. 1974. Oxford: Oxford University Press. [OALD3]

Oxford Advanced Learner's Dictionary of Current English. 4th edition. 1989. Oxford: Oxford University Press. [OALD4]

Oxford Advanced Learner's Dictionary of Current English. 5th edition. 1995. Oxford: Oxford University Press. [OALD5]

Oxford Advanced Learner's Dictionary of Current English. 6th edition. 2000. Oxford: Oxford University Press. [OALD6]

コーパス

The Bank of English: http://www.titania.bham.ac.uk/

The Sketch Engine: http://www.sketchengine.co.uk/

少納言：http://www.kotonoha.gr.jp/shonagon/

参考文献

赤野一郎(1997)「コーパスによる語法研究のこれから」『英語教育』45(13): 26–29.

Akasu, Kaoru, Tetsuya Koshiishi, Riichiro Matsumoto, Takehiko Makino, Yukiyoshi Asada and Keisuke Nakao. (1996) An analysis of *Cambridge International Dictionary of English*. *Lexicon* 26: 3–76.

Akasu, Kaoru, Hiroko Saito, Akihiko Kawamura, Takahiro Kokawa and Ryuichi Hotta. (2001) An analysis of the *Oxford Advanced Learner's Dictionary of Current English*, Sixth Edition. *Lexicon* 31: 1–51.

Channell, Joanna. (2000) Corpus-based analysis of evaluative lexis. In Susan Hunston and Geoff Thompson (eds.) *Evaluation in Text: Authorial Stance and the Construction of Discourse*, pp. 38–55. Oxford: Oxford University Press.

Cheng, Winnie. (2012) *Exploring Corpus Linguistics: Language in Action*. London: Routledge.

Fontenelle, Thierry. (ed.) (2008) *Practical Lexicography: A Reader*. Oxford: Oxford University Press.

Granger, Sylviane and Marie-Aude Lefer. (2012) Towards more and better phrasal entries in bilingual dictionaries. In Ruth Vatvedt Fjed and Julie Matilde Torjusen. (eds.) *Proceedings of the 15th EURALEX International Congress*, pp.682–692.

東信行・竹林滋・小島義郎・中尾啓介・桜井雅人 (1979)「*Longman Dictionary of Contemporary English* の分析(1)」*Lexicon* 8: 45–101.

東信行・土肥一夫・赤須薫(1988)「『*BBI* 英語連語活用辞典』の分析」*Lexicon* 17: 43–124.

Hunston, Susan. (2002) *Corpora in Applied Linguistics*. Cambridge: Cambridge University Press.

Hunston, Susan. (2007) Semantic prosody revisited. *International Journal of Corpus Linguistics* 12 (2) : 249–268.

Ichikawa, Yasuo, Takashi Kanazashi, Hiroko Saito, Takahiro Kokawa and Kazuo Dohi. (1996) An analysis of *Oxford Advanced Learner's Dictionary of Current English*, Fifth Edition. *Lexicon* 26: 142–177.

Jackson, Howard. (1988) *Words and Their Meaning*. London: Longman.

Jackson, Howard. (ed.) (2013) *The Bloomsbury Companion to Lexicography*. London: Bloomsbury.

小島義郎・竹林滋・大沢ふよう・斎藤弘子・土肥一夫・浅田幸善・中尾啓介(1989)「*COBUILD* の分析」*Lexicon* 18: 39–150.

Landau, Sidney I. (2001) *Dictionaries: The Art and Craft of Lexicography*, Second Edition. Cambridge: Cambridge University Press.

Louw, Bill. (1993) Irony in the text or sincerity in the writer–the diagnostic potential of semantic prosodies. In Mona Baker, Gill Francis, and Elena Tognini-Bonelli (eds.) *Text and Technology: In Honour of John Sinclair*, pp.157–176. Philadelphia & Amsterdam: John Benjamins Publishing Company.

McEnery, Tony, Richard Xiao and Yukio Tono. (eds.) (2006) *Corpus-Based Language Studies: An Advanced Resource Book*. London: Routledge.

Masuda, Hideo, Makoto Kozaki, Naoyuki Takagi, Kyohei Nakamoto and Rumi Takahashi. (1997) An analysis of the *Collins COBUILD English Dictionary*, New Edition. *Lexicon* 27: 18–73.

南出康世(1998)『英語の辞書と辞書学』大修館書店.

Moon, Rosamund. (1987) The analysis of meaning. In John Sinclair (ed.) *Looking Up: An Account of the COBUILD Project in Lexical Computing*, pp.86–103. London: Collins.

Partington, Alan. (1998) *Patterns and Meaning*. Amsterdam: John Benjamins.

Rundell, Michael and Penny Stock. (1992a) The corpus revolution. *English Today* 8 (2) : pp.9–14.

Rundell, Michael and Penny Stock. (1992b) The corpus revolution. *English Today* 8 (3) : pp.21–32.

Rundell, Michael and Penny Stock. (1992c) The corpus revolution. *English Today* 8 (4) : pp.45–51.

Rundell, Michael. (1995) The word on the street. *English Today* 11 (3) : pp.29–35.

齊藤俊雄・中村純作・赤野一郎編(2005)『英語コーパス言語学—基礎と実践—』(改訂新版)研究社.

清水あつ子・村上まどか・赤須薫・市川泰男・朝尾幸次郎・松本理一郎・東信行・渡辺勉・八幡成人(1989)「*Longman Dictionary of Contemporary English* (New Edition) の分析 (1)」*Lexicon* 18: 155–239.

Sinclair, John. (1985) Lexicographic evidence. In Robert Ilson (ed.) *Dictionaries, Lexicography and Language Learning*, pp.81–94. Oxford: Pergamon Press.

Sinclair, John. (ed.) (1987) *Looking Up: An Account of the COBUILD Project in Lexical Computing*. London:

Collins.

Sinclair, John. (1991) *Corpus, Concordance, Collocation.* Oxford: Oxford University Press.

Stock, Penelope F. (1984) Polysemy. In R. R. K. Hartmann (ed.) *LEXeter' 83 Proceedings: Papers from the International Conference on Lexicography at Exeter, 9–12 September 1983*, pp.131–140. Tübingen: Max Niemeyer Verlag.

Stubbs, Michael. (1995) Collocations and semantic profiles. *Functions of Language* 2 (1) : pp.23–55. Wolfgangd Teubert and Ramesh Krishnamurthy. (eds.) (2007) *Corpus Linguistics: Critical Concepts in Linguistics*, Volume III, pp.166–193. London & New York: Routledge. に再録.

鷹家秀史・須賀廣 (1998)『実践コーパス言語学—英語教師のインターネット活用—』桐原ユニ.

高橋潔・中尾啓介・東信行・小川貴宏・牧野武彦・東海林宏司・中本恭平 (1992)「*Oxford Advanced Learner's Dictionary of Current English*, Fourth Edition の分析」*Lexicon* 22: 59–200.

竹林滋・中尾啓介・東信行・桜井雅人 (1975)「*Oxford Advanced Learner's Dictionary* の分析」*Lexicon* 4: 68–114.

竹林滋・渡辺末耶子・中尾啓介・東信行・桜井雅人 (1982)「*Chambers Universal Learners' Dictionary* の分析」*Lexicon* 11: 30–116.

Tognini Bonelli, Elena. (2010) Theoretical overview of the evolution of corpus linguistics. In Anne O' Keefe and Michael McCarthy (eds.) *The Routledge Handbook of Corpus Linguistics*, pp.14–27. London: Routledge.

Urata, Kazuyuki, Atsuko Shimizu, Mikihide Matsuyama and Keisuke Nakao. (1999) An analysis of *Longman Dictionary of Contemporary English*, Third Edition. *Lexicon* 29: 66–95.

八幡成人 (1996)「現代英語の語法研究」『研究紀要』21: 83–100.

IV

文法情報

畠山利一

1. はじめに

本章では辞書における文法情報の取り扱い方について、過去の推移と現状について論じる。周知のように英語辞書の記述はコーパスの導入によって大きく変貌した。文法情報の記述にも大きな変化が起こった。その変化に焦点を当てる。

本章で取り上げる辞書は、外国語あるいは第2言語として英語を学ぶ人たちを対象とする英語学習辞典(以下本章では「学習英英辞典」と称す)である。その中でも代表的なOALDとLDOCEについて主に議論し、必要な場合は他の学習英英辞典にも言及する。COBUILD、MED、CALDなどの学習英英辞典は初版からコーパスを使って編集されているのに対し、OALDとLDOCEはコーパスの出現以前の版とコーパスの出現以後の版があるため、前後の版を比較することによって、コーパスがもたらした変化を読み取ることができる。

OALDは4版(1989)まではコーパスを使わずに編集され、5版(1995)でコーパスが導入され、現時点での最新版は9版(2015)である。

LDOCE は 2 版（1987）までコーパスは使われず、3 版（1995）以降はコーパスに依拠して編集されており、6 版（2014）が最新である。表 1 は OALD 5 と LDOCE 3 が依拠したコーパスである[1]。

表 1.　OALD 5 と LDOCE 3 が依拠したコーパス

辞書名	コーパスの種類と規模
OALD 5（1995）	British National Corpus（1 億語）、Oxford American English Corpus（4 千万語）
LDOCE 3（1995）	Longman Corpus Network（British National Corpus（1 億語）、Longman Lancaster English Language Corpus（3 千万語）、Longman Learner's Corpus（500 万語）、Longman Spoken American Corpus（500 万語））

両書のコーパスに共通し、なおかつ大きな部分を占めるのは British National Corpus（BNC）である。その構成はイギリス英語の書き言葉 9,000 万語と話し言葉 1,000 万語である。以下に文法情報の記述を検証する際には BNC を使用する。両書で用いられたコーパス情報と、もちろん同じではないが、どちらかと言えば類似の情報が得られるのでないかと思う。

2. 辞書に記述される文法情報

本章でいう文法情報とは、学習英英辞典が提供する語の使用に関する情報である。主なものをあげれば、動詞では自動詞／他動詞の区別・文型、名詞では可算／不可算（C/U）・数・文型、形容詞では限定用法・叙述用法・比較変化の有無・文型、副詞では比較変化の有無・語修飾か文修飾かなどがある。文型というと日本の英語教育に普及している動詞の 5 文型（SV 型、SVC 型など）を指すことがあるが、ここでいう文型は学習英英辞典に記述されている動詞・形容詞・名詞の用法を示すパタンである[2]。

これらの文法情報のうち本章では動詞と形容詞の文型および名詞の C/U 表示について詳述する。

2.1.　母語話者用辞典との違い

文法情報は、母語話者よりも英語学習者が必要とするものである。したがって学習英英辞典により詳しく記述されている。Landau (2001: 114) は次のように言う。

(1)　Grammatical information is more essential for the person who is trying to speak or understand a foreign language than for the native speaker. It is not surprising, then, that ESL dictionaries should provide considerably more grammatical help than dictionaries for other audiences.

2.2.　COD 12 vs. OALD 9

記述の質と量がどれほど違うか、母語話者用辞典の COD 12 と学習英英辞典の OALD 9 での stop の動詞「止まる、止める」を意味する部分を比較してみよう。

(2) a.　v. (**stops, stopping, stopped**) **1** come or cause to come to an end. ■ discontinue an action, practice, or habit. [COD 12]

b.　***verb*** (-pp-)

2 [I, T] to no longer continue to do sth; to make sb/sth no longer do sth: ~ (**doing sth**) *That phone never stops ringing !* ◇ *Please stop crying and tell me what's wrong.* ◇ *She criticizes everyone and the trouble is, she* ***doesn't know when to stop***. ◇ *Can't you just stop ?* ~**sb/sth** *Stop me (=make me stop talking) if I'm boring you.* ◇ *Stop it ! You're hurting me.* ◇ ~**what** ... *Mike immediately stopped what he was doing.* HELP Notice the difference between **stop doing sth** and **stop to do sth**: *We stopped taking pictures* means 'We were no longer taking pictures.'; *We stopped to take pictures* means 'We stopped what we were doing so that we could start taking pictures.' [OALD 9]

COD 12 は文法情報として stop が動詞であることとその語形変化を示すだけである。一方 OALD 9 は豊富な情報を提供する。引用中のスワングダッシュ(~)は見出し語、sth は something, sb は somebody を表している。COD 12 が定義文の中の「come or cause to come」の部分で自動詞と他動詞があることは示しているのに対し、OALD 9 では[I, T]と表示することによって、そのことを明示的に示している。また OALD 9 は他動詞の場合 stop の後ろに doing sth、sb/sth、what 節が続くことを示している。さらに HELP として stop doing sth と stop to do sth の意味の違いを解説している。COD 12 には用例がないのに対し、OALD 9 では文法項目ごとに用例をつけて、文法情報の使い方を例示している。

3. 動詞の文型記述

文型についての先駆的業績は H. E. Palmer の *A Grammar of English Words* (1938) である(南出 1998: 14, Rundell 1998: 317, Cowie 1999, 赤野 2012: 63)。同書の INTRODUCTION で Palmer 自身が書名を *A Grammatical Dictionary of Words* としてもよいと言っているように、これは辞書である。英語学習者にとって正しく使うことが難しい約 1,000 語について、それぞれの語の使い方が詳しく説明されている。動詞の文型として 27 の「動詞型」(verb pattern)が設定され、語義ごとに使われる動詞型が表示されている。例えば stop の動詞 1 c. は次のように記されている。

(3) *c.* = discontinue, leave off. *See V. P.* 4 & 19
When are you going to stop working ?
Stop talking, please.
Stop (making) that noise.

語義の後ろに'*See V. P.* 4 & 19'と記されて、Verb Pattern 4 と 19 で使われることを示している。Verb Patterns は巻末に Appendix としてまとめられている。動詞型ごとに用例とその型の主な動詞があげられている。上に出てきた VERB-PATTERN 19 は動詞の後に動名詞が続くもので、次のようになっている。

(4) VERB × GERUND

I **stop** [finish, enjoy, miss, practice, remember, *etc.*] **doing it** [*etc.*].

The chief verbs of this pattern are: (*can't*) *bear, begin, continue, fancy, finish, go on, hate,* (*can't*) *help, intend, enjoy, keep* (*on*), *like, love,* (*don't*) *mind, miss, practice, prefer, remember,* (*can't*) *stand, stop.*

Note also the variety:

It wants [needs, requires] **doing** [finishing, correcting, *etc.*].

A. S. Hornby は Palmer の動詞型を継承し、発展させる (Rundell 1998: 317)。E. V. Gatenby と A. H. Wakefield と共に編纂した学習英英辞典 *Idiomatic and Syntactic English Dictionary* (開拓社、1942) [ISED] の中で Hornby は 25 の動詞型を表示した。動詞型の中にはさらに下位グループに分かれるものもある。例えば Pattern 17 は Vb. × Gerund, etc. であるが、Group A, B, C に分かれる。辞書にはそれぞれ (P17A) (P17B) (P17C) のように表示される。

(5)

Subject × Verb	Gerund, etc.	
Please stop	*talking.*	Group A
He began	*talking* (= to talk).	Group B
Your work needs	*correcting* (= to be corrected).	Group C

Group A の動名詞は to 不定詞に替えると意味が異なる。Group B の動名詞は to 不定詞に替えても意味は変わらない。Group C の動名詞は受動不定詞と同じ意味である。動名詞を to 不定詞に替えた場合の意味の変化に注目して 3 つのグループに分けているのである。このような下位分類された型を含めると動詞型は 33 になり、Palmer の動詞型よりも詳しくなっている。さらに ISED の後継辞書の OALD 3 で動詞型は 53 に増えて、より精密になる。上の Group A, B, C の動詞はそれぞれ [VP6C] [VP6D] [VP6E] と表示されている。

しかし動詞型は OALD 4 の Chief Editor である Cowie によって徹底的な

見直しを受け（Cowie 1999: 154）、32 に減少する。上の 3 グループは区別がなくなり、同じ動詞型の［Tg］（Transitive verb ＋ -ing form of a verb を意味する）に属すことになる。OALD 6 では動詞型は 20 に減り、最新の OALD 9 では透明度の高い文法コードが採用され、上の 3 グループはいずれも ~ doing sth と表示されている。

3.1. LDOCE 2 と LDOCE 3 における notice の文型比較

3.1.1. 情報量と表示方法

コーパスに基づく英語辞書と基づかない英語辞書で文型の記述はどう異なっているだろうか。LDOCE 2 と LDOCE 3 の notice の動詞語義の部分を比較する。2 書の文型情報とその用例をまとめると表 2 になる。表の左欄に LDOCE 2 の配列順に並べ、右欄それに対応する LDOCE 3 の文型と用例を置いた。

表 2. LDOCE 2、LDOCE 3 における notice の語義記述対照表

	LDOCE 2	LDOCE 3
①	to pay attention (to) with the eyes, other senses, or mind; OBSERVE: *She was wearing a new dress, but he didn't even notice (it).*	1 to see, hear, or feel something: *He spilled the tea, but Miss Whitley did not notice.* **notice sth/sb**: *You may notice a numb feeling in your fingers.*
②	[*+obj+~~to~~-v/v-ing*] *Did you notice anyone leave/leaving the house ?*	**notice sb/sth doing sth**: *Did you notice him leaving the party early ?*
③	[+wh-] *Did you notice whether I locked the door ?*	**notice who/what/how etc**: *He was too tired even to notice how hungry and thirsty he was.*
④	[+ (that)] *"I noticed (that) he was looking very nervous." "Yes, so I noticed."*	**notice that**: *Catherine noticed that Isabella was restless.*
⑤	*a young actress trying to get herself noticed* (=to become publicly known)	**2 be/get noticed** to get attention from someone: *a young actress trying to get herself noticed*

文型情報の増減を見ていく。増えたものは①の LDOCE 3 の欄にある notice sth/sb と⑤の LDOCE 3 の欄にある be/get noticed である。②では LDOCE2 は目的語を obj という文法コードを使っていたが、LDOCE 3 では sb, sth を使うようになった。このことによって目的語が「人」か「物」か、あるいはどちらも可能かが区別できるようになった。

次に減ったものを見る。②のところで両版の文型表示は[*+obj+~~to~~-v/v-ing*]と notice sb/sth doing sth である。LDOCE 2 にある *~~to~~-v*(原形不定詞)の部分が LDOCE 3 で削除されている。その理由は次節で論じる。④における文型表示は、LDOCE 2 では[+(that)]、LDOCE 3 は notice that である。どちらも that 節が後続することを表しているが、LDOCE 2 では that を括弧で囲むことによって、that が省略されることがあることを表しているのに対し、LDOCE 3 ではそれを表示していない。小さなことではあるが情報は減っている。もっとも、LDOCE 4、5、6 では notice (that) と that に括弧を復活させている。

以上を総合すると LDOCE 3 でおおむね情報量は増えている。減った情報もあるが、次節を先取りして言えば、それはコーパスに基づく頻度調査の結果を踏まえてのことであり、情報の質を高めようとするための減少である。

ところで表示方法について両版を比べてみると大きな違いがある。LDOCE 2 の文法コード([*+obj+~~to~~-v/v-ing*]、[+wh-]、[+(that)])は、LDOCE 3 では notice sb/sth doing sth, notice who/what/how etc, notice that に変わり、具体的でわかりやすくなった。これは 1980 ~ 1990 年代前半に起こった、学習英英辞典における user-friendly 推進の動きに呼応するもので、「文法コードをできるだけ透明化し、またできればコードそのものをなくしてしまうというのが…趨勢になった」(南出 1998: 25) からである。また LDOCE 3 では文型が目立つように太字で印字されているので検索しやすくなっている。

3.1.2. notice + O + do vs. notice + O + doing

前節で触れたように表 2 の②において、LDOCE 3 の方が LDOCE 2 よりも情報が少なくなっている。LDOCE 2 では[+obj+~~to~~-v/v-ing]の文型表示で[目的語+原形不定詞](以下[O + do])と[目的語+ -ing 形](以下[O + doing])の 2 つの文型があることを示していた。ところが LDOCE 3 では、(そして LDOCE 4, 5, 6 でも) notice sb/sth doing sth の文型表示で[O + doing]を示しているが、[O + do]の文型を表示していない。用例も[O +

doing]のものだけを示している。その理由を考察する。

LDOCE 3 で削除された[O + do]の文型を BNC で検索してみよう。次のような例が 22 回出現する[3](下線は筆者。以下同じ)。したがって使用例がないから削除されたのではない[4]。

(6) because I've noticed people go home at about half past 4 at Eynsham.
I never even noticed him come back cos I thought I'll leave back door unlocked

次に[O + doing]の文型を BNC で検索すると、下のような例が 117 回現れる[5]。

(7) they noticed smoke pouring from the back of the neighbouring grocery store.
the lane was bordered by the mill stream, she noticed a cyclist approaching her.

[O + doing] の方が[O + do] よりも多い。この結果を踏まえて LDOCE 3 で[O + do]が削除されたと思われる。コーパスによって[O + do] の使用例が少ないことが確認できなかったならば、削除することは困難であっただろう。

ところで OALD は notice の文型として[O + do]と[O + doing]をどのように記述しているだろうか。コーパスを使って編集された OALD 5 以降でも[O + do]と[O + doing]の両方の文型とその用例が掲載されている。OALD 5 と LDOCE 3 の編集に使われたコーパスは、どちらも BNC がコーパスの主要な部分となっている。したがって OALD 5 でも LDOCE 3 と似たような情報をもとに記述されているが、両者の判断が異なる。これは編集方針の違いだろう。

しかし[O + do]の使用例が BNC でごく少数しかないのならともかくも、22 回出現するのであるから文型として記載しておく方がよいと思う。ちなみに COBUILD 8 でも [O + do] と [O + doing] の両方の文型を記載している。

3.2. LDOCE における知覚動詞の[O + do]と[O + doing]

3.2.1. 文型記述と語の使用頻度

上で notice について考察したが、LDOCE における他の知覚動詞 (perceptive verb) も含めた[O + do]と[O + doing]の文型記述の有無を一覧表にした。表 3 となる。+は記述があるもの、−は記述がないものである。

表 3. LDOCE における知覚動詞の文型記述一覧表

語	文型	LDOCE 2	LDOCE 3	LDOCE 4, 5, 6
feel	O + do	+	+	+
	O + doing	+	+	+
hear	O + do	+	+	+
	O + doing	+	+	+
see	O + do	+	+	+
	O + doing	+	+	+
watch	O + do	+	+	+
	O + doing	+	+	+
notice	O + do	+	−	−
	O + doing	+	+	+
observe	O + do	+	−	− [6]
	O + doing	+	+	+

LDOCE 2 と LDOCE 3 以降とで違いがある。LDOCE 2 では表 3 のすべての語に [O + do] と [O + doing] の文型が記述されていたのに対し、LDOCE 3 以降では notice と observe で [O + do] の文型が記述されなくなった。notice について上で論じたのと同じく、observe についても [O + do]の使用例が少ないためであろう。

これとは別に、notice と observe に[O + do]の文型が記述されなくなった理由に、語自体の使用頻度が関係していることも考えられる。一般に学習英英辞書では頻度の高い語は大きなスペースが割り当てられて詳しく記述されるが、頻度の低い語は簡単に記述される。表 3 の語の頻度表示をみよう。LDOCE では 3 版で初めて頻度が表示された。頻度の高い話し言葉（spoken）3,000 語が 1,000 語ごとに、頻度の高い順に S1, S2, S3 と表示された。高頻度の書き言葉（written）3,000 語は同様に W1, W2, W3 と表示されている。上の語の頻度表示は feel, hear, see, watch が S1, W1 である。notice は S1, W2, そして observe は W2 である。高頻度語の hear, see, watch, feel には［O ＋ do］も［O ＋ doing］も記述され、それよりも頻度が低い notice と observe は［O ＋ doing］の文型は記述されたが、［O ＋ do］は記述されなかったという可能性もある。

3.2.2. feel oneself doing

feel の文型記述を詳しく見ると、表 3 には表れていない違いがある。

(8) a. ［*+obj+v-ing*］*I can feel a pin sticking into me. / She felt her heart beating faster.* ［LDOCE 2］

b. **feel yourself doing sth** *I felt myself blushing slightly* ［LDOCE 3, 4, 5, 6］

c. **~sb/sth/yourself doing sth** *He felt a hand touching his shoulder. She could feel herself blushing.* ［OALD 9］

(8a) の［*+obj+v-ing*］は (8b) で feel yourself doing sth に変更された。つまり LDOCE 3 以降では feel の目的語が oneself に限定された。コーパスでの使用例を調べてみる。BNC で feel oneself doing と feel sth/sb doing を検索すると次のような例が出現する。

(9) a. Tim felt himself flying up in the air./in the past when I've felt myself going off to sleep in those situations,

b. What if she felt him watching her again ? /That's all it took.' I could feel tears welling up in my eyes.'

頻度は表 4 となる[7]。パーセント（%）は feel oneself doing と feel sth/sb doing の合計を 100%としたとき、それぞれが占める割合である。

表 4. BNC における feel O doing の出現頻度

	頻度	%
feel oneself doing	174	45%
feel sth/sb doing	216	55%
合計	390	100%

単に頻度だけであれば feel sth/sb doing の方が feel oneself doing より多いが、feel O doing の中で feel oneself doing が占める割合が 45%ある。他の語ではどうであろう。watch と比較してみる。watch oneself doing と watch sth/sb doing について BNC を検索した結果が表 5 である。

表 5. BNC における watch O doing の出現頻度

	頻度	%
watch oneself doing	8	4%
watch sth/sb doing	195	96%
合計	203	100%

watch O doing の中で watch oneself doing が占める割合は 4%にすぎない。feel oneself doing についてのこの割合が 45%というのはとても大きな数字である。この情報によって LDOCE 3 は文型表示を feel yourself doing sth に変えたと推測する。

しかし LDOCE 3 のこの文型表示には異論が出るだろう。feel yourself doing sth と表示すると feel sth/sb doing sth の形では使わないという誤解を与えかねない。

参考のため、他の学習英英辞典を見ると、CALD 4、MED 2 のいずれも feel の目的語を oneself に限定していない。OALD 9 は（8c）に引用したとおり sth/sb と yourself を併記しており、この文型表示がコーパスでの使用実態を最もよく映しているだろう。COBUILD 8 も OALD 9 と同様である。

LDOCE 3 は、この例のように、構文の特性を強調する文型表示をする傾向がある。これは他の学習英英辞典にはない特色となっているが、時に情報が狭められることもある。この点に注意しながら、LDOCE の特色を生かすように利用をするのがよいだろう。

4. 形容詞の文型記述

形容詞の文型については Hornby (1954: 136–148) に記載がある。形容詞型 (adjective pattern) として、「形容詞＋ to do」(例：anxious to go)、「形容詞＋前置詞」(例：anxious for news)、「形容詞＋節」(例：glad that you succeeded; anxious about how they got on) の 3 つの型を提唱している。動詞型と異なり Hornby は ISED や OALD において形容詞型を複雑な文法コードで表すことはしなかった。ISED では用例をあげるだけである。ALD では例えば eager の項で、後続する語や要素が (*for, after, about, to do sth.*) のようにまとめて表示され、その後ろに用例が置かれている。OALD 3 では、**~ (*for sth/to do sth*)** のように太字で表示されるようになった。形容詞型は動詞型と比べて数が少ないため、容易に内容が推測できるコードで表示できたのであろう。

4.1. LDOCE における「形容詞＋ to do」の文型記述

形容詞の文型の 1 つ「形容詞＋ to do」を取り上げ LDOCE における記述の変遷を見ていく。LDOCE 1 は形容詞の文型をアルファベットの文字と数字を組み合わせた文法コードで表示した。例えば John is eager to please. には [F3] のコードがつけられている。「F」で叙述形容詞であること、「3」で to do が後続することを表している。LDOCE 2 では数字の「3」よりは透明性のある「to-v」が使われ、[F ＋ to-v] に変わった。

LDOCE 3 では **eager to do sth** と表示されるようになった。さらに、LDOCE 3 の特徴は、語によっては **be interested to hear/know/see etc** の

ように具体的な共起語が表示されるようになったことである。LDOCE 1, 2と比較されたい。

(10) a. [F3] *I was interested to hear your remark.* [LDOCE 1]

b. [F+to-v] *I'd be interested to hear your opinion about this.* [LDOCE 2]

c. **be interested to hear/know/see etc** *I'd be very interested to hear your opinion.* [LDOCE 3]

このように共起語が示されている語はashamed, astonished, disappointed, fascinated, fit, glad, inclined, overjoyed, relieved, slow, surprisedなどかなり多い。LDOCE 2まではto不定詞が後続するという文法的コロケーションが記述されていたのに対し、LDOCE 3で語彙的コロケーションが記述されるようになったわけである（畠山 1997: 321）。学習者にそのまま使える情報が提供されることになったのは学習英英辞典における大きな前進である。

LDOCE 3のdirectorであるDella SummersはIntroduction（xi）で次のように、このような語彙を積極的に取り入れたことを述べている。

(11) English is expressed through fixed combinations of words, but it is difficult for students to predict what the words are, so collocations (*grim determination*), specific objects (*invade someone's privacy*), and phrases from spoken English (*bear with me a moment* and *been there, done that*) are given full treatment throughout the book.

語彙的コロケーションの記述が可能になったのはコーパス利用によるものである。BNCでbe interested to doを検索すると309回出現する。このなかでdoのところに来る動詞はknow（81回）、hear（71回）、see（58回）、read（27回）、learn（20回）の順に多い。LDOCE 3ではBNCで現れる高頻度の3語が表示されている。コーパスに基づき記述されたことを裏付けている。

4.2. LDOCE 2 と LDOCE 3 における「形容詞＋ to do」の文型記述

Quirk et al.（1985: 1227–1230）には「形容詞＋ to do」の文型が可能な形容詞として able, angry, afraid, anxious, apt, careful, certain, difficult, eager, furious, glad, keen, quick, ready, slow, sorry, wise, wrong など 93 語があがっている。コーパスを使用せずに編集された LDOCE 2 とコーパスを使って編集された LDOCE 3 とでこの文型の記述はどう変わったかを調べると、次の 4 つのケースがある。なお文型表示はないが、「形容詞＋ to do」の用例が記載されている場合も、「形容詞＋ to do」の記述があるものとする。

1. LDOCE 2 と LDOCE 3 に記述あり
2. LDOCE 2 に記述あり LDOCE 3 に記述なし
3. LDOCE 2 に記述なし LDOCE 3 に記述あり
4. LDOCE 2 と LDOCE 3 に記述なし

それぞれについて例をあげて見ていく。必要に応じて LDOCE 4, 5, 6 にも言及する。

4.2.1. LDOCE 2 と LDOCE 3 に記述あり

このケースの例として anxious を取り上げ、LDOCE 2, 3, 4 の該当部分を見ていく。

(12) a. 3 [F ＋ to-v]（…）: *The government is anxious to reassure everyone that the situation is under control.* [LDOCE 2]

b. 3（…）: **anxious to do sth** *Peggy is anxious to show that she can cope with extra responsibility.* [LDOCE 3]

c. 3（…）**anxious to do sth** *The company is anxious to improve its image./He seemed* ***most anxious*** *to speak to me alone./The president is anxious not to have another crisis.* **anxious for sb to do sth** *Why was she so anxious for me to stay ?* [LDOCE 4, 5, 6]

LDOCE 2 と LDOCE 3 では実質的な違いはない。LDOCE 4 で大きく変わる。用例数が 4 に増えている。単に数が増えただけではなく、第 2 用例では anxious を修飾する語として most がふさわしいこと、第 3 用例では否定形の not to do が高頻度で後続する可能性があることを示しており、LDOCE 3 にはなかったコロケーション情報を提供している。さらに anxious for sb to do sth の文型を新たに追加している。LDOCE 4 は形容詞＋ to do の文型で用いられることを記述することについては LDOCE 3 以前と同じであるが、その内容は格段に増えている。

4.2.2. LDOCE 2 に記述あり LDOCE 3 に記述なし

このケースに該当するのが furious である。LDOCE 2 には furious の語義 1 の用例として、次の文が掲載されている。

(13) *She was furious to find* (=when she found) *that they had gone without her.*

LDOCE 3 に furious to do の文型表示も用例もなく、LDOCE 4, 5, 6 にもない。BNC で furious を検索すると 1,231 回出現する。後続する要素別の出現数は次のようになる。

furious with	90
furious at	74
furious about	26
furious that 節	61
furious to do	7

furious to do で使われる例は 7 回ある。次のようなものである。

(14) Many of the latecomers, ..., were furious to find the doors locked, not having...

したがって LDOCE 2 の記述が誤りとはいえない。ではなぜこの文型が削除されたのか。学習者用の辞典は使用可能なすべての文型を掲載するわけではない。想定する利用者のレベルに応じて提供される情報量は調整される。この文型の使用頻度が低いことを見て LDOCE には不要と判断され、3 版以降は記載されていないのであろう。

furious のほかに impossible, impotent, mad, prompt, unpleasant, worthy などが LDOCE 2 で「形容詞＋ to do」の文型が可能と記されていたが、LDOCE 3 でその記述がなくなっている。コーパス evidence によるものであると推測される。

4.2.3. LDOCE 2 に記述なし LDOCE 3 に記述あり

このケースの例は hesitant である。LDOCE の用例を引用する。

(15) a. *She's hesitant about making new friends. / his hesitant attempts to speak English.* [LDOCE 2]

b. *Gail gave me a hesitant little smile.* / **hesitant to do sth** *The economist is hesitant to comment on government policy.* [LDOCE 3]

c. *Gail gave me a hesitant little smile.* / **hesitant about (doing) sth** *They seemed hesitant about coming in.* / **hesitant to do sth** *She is hesitant to draw conclusions until the study is over.* [LDOCE 4, 5, 6]

(15b) の LDOCE 3 では (15a) の LDOCE 2 にはなかった hesitant to do sth の文型と用例が提示された。BNC を検索すると hesitant は 261 回出現する。hesitant に後続する要素別の出現数は下記のとおり。

hesitant about	24
hesitant to do	16
hesitant in	5

BNC に現れた hesitant to do の例を 1 つあげる。

(16)　Richard Baxter was hesitant to accept this offer for other reasons also.

コーパスにより hesitant to do の文型で使用されることが確認され、LDOCE 3 で組み入れられた。

ところで、疑問に思うは、hesitant about doing の情報が LDOCE 3 で削除されたことである。上記のとおり BNC で hesitant about は 24 例あり、そのうち 16 例は下のような hesitant about doing である。

(17)　So don't be hesitant about raising any questions you may have.

したがって LDOCE 2 の hesitant about doing に関する情報は正しい。LDOCE 3 で削除しない方がよかった。単に見落とされただけなのか、あるいはスペースの都合で掲載できなかったのか、何らかの理由で削られた。しかしこの情報は(15c)にあるとおり LDOCE 4 で復活している。

sufficient でも同じく LDOCE 2 で「形容詞＋ to do」の文型は記述されていなかったが、LDOCE 3 で「**sufficient to do sth** *His income is sufficient to keep him comfortable.*」と文型と用例が加えられている。available のように LDOCE 4 で初めて「**available to do sth** *Funds are available to assist teachers who want to attend the conference.*」と「形容詞＋ to do」の文型が記述される語もある。

4.2.4.　LDOCE 2 と LDOCE 3 に記述なし

angry は LDOCE 2 にも LDOCE 3 にも「形容詞＋ to do」と記載されていない。BNC を検索すると次のような angry to do の例が 3 件だけある[8]。

(18)　but I pretended to be angry to punish her.' Well, miss ! You are wicked, / ...
when you are angry to be silent, and Not to shew it, I do not account

angry は「形容詞＋ to do」で用いられることはあるがコーパスで出現数が

少ないので、LDOCE 3 にはその情報が記述されていないのである。

Quirk et al. (1985) では「形容詞＋ to do」の文型が可能とされているが、LDOCE 2 でも LDOCE 3 以降でもその記述がない語は angry のほかにも、bored, careless, greedy などがある。これらの語は使用例がないか、あっても少ないので LDOCE 3 以降も記載されていない。文法書ではネイティブスピーカーの判定によって可能とされる文型が記述される。特に Quirk et al. (1985) のような専門家向け文法書ではなるべく網羅的に記述されるが、コーパスに依拠して編集される辞書では evidence に基づき記述される。コーパスで可能な文型であることが確認されても、使用頻度が少ないなどの理由で、想定する利用者には必要でないと判断されると、その文型は記述されない。そのため文法書と辞書の記述が異なることはあり得る。

5. 名詞における可算・不可算の記述

学習英英辞典が提供する重要な文法情報の 1 つは名詞における可算・不可算 (C/U) の記述である。ISED で C U のコードにより表示されて以来、今ではほとんどの学習英英辞典・英和辞典で C/U が表示されている。

この区別を最初に表示したのは Palmer (1938) であろう。C/U のコードは用いていないが、例えば fish において「魚」の意味に *Countable*、「魚肉」の意味には *Uncountable* と記している。C/U は二者択一的ではなく、その間には段階性が認められる (小西編 2001: iv–vi)。C か U かに割り切れないことが少なくない。そのような語義には説明がついている。help の「助けになる人・物」の意味には *Singular with indef. art.* と記され、love の名詞語義には *Not used in plural* と表示されている。この *Singular* は現在の学習英英辞典における singular、英和辞典では [単数形で] という用法注記にあたる。

英和辞典では Hornby、石川編 (1940)『基本英語学習辞典』(開拓社)[9] が U を「《不算》」と表示しているのが最初である (cf. 早川 1994)。ISED が出版される 2 年前のことである。(19) では語義番号❶の後ろに「《不算》」と表示されている。可算については特に何も表示されない。語義❷、❸に表示がないのは、可算であることを意味する。

(19) ²help【名】❶《不算》助け，援助，Thank you for your kind help.(親切な)御援助有難う．¶ **(be) of help** (＝ helpful)，助けになる．Was it of any help ? それに何か助けになつたか．Can I be of any help to you? 何か御手傳をしませうか.
❷助け(になる人或は物).《普通 a を冠して.》Your advice was a great help. 君の忠告は非常な助けになった.
❸助け(救済法，逃げ道等)．但次の様な構文だけに用ひる．There is no help for it (＝ it can't be helped)．どうも仕方がない.

5.1. C/U 表示とコーパス

Hunston (2002: 97) はコーパスの使用により、学習英英辞典の語義記述が精密になったことを指摘している。その例として LDOCE 2 で know の語義は 20 であったが、LDOCE 3 では 40 以上に増えたことなどをあげている[10]。下に引用する OALD 5 の apology もコーパスによって語義が詳しく記述された例と言ってよいだろう。

(20) a. **1 ~ (to sb) (for sth)** statement to say one is sorry for having done wrong or hurt sb's feelings: *offer/make/accept an apology* ○ *I made my apologies (to my host) and left early.* [OALD 4]

b. **1 (a)** [C, U] ~ **(to sb) (for sth)** a word or statement to say sorry for having done sth or for upsetting sb: *offer/make/demand/accept an apology* ○ *a letter of apology* ○ *I owe you an apology.* ○ *Please accept my apologies for the delay.* **(b)** [C often *pl*] an expression of regret that one cannot attend a meeting, etc or must leave early: *apologies for absence* ○ … ***I made my apologies*** *(to my host) and left early.* [OALD 5]

(20a) の OALD 4 で 1 つの語義が (20b) の OALD 5 では (a) と (b) の 2 つになり、情報が増えている。それに伴い C/U の情報も詳しくなっている。OALD 4 では C/U のコードはついていない。これは C であることを意味する。用例は *an apology, my apologies* と C の用例である。ところが OALD 5 の語義 1 (a) は [C, U] の表示が付き、U としての用法があることが追加された。用例として *a letter of apology* が添えられた。(b) では [C often *pl*] の表示で、C であり、しばしば複数形になることを表している。用例は 2 つとも複数形である。コーパスの使用により得られた情報を拠り所にして、C/U の記述に変化が生じたものである。

OALD に生じた C/U 記述の変化をもう 1 つ取り上げる。

(21) **surgery**

1 [U] medical treatment of injuries or diseases that involves ... *He will require surgery on his left knee.* HELP In American English the countable form can be used ◇ *She had three surgeries over ten days.* [OALD 8, 9]

surgery の「外科手術」の意味では OALD は 7 版まで U であったが、8 版では U に加えて、上のように HELP として米語では C としても使われることを注記し、用例をあげている。コーパスでの使用例に即した記述である。ちなみに Landau (2001: 297–298) は米語コーパスに surgery の C 用法が多いことを指摘している。

5.2. U が singular に変わった例

次は LDOCE における「欠如」を意味する absence の記述の変遷である。

(22) a. **2** [U (of)] non-existence; lack: *We were worried by the absence of definite figures in the report.* / [LDOCE 2]

b. **2** [U] the lack of something or the fact that it does not exist: [+of] *a complete absence of any kind of planning/* [LDOCE 3]

c. **2** [singular] the lack of something or the fact that it does not exist ≠

presence: [+of] *a complete absence of any kind of planning/* [LDOCE 4]

(22a) の LDOCE 2 では C/U 表示は U である。(22b) の LDOCE 3 でも U であるが、用例は *a complete absence of any kind of planning* に変わった。U と表示しているにもかかわらず用例には a がついており、表示と用例が対応していない。(22c) の LDOCE 4 では U が singular に変わり不対応は解消された。

(22b) の用例 *a complete absence of any kind of planning* はコーパスの使用例を反映している。BNC には a ＋形容詞＋ absence of のコロケーションが 74 回出現し、その中で *a complete absence of* が最も多く、16 回出現する。(23) に 2 例を引く。

(23) The pleasures of art tend to be diminished by returning to a complete absence of hot bath water./It has in fact a complete absence of energy.

さらに BNC では次のような an absence of のコロケーションも数多くみられる。

(24) There was an absence of interest in Emilia's voice.
Mr Ford has shown an absence of leadership and

コーパス以前はこのような用法に気づかず、U と表示されていたが、コーパスで使用例が確認されたため、C/U 表示が変ったものと思われる。

5.3. C/U 表示と学習者

名詞の C/U について、辞書に [C] または [U] と表示されているのは利用者にもわかりやすい。しかし辞書に [C, U] あるいは [U, C] と表示されている語や語義も多い。この場合 C/U の区別は利用者に委ねられているが、区別するのは決してやさしくない。辞書はできる限り [C, U] [U,

C]を避けて[C]または[U]と表示するのが親切である。次は OALD における absence の C/U 記述である。

(25) a. **1 ~ (from...)** (a) [U] the state of being away: *His repeated absence (from school) is worrying.* ○ *It happened in* ***my/her/his/our/your/their absence.*** ○ *In the absence of the manager* (ie While she is away) *I shall be in charge.* ... (b) [C] an occasion or period being away: *numerous absences from school* ○ *throughout his long absence* ○ *after an absence of three months.* [OALD 5]

b. **1** [U, C] ~ **(from...)** the fact of sb being away from a place where they are usually expected to be; the occasion or period of time when sb is away: *absence from work* ◇ *repeated absences from school* ◇ *The decision was made* ***in my absence*** (=while I was not there) ◇ *We did not receive any news during his long absence.* [OALD 6]

(25a) では語義は (a) と (b) に分かれていて、(a)「不在、欠席」の意味では U, (b)「(1 回の) 不在、欠席」の意味では C であることがはっきりと分かる記述がされていた。ところが (25b) では 2 つが統合されて、[U, C] のコードが付けられた。どの場合に U で、どの場合に C なのか分からなくなった。注意深い利用者なら、定義文の中ほどにあるセミコロンのあとの the occasion ... away の部分は C であり、2 つ目の用例が C の用例であると推測するかもしれない。しかし、利用者にそれを求めるべきではない。(25a) の記述の方が user-friendly である。語義を統合するならば、C/U 表示を 2 か所に付けて、次のようにすれば、理解しやすいのではないだろうか。

(26) **1 ~ (from...)** [U] the fact of sb being away from a place where they are usually expected to be; [C] an occasion or period of time when sb is away: ...

同様の例は diagnosis においても見られ、2 つの語義が統合されて[C, U]と表示されている。

(27) a. (**a**) [U] diagnosing: *make one's diagnosis* ○ *a doctor skilled in diagnosis* ○ *accurate diagnosis of an electrical fault.* Cf PROGNOSIS. (**b**) [C] (statement of the) result of diagnosing [OALD 4]

b. [C, U] the act of identifying the nature of a problem, esp an illness: *We are still waiting for the doctor's diagnosis.* ○ *accurate diagnosis of an electrical fault.* [OALD 5]

c. [C, U] ... ~ (**of sth**) the act of discovering or identifying the exact cause of an illness or a problem ◇ *diagnosis of lung cancer* ◇ *They are waiting for the doctor's diagnosis.* ◇ *An accurate* ***diagnosis was made*** *after a series of tests.* [OALD 6, 7, 8, 9]

(27a) では (a) (b) の語義区分があり、(a)「診断すること」の意味では U、(b)「診断結果」「診断書」の意味では C であることが容易に読み取れる。ところが (27b) (27c) では語義が 1 つにまとめられ、[C, U] と表示されているため、その区別はつきにくくなった。

コーパス利用により singular を含めての C/U 区別が明確になることは歓迎されるが、語義の統合などにより C/U 区別が不明になることは避けるべきである。

6. おわりに

辞書編集にコーパスが導入されることによって、学習英英辞典の主に OALD と LDOCE の文法情報の記述がどう推移したかを見てきた。ひとことでいえばコーパスに基づく構文の頻度調査の結果が反映されているということになる。OALD はコーパスを使いはじめた OALD 5 では変化は小さかったが、OALD 6 で大きく変わった。LDOCE はコーパスを使用した LDOCE 3 で一気に変化し、類書との差異化をはかる思い切った記述をしている。

辞書の文法情報はコーパスの裏付けによって質的に向上し、記述量も増えた。そして版を重ねるごとに内容は充実してきていると言える。

情報の提示方法も大きく改善され、文法コードはその内容が理解しやすいものに取って代わられた。文型やコロケーションが太字で印刷されたり、色刷りの紙面になったりすることによって情報が取り出しやすくなった。

また、ほぼ同じと思われるコーパス資料を手にしても、編者の判断によって異なる記述となる例をいくつか見た。コーパスさえあればよい辞書ができるわけではない。情報を読み取る力と辞書に反映させる力量によって、辞書の出来は左右されることをうかがわせている。

注

1. 赤野(2012: 90)と LDOCE 3 の裏表紙より。
2. 安藤(2008: 3–4)は 5 文型が文の要素の機能(function)を考えているのに対して、Palmer に始まる動詞型は文の構造(structure)を考えていると論じている。
3. notice の後ろの目的語が 1 語、2 語または 3 語でその後ろに do が来るもののみを検索した結果である。目的語が 4 語以上ある文の可能性もあるがここには含まれていない。このような文はあるとしてもごく少数であろうと思われる。
4. 使用例がないために削除されたものもある。赤野(1998)には LDOCE 2 で可能とされた attempt doing の文型が、コーパスに使用例がないために、LDOCE 3 では削除されたことが論じられている。
5. notice の後ろの目的語が 1 語、2 語または 3 語でその後ろに doing が来るもののみを検索した結果である。
6. LDOCE 4, 5, 6 には [O+doing] の文型表示のもとに *Predators have been observed to avoid attacking brightly coloured species.* の用例がある。[O+do] の文型表示がないので、[O+do] の記述はないものとして扱った。
7. feel の後ろに 1 語の目的語が来る場合の数である。次のように feel の後ろに 2 語以上の語が目的語になっている場合を含まない。She felt her face beginning to get hot as two …
8. 一見すると angry to do に見えるが、異なった構文である次のようなものはこの数に入れていない。I am almost too angry to speak ! /But it still makes me angry to know that in other countries so many children die,
9. 早川(2006: 91)はこの辞書を「Hornby(1942)の入門書」と解説している。Hornby(1942)

とは ISED のことである。

10. Hunston (2002: 97) には「Longman 1987 gives 20 senses of KNOW. Longman 1995 gives over 40 and COBUILD 1995 gives over 30.」と書かれている。LDOCE では there's no knowing や you never know のように英和辞典では通例成句として扱われるものにも語義番号が付けられている。20 senses や 40 senses という数字はこれらを含んだものである。

参考文献

赤野一郎 (1998)「コーパスによる英和辞書編纂のこれから」小西先生傘寿記念論文集編集委員会編『小西友七先生傘寿記念論文集—現代英語の語法と文法—』大修館書店.

赤野一郎 (2012)「辞書とコロケーション」堀正広編『これからのコロケーション研究』ひつじ書房.

安藤貞雄 (2008)『英語の文型ー文型がわかれば、英語がわかるー』開拓社.

Cowie, A. P. (1999) *English Dictionaries for Foreign Learners: A History.* Oxford: Oxford University Press. (赤須薫・浦田和幸訳 (2003)『学習英英辞書の歴史　パーマー、ホーンビーからコーパスの時代まで』研究社.)

畠山利一 (1996)「COBUILD2 版の分析」『大阪国際大学紀要　国際研究論叢』8 (3) : 315–348.

畠山利一 (1997)「LDOCE 3 版における形容詞補文の記述」『大阪国際大学紀要　国際研究論叢』9 (2) : 315–328.

畠山利一 (1999)「学習英英辞典における名詞補文の記述」『大阪国際大学紀要　国際研究論叢』12 (3) : 35–46.

早川勇 (1994)「英語辞書における可算・不可算表示の歴史ーホーンビーの辞書を中心にー」『現代英語教育』1994 年 6 月号 (33; 3) : 44–46. 研究社出版.

早川勇 (2006)『日本の英語辞書と編纂者』春風社.

Hornby, A. S. (1954) *A Guide to Patterns and Usage in English.* London: Oxford University Press. (Second Edition, 1975)

Hornby, A. S., 石川林四郎編 (1940)『基本英語学習辞典』開拓社.

Hunston, Susan. (2002) *Corpora in Applied Linguistics.* Cambridge: Cambridge University Press.

小西友七編 (2001)『英語基本名詞辞典』研究社出版.

Landau (2001) *Dictionaries: The Art and Craft of Lexicography* Second Edition. Cambridge: Cambridge University Prsee.

南出康世 (1998)『英語の辞書と辞書学』大修館書店.

Palmer, H. E. (1938) *A Grammar of English Words.* London: Longman.

Quirk, R. et al. (1985) *A Comprehensive Grammar of the English Language.* London: Longman.

Rundell, M. (1998) 'Recent trends in English pedagogical lexicography', *International Journal of Lexicography*, 11 (4) : 315–342.

辞書類

([ ]内は本文中で用いた略称)

The Advanced Learner's Dictionary of Current English. 1963. London: Oxford University Press [ALD]

The Concise Oxford English Dictionary. 12th edition. 2011. Oxford: Oxford University Press. [COD12]

Cambridge Advanced Learner's Dictionary. 4th edition. 2013. Cambridge: Cambridge University Press. [CALD4].

Collins Cobuild Advanced Learner's Dictionary. 8th edition. 2014. Glasgow: HarperCollins Publishers. [COBUILD8]

Idiomatic and Syntactic English Dictionary (『新英英大辞典』). 1942. 開拓社. [ISED]

Longman Dictionary of Contemporary English. 1978. Harlow: Longman Group Limited. [LDOCE1].

Longman Dictionary of Contemporary English. 2nd edition. 1987. Harlow: Longman Group Limited. [LDOCE2].

Longman Dictionary of Contemporary English. 3rd edition. 1995. Harlow: Pearson Education Limited. [LDOCE3].

Longman Dictionary of Contemporary English. 4th edition. 2003. Harlow: Pearson Education Limited. [LDOCE4].

Longman Dictionary of Contemporary English. 5th edition. 2009. Harlow: Pearson Education Limited. [LDOCE5].

Longman Dictionary of Contemporary English. 6th edition. 2014. Harlow: Pearson Education Limited. [LDOCE6].

Macmillan English Dictionary for Advanced Learners. 2nd edition. 2007. Oxford: Macmillan Education. [MED2].

Oxford Advanced Learner's Dictionary of Current English. 3rd edition. 1974. Oxford: Oxford University Press. [OALD3].

Oxford Advanced Learner's Dictionary of Current English. 4th edition. 1989. Oxford: Oxford University Press. [OALD4].

Oxford Advanced Learner's Dictionary of Current English. 5th edition. 1995. Oxford: Oxford University Press. [OALD5].

Oxford Advanced Learner's Dictionary of Current English. 6th edition. 2000. Oxford: Oxford University Press. [OALD6].

Oxford Advanced Learner's Dictionary of Current English. 7th edition. 2005. Oxford: Oxford University Press.

[OALD7].
Oxford Advanced Learner's Dictionary of Current English. 8th edition. 2010. Oxford: Oxford University Press.
[OALD8].
Oxford Advanced Learner's Dictionary of Current English. 9th edition. 2015. Oxford: Oxford University Press.
[OALD9].

V

用例・コロケーション

赤野一郎

1. はじめに

Samuel Johnson の *A Dictionary of the English Language*（1755）は、シェークスピア、ミルトン、ドライデンなど、高名な作家から集められたおよそ11 万 4 千の用例を基に編纂されている。*Oxford English Dictionary*（1933; OED）は、5,000 人以上の著者から reader と呼ばれるボランティアの手で集められた 182 万例を、歴史的記述の証拠として使用している。フランスの哲学者ヴォルテールの言葉を借りれば、「用例のない辞書は骸骨のようなもの」（"A dictionary without citations is a skeleton."）で、「用例という肉付けがあってこそ語は生命体としていきてくる」（小西 1997: 430）のである。本章では、このように辞書にとって欠かせない用例について、その役割、あり方、提示方法、用例の作成過程、および用例と密接な関係にあるコロケーションについて、コーパスと関連付けながら論じる。ここでいう辞書とは、高校生を中心とする日本人の英語学習者を対象に編まれた収録語数 5 万語から 10 万語の学習英和辞書（pedagogical bilingual dictionary）、および外国語あるいは第 2 言語として英語を学ぶ人たちを対象とするOALDやLDOCEに代表される学習英英辞書(pedagogical monolingual dictionary)を指す。また例としてあげたコーパスデータは、イギリス英語の書き言葉9千万語と話し言葉1千万語からなるBritish National Corpus(BNC)の分析結果である。

2. 用例の役割

2.1. 受信情報としての用例

用例の第1の役割は、それに先行する定義・語義説明を正確に理解させ、求める意味がいずれの語義であるか特定することである。適切に選ばれた、あるいは作成された用例は、語義説明を補足、補強し、語の意味の正確で深い理解を可能にする。英文を読み解くための「受信型用例」(examples for decoding)である。具体的に見ていこう。

英語母語話者を対象とする一般英英辞書(general monolingual dictionary)は類義語を、そして英和辞書は訳語を、列挙することで定義を行うが、この方式では求めている意味の特定が困難なことがある。たとえば、AHD5のkeenの項を見てみよう(図1参照)。いずれの定義も類義語から成っている。この方式が一番効果的なのは語義6で、pungentとacrid自体がもっぱら匂いや味を修飾する語なので、これらの語を知っていればkeenの多義性を特定することができる。ところが語義4のsharp, strongは、それ自体、きわめて多義的なので、keenの語義特定が困難になる(Atkins and Rundel 2008: 420–421)。その不十分さを補っているのが、Richard Wrightの実例である。用例が多義語の語義識別に寄与しているのである。

英和辞書の場合には、訳語はあくまで近似値的なので、ぴったりと対応しないことがあり、どうしても理解が不十分となる。この避けがたい不十分さを補うのが用例である。例文を見ないで訳語だけを目で追う学習者は、しばしば意味の特定を誤ることがある。たとえば、(1)の英文に含まれているpracticeの意味を調べさせると、第1義の「練習する」が求める意味だと早合点してしまう。

keen ... **4**. Sharp; vivid; strong: *"His entire body hungered for keen sensation, something exciting"* (Richard Wright). **5**. Intense or bracing: *a keen wind.* **6**. Pungent; acrid: *A keen smell of skunk was left behind.* **7.a.** Ardent; enthusiastic: *a keen chess player.*

図 1. keenの類義語による語義説明

(1) Mr. Smith has *practiced* law for over thirty years.

多くの辞書で、「〈医師・弁護士など〉を開業する、営む」の語義のところに、(2)のような用例を見出すことができる。この用例と語義に添えられている選択制限を見れば、求める意味がまさにこの語義だとわかる。

(2) practice medicine[law]医者[弁護士]を開業する

学習英英辞書の語義は、各辞書が定めた制限語彙の範囲内で説明されているので、説明文自体の意味は容易に理解できるが、具体的にイメージできないことがある。たとえば、OALD5のcounterpartは"a person or things that corresponds to or has the same function as sb or sth else"と説明されているが、具体的に何を指しているか理解しにくい。添えられている用例(3)を見れば、一目瞭然である。

(3) a. The Foreign Minister held talks with his Chinese *counterpart.*

b. The women's shoe, like its male *counterpart,* is specifically designed for the serious tennis player.

ちなみに、この2つの用例は「所有格＋形容詞」を常に伴うという、定義からだけではわからない使用に関する情報も提供している。

時に語義説明が複雑で理解が困難なこともある。その際、用例が頼みの綱となる。たとえば、COBUILD8のaccount forの定義を見てみよう。

(4) If a particular thing **accounts for** a part or proportion of something, that part or proportion consists of that thing, or is used or produced by it.

果たしてどれくらいの学習者が、"that part or proportion consists of that thing"の部分を理解できるだろうか。添えられている例文、Computers account for 5% of the country's commercial electricity consumption. を見ればたちどころに「～の割合を占めている」に相当する句動詞だとわかる。COBUILD の定義は、用法と意味を文で同時に説明する画期的な方法で、その後の他の学習英英辞書にも影響を与えたが、このように語義の理解を妨げることもある。

語の意味の正確な理解の中には、語の使用場面と使用者の態度に関わる語用論的意味も含まれる。辞書ではもっぱらレーベルによるレジスター表示や、定義で示される選択制限や内包的意味がそれに相当する。たとえば、図 2『ウィズダム 3』の句動詞、sit through の語義説明の（　）と〈　〉で示されている部分である。さらに用例とその訳文の「我慢して」がこの句動詞の持つ否定的響きを的確に伝えている。

> ***sìt thróugh*** A (辛抱して) A〈劇・演説など〉を最後まで見る[聞く];〈いやな事など〉を終わりまで待つ▶ *sit through* the same lecture twice 同じ講義を2回我慢して最後まで聞く.

図 2.　sit through の語義説明と用例

(5) では、broad-minded の肯定的態度と childish の否定的態度が、それぞれ [APPROVAL], "used to show disapproval" と表示されており、それぞれに相応しい用例が添えられている。

(5) a. **broad-minded** also **broadminded** If you describe someone as broad-minded, you approve of them because they are willing to accept types of behaviour which other people consider immoral. [APPROVAL] ❑ *a fair and broad-minded man.* (COBUILD8)

b. **childish... 2** behaving in a silly way that makes you seem much younger than you really are–used to show disapproval: *Don't be so childish!* | *I wish politicians would stop this childish name-calling.* (LDOCE4)

them の縮約形である'em の定義は、"*spoken* sometimes used as a short form of 'them'" (LDOCE4) とあり、添えられた用例、Go on, Bill, you tell'em! は spoken のレジスター表示と一体となっている(Xu 2008: 401–402)。

語用論的意味の理解を支える用例は、特に話し手がいかなる心理状態のもとに、どのような相手に向かって発したのかなど、その語の使われる場面を彷彿とさせる用例が望ましい。(6a)、(6b)を比較されたい。

(6) a. *As it happened,* he was at home when I dropped in.

b. 'You can't park here. Didn't you see the notice saying'Employ Only' ?' 'Thank you, but I am the district Manager, *as it happens.*'

(Cowie and McCaig 1983)

どの英和辞書でも as it happens/happened には、「たまたま、折よく;実際のところ」の意味と、(6a)に類する例が添えられている。これでは時としてこの語の発揮する効果は伝わらない。この語は、相手の早合点などから生じる思い込みに対して、時として皮肉を込めて、相手を牽制するとき、日本語の「おあいにくさま」の意味合いで用いられることがある。(6b)はそのあたりのニュアンスを適切に例示している。用例のさらなる役割はこの種の微妙な意味合いを理解させることにある。

2.2. 発信情報としての用例

語義の特定と語の意味の理解ができるだけでは、語を習得したことにならない。用例の第2の役割は、語の適切な使用のモデルになることである。語の適切な使用のためには、文法に基づく他の語との結合・配列の知識が必要である。その知識に含まれる辞書情報として、品詞表示、動詞の自他や文型表示、名詞における U/C の区別などの文法情報や、「〈学科・人〉を教える」のような連語情報がある。これらの多くは記号化された抽象的情報である。この骨格的情報に肉付けするのが、もう1つの用例の役目である。適切な英文を産出するための「発信型用例」(examples for encoding) である。

(7) In a productive context examples can be taken to be the fleshing out of the more or less abstract information that is provided by the definition and/or the grammatical codes. ... Real sentences can show in a practical way how the structural skeleton comes to life. (下線は筆者による[1])

(Bogaards 1996: 309)

発信型用例で最も重視されるのは、いかにコロケーション情報を用例の中に盛り込むかである。コロケーションに関するどのような情報をどのような方法で提示するかで、学習英語辞書の良し悪しが決まると言っても過言ではない。これについては第5節で詳しく検討する。

3. 用例はどうあるべきか

Johnson の英語辞書は高名な作家からの引用例に基づいて編纂されたし、OED はその歴史的記述が編纂目的であるため、必然的に各時代の著作物からの引用例が使われた。また Webster 3 でも citation slips が多用された。一方、H. C. Wyld の *The Universal English Dictionary* (1957) や RHD2 に見られるように作例中心の一般辞書もある。いずれにも長所と短所があるが、ここでは、学習英語辞書に限定し、コーパス依拠の前と後で用例にどのような変化・傾向が見られたかを概観し、好ましい用例（good example）について検討する。

3.1. 引用例か創作用例か

学習英英辞書の始まりは、英語教授研究所（現在の一般財団法人語学教育研究所）の初代所長であったH. E. Palmerの*A Grammar of English Words*（1938）に求めることができるであろう。その序文でPalmerは、"Like a dictionary it is a collection of words in alphabetical order, but unlike a dictionary it gives the grammar of each word in detail; it is a *grammar of words*."（原文イタリック）と述べ、語が持つ文法的特徴を詳述する「語の文法」を提唱した。Palmerの「語の文法」を実践し、学習英英辞書として編纂されたのが、A. S. Hornby, E. V. Gatenby and A. H. Wakefield, *Idiomatic and Syntactic English Dictionary*（開拓社、1942）であり、*The Advanced Learner's Dictionary of Current English*（2nd edition, OUP, 1963）からOALD3（1974）を経て、OALD9（2015）に至っている。

現在のOALDの礎を築いたHornbyは、用例に関してHornby（1965）で「もし現用法を用例で示すとすれば、本や定期刊行物からの引用よりも作った用例のほうが有益であろう」と述べている。またHornby辞書の系列と張り合う形で出版されたLDOCE2（1987）もその序文で、用例は引用例の分析に基づいていると述べている。

(8) Over 75, 000 examples are included in the Dictionary, often based on analysis of the authentic language in the Longman Citation Corpus, especially the recent citations from American and British newspapers.

これらの発言からわかるように、この時期の辞書の用例の大部分は、収集された引用例と編者・執筆者自身の内省・直観に基づく創作用例であった。

1987年に"Helping learners with *real* English"をキャッチフレーズにしたCOBUILD1（1987）が出版されると、この古くて新しい用例のあり方の問題が、再度議論されることになる。COBUILD1のいう"real English"とは、手を加えることなくそのままコーパスから採られた用例のことを指している。Sinclair は Introduction において、「最近の語学教育の教材開発では、作例が慣行になっているが、この種の用例には何の権威もなく、きわめて不自然である」と断定し、コーパスからの取り込み方については、以下のように述べている。

(9) Some of the examples are slightly adapted from the citation in our text files. In all cases we have attempted to preserve the common pattern of use, and have only changed or omitted words that seems to us not to be affecting the use. [2]

第 8 版の About COBUILD dictionaries にも、"All of the examples in COBUILD dictionaries are examples of real English, taken from the Collins Corpus" とあるように、この方針は今日に至るまで変わっていない。

この「実例主義」は、学習上の観点から多くの批判を浴びた。たとえば、Hausmann and Gorbahn (1989) は (10) をあげ、"from which?" と問いかけ、引用例はその文脈から切り離されると、「奇妙に響き、読み手に過度な想像力を要求する」という。先行文脈においてなんらかの病気や苦しみが話題になっていることが想像される。それを受けて「女性 200 人に 1 人の割合で患って[苦しんで]いる」ということであろう。

(10) One woman in *every* two hundred is a sufferer. (from which?)

彼らは他に好ましくない例として、見出し語と派生関係にある語が含まれている用例 (11a) や、構文説明のためだけの無味乾燥な用例 (11b) をあげている。

(11) a. He continued to be *self-indulgent,* as he had been <u>indulged</u> when he was a child.

b. I *sympathize* with Delia./Everyone *sympathized* with Bruce.

これらの批判を受けて、CCOBUILD2 もしくはそれ以降の版では改善され、(10) は (12a) に、(11a) は (12b) に、(11b) は (12c) に差し替えられている。

(12) a. About one in *every* 20 people have clinical depression.
b. To buy flowers for myself seems wildly *self-indulgent.*
c. I must tell you how much I *sympathize* with you for your loss, Professor./He would *sympathize* but he wouldn't understand.

実例主義と関連して、Herbst (1996: 328) の用例のセクシズムに関する調査を紹介する。この調査は OALD4 の用例には男性より女性を指す名詞、代名詞が多く含まれているという Cowie (1995) を受けて行われたもので、それによると OALD5 も同じ傾向を示しているのに対して、LDOCE3, CIDE, COBUILD2 は男性優位の傾向を示し、とりわけ COBUILD2 が男性指示表現の使用が顕著であることを明らかにしている[3]。興味深いのは、その原因を、She did beautiful needlework and she embroidered table napkins のような男女のステレオタイプ的役割を示す用例からわかるように、手を加えずに Bank of English から直接引用した結果に求めている点である。コーパスからの直接使用は、コーパスの素材となったテクスト自体が生み出された時代背景から逃れることができないということであろう[4]。

COBUILD の実例主義に対して、LDOCE は、コーパスからそのまま取り込むこともあるが、修正したり、作例することもある。OALD のように、コーパスを用例作りのための素材と見なす辞書もある。

(13) a. Some examples are taken direct from the corpus; some have been changed slightly from the corpus to remove difficult words; and some have been written specially for the entry. (LDOCE3: xvi)
b. ... the corpus has provided abundant raw material on which to base the illustrative examples which have always been a key feature of the dictionary. (OALD5: vi)

CIDEでは、コーパスからそのまま採用した例文は5%に満たず、70%から75%の用例は、明快さと英語らしさのバランスをとりながら、わかりやい英語に書き換えられている(Baugh, et al. 1996: 43)。

Cowie(1989: 58–59)は、創作用例に軍配を上げ、COBUILDの引用例は、もっぱら語の理解、すなわち受信機能を重視しており、語の使用、すなわち発信機能についての配慮があまり見られないという。さらに発信機能を果たそうとすると、引用例で語の活用に役立つポイントをカバーするためには複数の例文が必要になる。その点、創作用例は、スペースの制約がある辞書にとって、複数のポイントを1つの用例でカバーすることができる。Svensen(2009: 284)も同趣旨のことを述べている。

(14) … authentic examples are, in principle, more space-consuming than editorial ones, and that several authentic examples will often be needed in order to cover a certain usage reasonably well.

Longman Language Activator (1993, Longman) の編纂に携わったDella Summersはその前書きで、用例に対するコーパスデータの強い影響を認めつつも、説明のための創作用例、彼女のことばを借りれば、"pedagogic example"の教育的価値を重視している[5]。

(15) The group of examples often begins with at least one'pedagogic'example, i. e. one that demonstrates the meaning particularly clearly, such as a teacher might use in class when asked for an example by a student. Research has shown that teachers and students value this type of example at least as much as purely corpus-based examples.

創作用例は、英語らしさ(naturalness)を義性にしてもその説明力と省スペースを評価するということであろう。

コーパス抜きの辞書編纂がもはや考えられなくなった今日、「引用例か創作用例か」という二者択一的議論は成り立たなくなっている。コーパスを用例にどのように活かすかは、程度の問題である。創作用例派の代表である LDOCE も (4a) で "Some examples are taken direct from the corpus" と述べている。逆に実例主義の COBUILD8 は "minor changes made so that they are more successful as dictionary examples" と控え目な言い方だが、実際には 2 版以降の用例を子細に検討してみると、かなり手を加えているケースがある。Rundell (1998: 334) の次の発言は、コーパスに依拠した辞書の用例を評した至言であろう。

(16) … it is really no longer relevant to characterize the argument as a simple choice between the authentic and the invented. All reputable MLDs now base every aspect of their text on corpus data, so <u>the differences now lie in the degree to which corpus material is 'processed' on its way into the examples</u>.

我が国の辞書編纂においてコーパスの重要性があまり認識されていなかった時代にあって、英和辞書編纂の第一人者であった小西友七の次の発言は、まさに現在の主流を占めている考え方である。

(17) quoted example は長くなり、色々な要素が絡み合っている全体から部分を出しているので、談話文としてはおかしくないが、部分としては適切でないこともある。…その点 invented example は蒸留水のようなものであるが、問題の単語だけに光を当てて浮き上がらせることができる。結局のところ、<u>quoted example から十分に帰納した上での invented example ということになる</u>。

(小西 1997: 341–3423)

Humble (1998) によれば、二者択一的議論は、辞書利用者の学習者レベルを考慮した場合にも、成り立たない。創作用例と引用例のいずれが適しているかは、学習者レベルを考慮すべきであり、高頻度の産出語彙 (productive vocabulary) か低頻度の受容語彙 (receptive vocabulary) か、受信型用例か発信型用例かに左右されるという。*Oxford Wordpower* (1993, OUP) のような初級・中級学習者を対象とした辞書は、定義は平明で、用例は作られたものなのでわかりやすい。それは高頻度語 (sleep) であっても低頻度語 (abscond) であっても変わらない。

(18) a. sleep: to be in a state of sleep for a period of time: *Did you sleep well last night?/I only slept for a couple of hours last night.*

b. abscond: to run away from a place where you should stay, sometimes with something that you should not take: *She absconded with all the company's money.*

sleep の定義と用例は、この語の理解と使用のいずれの目的にも適っている。しかしながら、低頻度語の abscond に関しては、平明な定義は語の理解に適切だが、いざこの語を使おうとすると、創作された用例の平明さが問題になる。この低頻度語を使うのはかなりの上級者であり、(18b) の用例は、発信型用例としては情報不足である。というのは、abscond は①単独での使用が可能、②堅い語である、③典型的に from, with と共起するという特徴がある。(18b) は with との共起は例示しているが、単独使用やこの語の堅さを示していない。COBUILD2 の創作用例はこれらの点を満たしている。

(19) a. He was remanded in care and ordered to appear the following day, but *absconded.*

b. A dozen inmates have escaped or *absconded* from Forest jail in the past year.

c. Unfortunately his partners were crooks and *absconded* with the funds.

上級者向けの発信型用例の適切さとして、(19a) に remanded in care, ordered to appear など、犯罪に関わる堅い表現が含まれており、当該語と調和していること、および単独使用が可能であること、(19b-c) において、inmate, jail, crooks, funds などの関連語が隣接していること、(19b) が escape と相違があることを示していることがあげられる。

3.2. 学習英語辞書にとって好ましい用例とは

受信機能の観点から言えば、好ましい用例とは、語を辞書で引いたとき、目の前にある当該語を含む文と辞書に載っている用例が一致もしくは類似している用例である。たとえば、高校生が(20)の英文に遭遇したと想定してみよう。

(20) When the noise eventually died down, Zerimski dropped his voice, but every word still *carried* to the back of the hall.

ここで取りあげたいのは、carry である。一般的高校生にとって、この語は「〈物〉を運ぶ」の他動詞として定着しているので、ここで立ち止まり、辞書で調べることになる。『ウィズダム 3』では、自動詞用法の 1 に以下のような記述がある。

— ㊂ **1** 〚～＋副〛〈音・においが〉（遠くに・ある距離まで）**届く, 達する, 伝わる**;〈ボールなどが〉（ある距離まで）**飛ぶ** ▶ Her voice *carried across* the room. 彼女の声は部屋中に響きわたった. **2 持ち運びする**. ...

図 3. CARRY の自動詞用法

(20) で「声を低めたが、一言一言が」とあり、carry の主語の every word は、先行する voice と関連があり、辞書記述の選択制限「音」および例文の主語 voice と一致している。さらに to the back of the hall は副詞句で、用例の across the room と類似している。目の前にある carry を含む文と辞書記述がまさに一致している。このように一致率を高めるには、頻度順配列した語義ごとに、添える用例も頻度の高いものから並べる必要がある[6]。

発信機能の点で重要なことは、用例に豊富なコロケーション情報が含まれていることである。これについては、第 5 節で詳しく解説する。

いずれの機能の用例であっても、わかりやすさがまず第一条件である。前節で検討した引用例に関する批判は、好ましい用例に対する反面教師と捉えることができよう。(10) に対する批判は、裏を返せば、先行文脈に依存しない、それだけで理解可能な用例が好ましいということである。Cowie (1989) のことばを借りれば、理解のために他の知識を必要としない"self-sufficient" なものでなければならない。言い換えれば、Williams (1996) が主張するように、用例は Grice の「量の格率」を満たしている必要がある。彼の提示する (21) は情報過多で、意味理解のためには、定義と用例の前半部で十分である。

(21) **new** unfamiliar to: Her name is new to me; I've never heard of her before. (LDOCE2)

"self-sufficient" な用例とは、理解を妨げる語が含まれていない用例である。具体的な条件としては、①見出し語より難易度の高い語が使われていないこと、②文構造が複雑でなく、程よい長さであること[7]、③背景的知識を必要としないこと、をあげることができよう。①を満たしていない例として、Boggards (1996)、赤野 (2000)、井上 (2005) が、それぞれ (22a)、(22b)、(22c) をあげている。下線は難易度の高い語を示す。

(22) a. **occult**: He was a strange man who <u>dabbled</u> in the occult. (LDOCE3)
b. **door**: They claim the Government is <u>privatizing</u> <u>dentistry</u> through the back door. (COBUILD2)
c. **fix**: The main aim of <u>inbreeding</u> is to standardise, to fix desirable <u>inherited</u> characteristics and to <u>dispel</u> undesirable ones. (COBUILD3)

②を満たしていない用例として、独立分詞構文というやや特殊な節を含んだ (23a)、節が二重に埋め込まれた (23b) などが該当する。

(23) a. **occupy**: There were over 40 tenants, all occupying one wing of the hospital ... (COBUILD2)

b. **occupation**: I suppose I was looking for an occupation which was going to be an adventure. (COBUILD2)

(24) は「アーサー王伝説」の背景的知識が必要で、"self-sufficient" と言えず、条件③に反している

(24) **magician**: Merlin was the magician in the stories of King Arthur and the Knights of the Round Table. (CIDE)

今は改善されたが、かつての学習英英辞書にはこの種の用例が散見された。Minaeva (1992) のあげている (25) は、それぞれ文学、音楽、英国史、イギリス事情の知識が必用である。

(25) a. **myself**: I myself feel that Muriel Spark is very uderrated. (COBUILD1)

b. **ballet**: Tchaikovsky and Stravinsky each wrote several famous ballets. (LDOCE2)

c. **elder**: William Pitt the elder was a British prime minister and so was his son, William Pitt the younger. (LDOCE2)

d. **ball**: Signs with three balls hang outside pawnbroker's shops. (OALD4)

Williams (1996: 502) は、時代事情や社会状況が含まれた用例は、時を経れば理解が難しくなるとし、次例をあげている。辞書発刊当時 (1980 年代) の英国の保守的政治状況にあって、反保守的見解が含意されている。

(26) a. **nonsense**: Her speech was full of the usual nonsense about 'Victorian values'. (LDOCE2)

b. **hold against**: I don't hold it against him that he votes Conservative. (OALD4)

背景的知識を必要とする用例が当該語の理解の妨げになるというのは、英語を外国語とする学習者が英英辞書を使う場合であって、英和辞書の場合にはむしろ日本人にとって常識と思われる事柄は、用例に積極的に採り入れるべきである。たとえば、日本人にとって馴染みのある人名・地名などの固有名詞を用例に盛り込むことで、生活感を醸しだす効果があり、また英語での日本事情の発信に役立つ。

(27) a. **game**: I watched the baseball game between the Tigers and the Giants on TV. タイガースとジャイアンツのその試合はテレビで見たよ 『ジーニアス 5』

b. **touch**: Soseki Natsume, an author from Tokyo, wrote a book called *I Am a Cat*. 東京出身の作家、夏目漱石は『我が輩は猫である』という本を書いた 『ウィズダム 3』

c. **share**: Toyota has the largest share of the automobile market in Japan. トヨタは日本の自動車市場で最大のシェアをもっている 『オーレックス 2』

日常頻繁に目に触れ、あるいはよく接する事物を表す日常生活語彙は、今までは相当する日本語を示すだけだったが、最近の英和辞書は、活用の観点から、コロケーション情報を盛り込んだ用例を添える傾向にある。

(28) a. **mode**: Switch your cellphone to the silent mode. 携帯電話を消音モードに切り替えなさい 『オーレックス 2』

b. **computer**: Boot [Start] up your computer. コンピュータを起動しなさい 『ジーニアス 5』

『ウィズダム 3』には、seat に(29)のような豊富な用例が与えられている。この語の理解には「(坐)席」の訳語で十分だが、日常生活では、しばしばこの語を使わなければならない場面に遭遇する。

(29) Please have [take] a *seat.* お座りください/It's necessary to keep *seat* belts fastened while driving. 走行中はシートベルトを締めなければいけない/The theater was quite full. I couldn't see any empty *seats.* 映画館は満員で空席は見つからなかった/I couldn't get [take] a *seat* in the bus because it was crowded. バスが混んでいて席に座れなかった/I gave (up) my *seat* to an old woman on the bus. バスの中で老人の女性に席を譲った/Would you mind changing [trading] *seats* with me ? すみませんが席を交換していただけますか/Please give me a corner *seat.* 隅の席をお願いします/John was sitting in the next *seat* [(in the seat) next] to me. ジョンは私の隣の席に座っていた/Could you keep [hold] this *seat* for me? この席を取っておいていただけますか/Could I reserve [book] a *seat* for tonight's concert ? 今夜のコンサートの席を予約出来ますか/There are no *seats* left on that flight. その便には残席がない/Can you get me a *seat* on the 17: 00 flight to Fukuoka?17 時発福岡行きの飛行機の座席を予約してくれないか.

4. 用例はいかに提示すべきか

コーパスに基づく用例も、それをどのように提示すれば効果的かを考慮しなければ、折角の用例も効果が半減する。用例の提示方法は、版を重ねるにつれて、スペースを犠牲にしてもわかりやすく明示的に提示しようとする傾向が高まっている。特に動詞の用例に関しては、構文情報と用例の関係性をいかに強めるかが、工夫のしどころである。たとえば LDOCE の動詞 propose を版どうしで比較してみると ((30a–d))、初版では構文情報がコード化され、目的語として名詞 (T1)、動名詞 (T4)、should を伴う動詞句か原形動詞を含む that 節 (T5c) を従えることを示した後、その順序で該当する用例を配置していたのに対して、第 2 版では記号化の度合いをゆるめ、さらに 3 版以降はコードを廃し、第 5 版以降では、明示的に太字で構文を表示し後に、それぞれに対応する現実味のある用例を配置している。(30d) の第 1 例により受動態でよく用いられることがわかり、第2例は過去分詞の前置用法を例示している。

(30) a. [Wv5; T1, 4, 5c] *I propose a short rest before we continue the work.* | *I propose resting for half an hour.* | *I propose that we have half an hour's rest.* (LDOCE1)

b. *What do you propose we do ?* | *The company has proposed a new formula fro settling the dispute.* | *I wish to propose Charles Robson for membership of the club.* | *to propose a motion* [＋v-ing/that] *I propose delaying our decision until the next meeting* | *that we delay our decision until the next meeting.* (LDOCE2)

c. *Lyle proposed large cuts in the training budget.* | **propose that** *Hansen has proposed that I become his business partner.* | *the proposed budget cut* (LDOCE3)

d. *The changes were first proposed last year.* | *the proposed budget cuts* | **propose (that)** *In his speech he proposed that the UN should set up an emergency centre for the environment.* **propose doing sth** *The report also proposes extending the motorway.* **propose sth to sb** *He proposed a compromise to me.* (LDOCE6)

OALD の第3版と8版以降の間にも同様の変化が見られる。

(31) a. [VP6A, D, 7A, 9] I～start early/an early start/to start early/that we should start early. We～leaving at noon. The motion was～d by Mr X and seconded by Mr Y. (OALD3)

b. **～sth** *The government proposed changes to the voting system. What would you propose ?* **～that** ... *She proposed that the book be banned.* [BrE also] *She proposed that the book should be banned.* **it is proposed that** ... *It was proposed that the president be elected for a period of two years.* **～doing sth** *He proposed changing the name of the company.* **it is proposed to do sth** *It was proposed to pay the money from public funds.* (OALD8)

CALD4 も同様だが、書体に工夫が見られる。構文表示のあとに用例が配置され、構文的に重要な箇所を太字にし、構文表示と用例がより密接に結びついている。

(32)　[＋that] I *propose* ***that*** *we wait until the budget has been announced before committing ourselves to any expenditure.* [＋ ～ing] *He proposed deal****ing*** directly with the suppliers. *She proposed a boycott of the meeting. He proposed a* ***motion*** *that the chairman resign.* (CALD4)

5. 用例とコロケーション

コーパス言語学の語の振る舞いに関する研究の大きな成果の 1 つは、コロケーション研究の飛躍的進歩である。コーパスに依拠した辞書にもこの成果が活かされ、豊富なコロケーション情報が提供されている[8]。本節ではコロケーションとその重要性について触れた後、学習英語辞書の用例にコロケーション情報がどのように反映されているかを検討する。

5.1. コロケーションとは

以下の議論のためにコロケーションについて若干の解説を加えておく。コロケーションとは語結合全般に関わる言語現象で、「語と語の間における、語彙、意味、文法等に関する習慣的な共起関係」をいう（堀 2009: 7）。そのような共起関係にある主要語を「中心語」(node)、それと連語する語を「共起語」(collocate) と呼ぶ。コロケーションの中心となるのは、BBI の文法的コロケーション (grammatical collocation) と語彙的コロケーション (lexical collocation) である。文法的コロケーションとは主要語 (名詞、形容詞、動詞) と前置詞や不定詞・動名詞・節からなる句のことで、コーパス言語学ではコリゲーション (colligation) と呼ばれ、英和辞書で動詞を中心に記載される「文型」に相当する。語彙的コロケーションとは前置詞や不定詞・動名詞・節といったものを含まず、典型的には名詞・形容詞・動詞および副詞からなる句で、英和辞書では「連結」や「結びつき」と呼ばれることもあり、文型に比べ比較的最近、辞書記述に導入された[9]。

5.2. なぜコロケーションなのか

用例におけるコロケーション重視の傾向を見る前に、語を適切に使用するために、なぜコロケーション情報が重要なのかを、考えてみよう。

文法規則から生みだされた構造、スロットにレキシコンから選び出された語が1つ1つ埋めこまれ新しい文がつくりだされるというのが、チョムスキー以来の考え方だが、これを外国語学習に当てはめれば、文法規則を身につけて単語を覚える方法、"Grammar comes first"の考え方である。ところが文法的に正しい文が英語として適切で自然な文とは限らない。たとえば、「激しい風」は英語では'strong wind'だが、激しく降っている雨のことは'heavy rain'と言う。'heavy wind', 'strong rain'と逆に言えば不自然になる(OCD 2: v)。これらは「形容詞+名詞」の英語の配列に従っており、文法的に可能な(possible)表現ではあるが、ネイティブスピーカーの口から実際に発せられる可能性の高い(probable)、自然な表現ではない。

われわれは事物を名付けるための単語、すなわち名詞をできるだけ多く覚えても、文法規則に従って名詞の指し示す事物について語ろうとする時に四苦八苦する(Lewis 2000: 15)。たとえばpollutionについて語ろうとする時に、次に考えるべきことは、どのようなpollutionなのか(形容詞+ pollution)、そしてそのpollutionをどうするのか(動詞+形容詞+ pollution)、そしてそのpollutionへの対処の仕方はどのようなものなのか(動詞+形容詞+ pollution +副詞)というふうに、pollutionがそれに相応しい形容詞と、ついで動詞と結合し、最終的にpollutionを含む動詞句がそれに適した副詞と結合することで、pollutionに関して伝えたい内容が正確かつ適切な文になって表現されるのである。単語を一語一語学ぶのではなく、名詞を中心としたパターンをなす句表現として学ぶ必要がある。「語の文法」(word grammar)という考え方である。英語学習におけるコロケーションの重要性が認識され、この方面に関する辞書記述が充実してきているゆえんである。

5.3. コーパス以前とコーパス以後の用例とコロケーション

コーパス以前の学習英英辞書と比較すれば、コーパス以後の辞書のコロケーション重視の傾向がはっきりする。逆に言えば、コーパス以前はコロケーション情報が乏しかったということで、この点についてはLDOCE2とCOBUILD1を評したHausmann and Gorbahn (1989: 47)も、用例について検討したセクションの終わりで、(33)のように指摘している。ちなみに波線部の名詞を出発点とする文産出のプロセスは前節の最後で筆者が指摘したことである。

(33) There is one important, incidentally, on which both dictionaries fall short: they fail to give collocations for encoding purposes. Somebody writing a text in English will consult a monolingual dictionary primarily to find lexical collocations. He has a noun in mind and is looking for the appropriate verb or adjective to go with it; in that case collocations have to be found under the noun entry. But neither of the dictionaries is ideally equipped for this purpose. In both of them there are very few collocations under the noun entries (e. g. *to meet the deadline* s.v. *deadline*).

COBUILDに至っては、コーパスに基づき編纂されたにもかかわらず、発信のためのコロケーション情報が乏しい。ちなみにLDOCEが3版以降その充実に務めており、第5版では重要名詞600語にCOLLOCATIONSの囲みが設けられ、独立したコロケーション辞典("an integrated collocations dictionary")として活用できるようになっている(Introduction: ix)。不十分との指摘のあったdeadlineも、図4のようなコロケーションを含んだ活用度の高い用例とコラムが設けられている。

deal·line /.../ *n* [C]a date or time by which you have to do or complete something: **[+for]** *He* ***missed the deadline*** *for applications.* | **[+of]** *It has to be in before the deadline of July 1st.* | *I'm always working under pressure to* ***meet deadlines*** (=finish something on time). | **set/impose a deadline** *They've set a deadline of 12 noon.* |**a tight/strict deadline** (=one that must be met but is difficult)

COLLOCATIONS

VERBS

have a deadline *It's easier to work hard if you have a deadline.*
work to a deadline (=have to finish something by a deadline) *We're all under pressure and working to deadlines.*
meet a deadline (=finish something by a deadline) *Everyone's working extremely hard to meet the deadline.*
miss a deadline (=fail to finish something by a deadline) *There will be penalties if the government misses the deadline to cut air pollution.*
set a deadline (=decide on a date when something must be finished) *The deadline has been set at January 31st.*
extend a deadline (=make the date or time later than it was before) *My editor agreed to extend the deadline by two weeks.*
a deadline approaches/looms *Things began to get more frantic as the deadline loomed.*
a deadline passes (=the date or time by which you must do something goes past) *The deadline had already passed for him to raise the money.*

ADJECTIVES/NOUN +DEADLINE

a strict deadline (=a time or date when something must definitely be finished)
a tight deadline (=one that is difficult because it does not allow much time to do something) *As a journalist, you have to be able to work to tight deadlines.*
the Friday/December etc deadline *The project went on long after the December deadline.*

図 4. LDOCE5 のコロケーションコラム

それに対して、COBUILD もその後、コロケーションコラム Word Partnership を設けるようになったが、deadline にはそのコラムはなく、用例も数と質の点で LDOCE5 に劣る。

deadline /.../ N-COUNT **(deadlines)** A **deadline** is a time or date before which a particular task must be finished or a particular thing must be done.❑*We were not able to meet the deadline because of manufacturing delays.*❑ [+*for*] *The deadline for submissions to the competition will be Easter 1994.*

図 5. COBUILD8 の DEADLINE

コロケーション記述の変化を見るために、LDOCE2 とそれ以降の 3 版、4 版（5 版、6 版は 4 版と同じ）の用例を比較することにする。すでに名詞は deadline を例に、コーパス以後の LDOCE の充実ぶりを示したので、形容詞の different の第一義'not like something or someone else, or not like before'の用例を比較することにする。各版の用例は以下の通りである。用例の数については、2 版が 2 例、3 版が 4 例、4 版が 11 例で、4 版の増加が著しい。

(34) a. Mary and Jane are *quite* different (*from* each other/*to* each other).
b. She looks different with her hair short. (以上 LDOCE2)

(35) a. You look different. Have you had your hair cut?
b. Our two sons are *very* different *from* each other.
c. Her jacket's a bit different *to* mine.
d. (*AmE*): The estimate is different *than* we expected. (以上 LDOCE3)

(36) a. Our sons are *very* different *from* each other.
b. Her jacket's different to mine.
c. *AmE*: He seemed different than he did in New York.
d. The place looks *completely* different now.
e. They decided to try a *radically* different approach.
f. We found women had *significantly* different political views from men.
g. a *slightly* different way of doing things
h. What actually happened was *subtly* different from the PR people's version.
i. The show is *refreshingly* different from most exhibitions of modern art.
j. The publishing business is *no* different from any other business in this respect.
k. It's a different world here in London. (以上 LDOCE4)

どのような用例が増えたのかを検討してみよう。いずれの版も different from 構文は共通して示されているが (34a, 35b, 36a)、米語法の than (35d) の用例が追加された。4 版で大幅に追加されたのは、程度を示す -ly 副詞の共起語を盛り込んだ (36d–i) の 6 例である。確認のために、Sketch Engine (BNC) の Collocation 機能を用いて、different がどのような副詞と共起するかを調べてみた。用いた統計指標は MI で、処理範囲は

different の直前に絞り、different の単独頻度および指定範囲の頻度を 10 以上に設定した。表 1 がその集計結果である。4 版には太字で示した共起語を含む用例が追加されている。

表 1. different の共起表

順位	共起語	MI	共起頻度	順位	共起語	MI	共起頻度
1	qualitatively	9.731	57	12	**slightly**	7.321	573
2	**radically**	9.154	185	13	**completely**	7.162	500
3	markedly	8.195	82	14	somewhat	6.574	179
4	**refreshingly**	8.107	11	15	entirely	6.501	258
5	strikingly	8.045	36	16	substantially	6.374	60
6	fundamentally	7.866	81	17	genetically	6.304	11
7	vastly	7.754	44	18	quite	6.293	1,257
8	materially	7.495	17	19	distinctly	5.976	21
9	**subtly**	7.445	25	20	altogether	5.894	73
10	**significantly**	7.359	274	21	utterly	5.772	28
11	totally	7.354	387	22	**very**	5.578	2,335

6. コーパスに基づく作例の実際

『ウイズダム 3』を例に become の用例作成の過程を示す。おおよその手順は以下の通りである。

①統計処理から得られたコロケーションデータをもとに語の全体像を把握する。
②共起頻度の高い語を KWIC 表示し、ソートによってパターンを探る。
③語数や当該語以外の語の難易度、内容などを勘案し、コーパスからの引用例に手を加える、もしくはデータに基づき作例する。
④ネイティブチェックを受ける。

手順①として、become の共起頻度を算出した結果が表 2 である [10]。

表 2.　become の共起頻度表

-3		-2		-1		0	1		2		3	
the	4703	,	4416	have	9075	become	a	10121	.	4195	the	5395
,	4638	the	3438	to	6650	66083	the	5517	of	3492	.	4240
and	2238	it	2175	it	3137		more	3452	,	2790	of	3512
of	1685	and	1951	be	2631		an	2064	and	2772	,	2859
be	1454	be	1321	he	2280		increasingly	1498	in	2468	and	2285
that	1255	have	1284	,	2211		clear	997	to	2102	in	1838
in	1220	he	973	and	2101		very	795	that	1253	a	1432
a	650	that	943	will	1482		one	786	with	1219	to	1345
it	575	when	905	they	1248		so	758	more	1064	for	1007
&bquo	569	which	868	would	847		aware	720	as	956	more	720
as	554	they	829	she	776		apparent	680	first	745	that	1949
when	541	of	820	can	698		&bquo	640	for	700	as	1835
to	497	as	616	who	683		know	641	the	559	&bquo	1824
which	472	i	478	i	652		part	634	by	488	with	1809
but	443	she	468	may	634		involved	604	&bquo	484	for	1785
have	433	do	438	not	610		,	582	a	471	increasingly	1573

共起頻度の高い語として、become の右側では a (n), more, increasingly, clear, aware, apparent, involved, that などが見られ、左側では have, it, be などが顕著である。have はおそらく完了形の一部であり、be は進行形の構成要素だと推測できる。確認のために、have を KWIC 表示し右ソートした more の部分が図 6 である。

```
         whether governments have become more adept at doing this and whethe
  fishing and associated tackle has become more advanced and refined. Anglers
  so many people. As our society has become more affluent, the number of people
  industrial societies, as they have become more affluent, have shifted
 nd his little moods so well: he had become more aggressive, more overtly
     for someone listening to it has become more ambiguous. I want it to do
  this out. Since 1987, the MTFS has become more an official pronouncement of
      of a particular profession has become more and more prevalent in parallel
      . Efficient administration has become more and more indispensable in
  ″ because they are aware they have become more and more isolated and hated on
   of London and the South East have become more and more geographically
```

図 6　become のコンコーダンス

推測しにくい場合も、KWIC 表示した後、左右でソートすると典型的パターンを得られることがある。that の KWIC 表示を右ソートすると、「it become ＋形容詞＋ that 節」の構文パターンが見えてくる。この形容詞の部分を埋める高頻度の語が clear, apparent であり、最終的に 'it become clear [apparent] that' が得られる。それと同時に become aware that の that であることも見出すことができる。この手順によって、become が生起する典型的なコロケーションパターンは、'become ＋ a (〜) NOUN', 'increasingly popular', 'become involved' であり、文法的環境としては、進行形、完了形、比較構文で使われる傾向があると結論づけることができる。これらの分析結果をもとに、『ウィズダム 3』では、③、④を経て (37) のような用例が作成された。

(37) a. She *became* a star overnight. [＋a NOUN]

b. It *becam* e clear [important] that ... [it become clear that 〜]

c. Online shopping has *become* increasingly popular. [完了形/increasingly popular]

d. How did you *become* involved with them ? [become involved]

e. The noise outside *is becoming* louder. [進行形 / become ＋ COMPARATIVE]

ちなみに赤野 (2000: 57) は、完了形、進行形、語彙的コロケーション increasingly popular を含みつつ、日常の生活感あふれる用例 (38) を示している。

(38) a. Vegetable pastas *have become* increasingly popular in recent years.

b. Her eyes *were becoming* accustomed to the dark.

7. おわりに

Palmer の *A Grammar of English Words* を出発点とする学習英英辞書とその影響を受けつつ、独自の発展を遂げた学習英和辞書は、コーパス研究の隆盛と多様なコーパスの出現によって、飛躍的に進歩した。とりわけ用例の質的向上と豊富なコロケーション情報は、コーパス抜きには実現しなかったであろう。ある意味、学習英語辞書は完成の域に達したと言えるが、用例に関してはまだ改善の余地がある。2 つの改善案を提示し、本稿を終えることにする。

1つは高頻度語の一般語に次ぐ頻度範囲の語彙（中高生の学習語彙より上の4千語以上のレベルに相当する語彙）の用例を充実させることである。一般的に、語の頻度と用例数は相関関係にあり、頻度が高い語ほど、用例の数が多い[11]。頻度が高い語は、発信のための産出語彙であり、コロケーション情報などを含んだ活用度の高い用例が不可欠であるし、5節で見たように、この点での辞書記述は充実している。ところが語の理解の観点から考えると、英英辞書を使用する中・上級者は、高頻度の一般語を辞書で調べる必要性を感じていない[12]。調べる必要があるのは、比較的頻度の低い受容語彙である。一般的ユーザーが辞書で調べようとするのは、atやtheよりallegeやquixoticである（Xu 2008: 408）。特に、この種の語彙は、スタイルや使用者の態度などの語用論的意味を理解するための用例が欠かせない。

以上のことは英和辞書にも当てはまることである。辞書記述がきわめて詳細な基本動詞や前置詞を辞書で調べる学習者はほとんどいないのに対して、彼らが辞書を必要と感じる未知語、つまり比較的低頻度の語は訳語が示されているだけで、用例はあまり充実しているとは言えない。受容語彙の理解のための用例を充実すべきである。

もう1つは、英和辞書における冊子体版と電子版の用例を差別化することである。コーパスを活用することで、豊富な用例を準備できるようになったが、限られたスペースの冊子体版では、用例を無制限に収録することはできない。スペースの制約は冊子体辞書の宿命である。記憶媒体の許す限り収録可能な電子版であれば、用例の追加が可能である。その点、日本で独自の進化を遂げた多機能な電子辞書は、豊富な用例を収録するのに適している。『ジーニアス5』の電子版が新たな試みとして、用例の追加を行っている。たとえば、冊子版forceの語義4の用例は、the Air Force/the (armed) forces/rebel [government] forces/use military force against... の句例のみだが、電子版には次の5例が追加されている。

(39) a. Bosnian Serb forces have occupied the city for 8 months.

b. Our forces were quartered in tents on the edge of the woods.

c. Opposition forces have been shelling the town since yesterday.

d. Charles de Gaulle organized France's Free French Forces in the World War II.

e. He was invalided out of the forces at 18 as a result of an ulcer.

コーパスから用例を追加する試みは、すでに英英辞書のオンライン版で実現されている。OALD には、"Extra examples" が、CALD には "More examples" が装備されている。IT 技術の進歩とインターネットの普及で、利用者の数が激減している冊子体辞書に取って代わりつつある電子辞書とオンライン辞書で、この傾向はますます高まっていくであろう。

注

1. 以下、引用部の下線はすべて筆者による。
2. COBUILD2 の編集委員であった John Williams は別の引用例に差し替えた事例を紹介している (Wiiliams 1996: 503)。**move**: *I think when Alex Ferguson Bought Eric Cantona it was an inspired move.* (replaced by) *The one point cut in interest rates was a wise move.* **firework**: *A resident of his neighborhood had let off firework to celebrate Ceausescu's death.* (replaced by) *Berlin people drank champagne, set off fireworks and tooted their car horns.* 差し替えられた理由は、move の用例差し換えはサッカーに関わる例だが人身売買と誤解される可能性から、firework の場合は Ceausescu (ルーマニア革命によって権力の座を追われた独裁的権力者) の名前を知らなければ、「死を祝う」ことが奇妙に思われるため。
3. 最近の辞書はセクシズムへの配慮が窺われる。その例として、堀 (2011: 141) が「POD では get one's nerve の定義が初版の be a worry or annoyance to him から第 8 版では irritate a person となり、第 10 版から irritate someone と性別を表さない定義に変わっている」という、菊地繁夫氏の報告を紹介している。
4. BNC にも男女差に関する記述が幾つも見られ、なかには女性蔑視のそしりを免れないものもある。… women tend to express their emotions more easily than the average man. / … erm women tend to do stupid things like, erm reverse into parking spaces that are too small/The wife, presumably looking after the children, gets about by bus … / Although women are more likely to survive to old age than men they are more likely than men to experience chronic ill health./Females are more prominent among the unemployed for two main reasons: they are disproportionately employed in seasonal work.

5. Laufer (1992) は英語教育のおける引用例と創作用例の効果について実験を行った結果、創作用例のほうか教育的効果があることを示した。実験では、57人のイスラエル人英語学習者に対して、未知語10語は引用例付きで、10語は創作用例付きで与え、それらの語を含む文を母語に訳させた。その際用例のみを参照させるのと定義と用例を参照させるという2つの条件下で課題に取り組ませた。例文のみを参照させたときの結果はかなり低かったものの、創作用例のほうが引用例よりも統計的に結果が良かった。定義＋例文の場合はきわめて好成績で、やはり創作用例のほうが有効であるという結果が出た。実例より創作用例のほうが語の理解に役立つという結果なのだが、語の活用にいずれの用例が役立つかに関しては有意差が見られなかったと報告している。
6. コーパスに基づく用例の配列については、第1章の6.1節を参照されたい。
7. Kilgarrif et al. (2008) は、コーパスから辞書に適した用例 (Good Dictionary Examples) を自動的に選び出すシステム GDEX の開発報告の中で、good example の条件の1つ「読みやすさ」(readability) の具体的数値として、用例の長さは10語から25語が好ましいとしている。その他に、前後の文脈を必要とする代名詞や照応表現が含まれていないこと、頻度が上位1万7千語の範囲内であること、コロケーションが主節に含まれていること、完全文であることなどをあげている。
8. 学習英語辞書がコロケーションをどのように扱ってきたかについては、赤野 (2012) を参照されたい。
9. コロケーションを明示的に扱うようになった最初の英和辞書は、『グローバル英和辞典』(三省堂、1983) である。編集代表者の佐々木達が「まえがき」において編纂で意を注いだ点として、3番目に「語連結 (collocation) の導入」をあげている。
10. 『ウィズダム英和』の編集には独自に構築したコーパスを用いたが、ここでは「小学館コーパスネットワーク」の BNC Online (http://scnweb.jkn21.com/BNC2/) で検証を行った。レマ化した共起表であることに注意されたい。右1語目の13番目に know があるが、具体的には (become) known がレマ化された結果である。
11. "Big Five" と呼ばれる OALD6, LDOCE4, COBUILD4, CALD1, MED1 の用例について詳細な調査を行った Xu (2008) の報告によれば、3つの頻度レンジを設定し、それぞれのレンジから無作為に抽出した合計193語の用例数は、高頻度の第1レンジが4,749例、それに次ぐ頻度の第2レンジが1,050例、第3レンジが387例であった。頻度が高い語ほど多義的であるので、語義ごとの用例数の平均値を測ったところ、やはり第1レンジが多く、それぞれ1.90、1.65、1.05であったとのことである。
12. Béjoint (1981: 217–218) は、66%の英語学習者は英英辞書で高頻度な一般語を調べなかったし、47%は機能語を調べることは皆無だったと報告している。

参考文献

赤野一郎(2000)「〈特集：辞書をめぐる7つの闘い〉データ収集をめぐる闘い」『言語』29(5): 50–58.

赤野一郎(2012)「辞書とコロケーション」堀正広編『これからのコロケーション研究』pp.61–105. ひつじ書房.

Atkins, B. T. Sue and Michael Rundell. (2008) *The Oxford Guide to Practical Lexicography*. Oxford: Oxford University Press.

Baugh, Simon, Andrew Harley and Susan Jellis. (1996) The Role of Corpora in Compiling the Cambridge International Dictionary of English. *Inernational Journal of Corpus Linguistics* 1 (1) : 39–59.

Bejoint, Henri. (1981) The Foreign Student's Use of Monolingual English Dictionaries: A Study of Language Needs and Reference Skills. *Applied Linguistics* 2 (3) : 207–222.

Bogaards, Paul. (1996) Dictionaries for Learners of English. *International Journal of Lexicography* 9 (4) : 278–320.

Cowie, Anthony P. (1989) The Language of Examples in English Learners' Dctionaries. Gregory, James. (ed.) *Lexicographers and their Works*, pp.55–65. Exeter: University of Exeter Press.

Cowie, Anthony P. (1995) The Learner's Dictionary in a Changing Cultural Perspective. Kachru, Braj B. and Henry Kahane (eds.) *Cultures, Ideologies and the Dictionary*, pp.283–296. Tubingen: Niemeyer.

Cowie, Anthony P., Ronald Mackin and I. McCaig (eds.) (1983) *Oxford Dictionary of Current Idiomatic English II. English Idioms*. Oxford: Oxford University Press.

Hanks, Patrick. (2012) The Corpus Revolution in Lexicography. International Journal of Lexicography. 25 (4) : 398–436.

Hausmann, Franz Josef and Adeline Gorbahn. (1989) COBUILD and LDOCE II : A Comparative Review. *International Journal of Lexicography* 2 (1) : 44–83.

Herbst, Thomas. (1996) On the Way to the Perfect Learners' Dictionary: A First Comparison of OALD5, LDOCE3, COBUILD2 AND CIDE. *International Journal of Lexicography* 9 (4) : 321–357.

Hornby, S. A. (1965) Some Problems of Lexicography. *ELT Journal* 19 (3) : 104–110.

Humble, Philippe. (1998) The Use of Authentic, Mad-up and 'Controlled' Examples in Foreign Language Dictionaries. *Proceedings of the 8th EURALEX international Congress*. 594–599.

井上永幸(2005)「コーパスに基づく辞書編集」齊藤俊雄・中村純作・赤野一郎編『英語コーパス言語学—基礎と実践—』(改訂新版) pp.207–228. 研究社.

堀正広(2009)『英語コロケーション研究入門』研究社.

堀正広(2011)『例題で学ぶ英語コロケーション』研究社.

Kilgarriff, Adam, Miloš Husák, Katy McAdam, Michael Rundell and Pavel Rychlý. (2008) GDEX: Automatically Finding Good Dictionary Examples in a Corpus. *Proceedings of the 13th EURALEX International Congress*. 425–432.

小西友七(1997)『英語への旅路—文法・語法から辞書へ』大修館書店.

Laufer, Batia. (1992) Corpus-Based versus Lexicographer Examples in Comprehension and Production of New Words. *Proceedings of the 5th EURALEX international Congress.* 71–76.

Lewis, Michael. 2000. *Teaching Collocation: Further Developments in the Lexical Approach.* Hove: Language Teaching Publication.

Minaeva, Ludmila. (1992) Dictionary Examples: Friends or Foes ? *Proceedings of the 5th EURALEX international Congress.* 76–80.

南出康世(1998)『英語の辞書と辞書学』大修館書店.

Palmer, Harold E. (1938) *A Grammar of English Words.* London: Longmans, Green & Co Ltd.

Rundell, Machael. (1998) Recent Trends in English Pedagogical Lexicography. *International Journal of Lexicography* 11 (4) : 315–342

Svensen, Bo. (2009) *A Handbook of Lexicography: The Theory and Practice of Dictionary-Making.* Cambridge: Cambridge University Press.

Williams, John (1996) Enough Said: The Problems of Obscurity and Cultural Reference in Learner's Dictionary Examples. *Proceedings of the 7th EURALEX International Congress.* 497–505.

Xu, Hai. (2008) Exemplification Policy in English Learners'Dictionaries. *International Journal of Lexicography* 21 (4) : 395–417.

辞書類

([ ]内は本文中で用いた略称。本文中でフルタイトルで引用した辞書は省く。)

The American Heritage Dictionary of the English Language. 5th edition. 2012. Boston & New York: Houghton & Mifflin. [AHD5]

The BBI Combinatory Dictionary of English. 1986. Amsterdam and Philadelphia: John Benjamin. [BBI]

Cambridge Advanced Learner's Dictionary. 2003. Cambridge: Cambridge University Press. [CALD1]

Cambridge Advanced Learner's Dictionary. 4th edition. 2013. C ambridge: Cambridge University Press. [CALD4]

Cambridge International Dictionary of English. 1995. Cambridge: Cambridge University Press. [CIDE]

Collins Cobuild English Language Dictionary. 1987. London & Glasgow: Collins ELT. [COBUILD1]

Collins Cobuild English Dictionary. New Edition. 1995 London: HarperCollins. [COBUILD2]

Collins Cobuild Advanced Learner's English Dictionary. 3rd edition. 2001. Glasgow: HarperCollins Publishers. [COBUILD3]

Collins Cobuild Advanced Learner's English Dictionary. 4th edition. 2003. Glasgow: HarperCollins Publishers. [COBUILD4]

Collins Cobuild Advanced Learner's English Dictionary. 8th edition. 2014. Glasgow: HarperCollins Publishers. [COBUILD8]

『ジーニアス英和辞典』第 5 版. 2014. 大修館書店. [『ジーニアス 5』]

Longman Dictionary of Contemporary English. 1978. Harlow: Longman Group Limited. [LDOCE1]

Longman Dictionary of Contemporary English. 2nd edition. 1987. Harlow: Longman Group Limited. [LDOCE2]

Longman Dictionary of Contemporary English. 3rd edition. 1995. Harlow: Pearson Education Limited. [LDOCE3]

Longman Dictionary of Contemporary English. 3rd edition. 2003. Harlow: Pearson Education Limited. [LDOCE4]

Longman Dictionary of Contemporary English. 5th edition. 2009. Harlow: Pearson Education Limited. [LDOCE5]

Longman Dictionary of Contemporary Englinsh. 6th edition. 2014. Harlow: Pearson Education Limited. [LDOCE6]

Macmillan English Dictionary. 2002. Oxford: Macmillan Education. [MED1]

『オーレックス英和辞典』第 2 版. 2013. 旺文社. [『オーレックス 2』]

Oxford Advanced Learner's Dictionary of Current English. 3rd edition. *1974*. Oxford: Oxford University Press. [OALD3]

Oxford Advanced Learner's Dictionary of Current English. 4th edition. *1989. Oxford: Oxford University Press*. [OALD4]

Oxford Advanced Learner's Dictionary of Current English. Fifth edition. 1995. Oxford: Oxford University Press. [OALD5]

Oxford Advanced Learner's Dictionary of Current English. Sixth edition. 2000. Oxford: Oxford University Press. [OALD6]

Oxford Advanced Learner's Dictionary of Current English. 8th edition. 2010. Oxford: Oxford University Press. [OALD8]

Oxford Advanced Learner's Dictionary of Current English. 9th edition. 2015. Oxford: Oxford University Press. [OALD9]

Oxford Collocations Dictionary for Students of English. 2nd edition. 2009. Oxford: Oxford University Press. [OCD2]

The Random House Dictionary of the English Language. 2nd edition. 1970. New York: Random House. [RHD2]

Webster's Third New International Dictionary Unabridged. 1961. Springfield: Merriam-Webster Inc. [Webster 3]

『ウィズダム英和辞典』第 3 版. 2013. 三省堂. [『ウィズダム 3』]

VI

語法情報

中山仁

1. はじめに

コーパスを駆使した語法研究によって、従来の語法情報の多くが記述的な立場から検証できるようになった。もちろん、辞書の語法記述は規範的な立場との融合の上で行われるべきだが、規範的な語法記述の中には必ずしも言語使用の実態と合致しないものも含まれており、そのような点については改善が必要である[1]。また、規範的な立場の記述では、例外や誤用は規範からの逸脱とみなされ、記述の対象外とされる可能性があるが、記述的な観点からみれば、これらも対象に含める意義が十分にある。なぜなら、例外や誤用とみなされるものの中には、一定の文脈や使用域に当てはめれば、ごく自然な表現であると判断される事例も存在するからである[2]。したがって、コーパスを活用してより具体的な使用環境や共起条件などについて理解を深めることは、正用法、例外的用法にかかわらず、実際に見聞きする表現についての正しい判断、解釈、さらには新事実の発見に役立つ。

以下では、コーパスによる検証を通して、従来の語法情報をより実態に沿った形で記述するための分析例(partially と partly の記述)と、例外または誤用とみなされる表現の実態を適切に記述するための分析例(with regard to とその関連表現)をそれぞれ取り上げ、今後の辞書記述に有益と考えられる情報の抽出を試みる[3]。なお、本節で比較の対象とした英語辞書はコーパスに基づいて編纂されたものなので、上記の例についてもすでにある程度コーパスに基づく分析が反映されていると推測されるが、本節ではさらに分析を進め、語法情報や具体例の提示における改善の可能性をさぐる。

2. partially と partly の記述

partially と partly はともに「部分」を表す副詞として用いられるが、辞書を用いてこれらの関係、すなわち、共通点と相違点について理解しようとすると、従来の辞書記述では不十分な点があることに気づく。もちろん、語法書にはより詳しい事例もみられるが、それを辞書に反映する際には、やはり使用の実態に基づいた検証を行う必要がある。というのも、partially と partly に関する語法書の解説には解説者個人の直観に依存する部分が依然として残っており、また、規範的な立場か記述的な立場かによっても判断に相違がみられるからである。したがって、より適切な語法情報を辞書に盛り込むには、これらについてコーパスに基づいた検証を行い、現状をより正確に把握することが望ましい。

以下では、各種の英語辞書における partially と partly の語義、用例、語法の記述内容や語法書等から得られる情報に基づいて従来の語法情報を整理した後、その中で依然として曖昧な点、および、従来注目されてこなかった点についてコーパスに基づく検証を行い、従来の語法情報に対する修正と、新たな情報の追加を行う。

2.1. 英語辞書内での記述の現状

表 1 は主要な英語辞書である COBUILD8、LDOCE6、OALD9、MWALED における partially と partly の語義と用例のすべてを示したもの

表 1. 英語辞書における partially と partly の記述

	partially	partly	partially にのみ記載の共起語	partly にのみ記載の共起語	両方に記載の共起語
COBUILD8	If something happens or exists **partially**, it happens or exists to some extent, but not completely *Lisa is deaf in one ear and partially blind.*	You use **partly** to indicate that something happens or exist to some extent, but not completely *It's partly my fault. / He let out a long sigh, mainly of relief, partly of sadness. / I feel partly responsible for the problems we're in.*	blind	my fault, of sadness, responsible	
LDOCE6	not completely; = partly *The operation was only partially successful. / Remember that you are partially responsible for their unhappiness.* **partially sighted** *Reading aids have been provided for partially sighted pupils.*	to some degree, but not completely; ⇔ wholly *The poor weather was* ***partly responsible*** *for the crash. / The company's problems are* ***partly due to*** *bad management. / It is* ***partly because of*** *her sick mother that she hasn't taken the job abroad. / The group is funded partly by the government.*	only, sighted	for, due to, because of, by	responsible
OALD9	partly; not completely *The road was partially blocked by a fallen tree. / a society for the blind and the* ***partially sighted*** (= people who can see very little)	to some exent; not completely *Some people are unwilling to attend the classes partly because of the cost involved. / He was only partly responsible for the accident.*	blocked, sighted	because of, only, responsible	
	【WHICH WORD?】(s.v. partly) **Partly** and **partially** both mean 'not completely' : *The road is partly/partially finished.* **Partly** is especially used to talk about the reason for something, often followed by *because* or *due to*: *I didn't enjoy the trip very much, partly because of the weather.* **Partially** should be used when you are talking about physical conditions: *His mother is partially blind.*		blind	because, due to	finished
MWALED	somewhat but not completely; to some extent or in some degree; partly *I guess I'm partially responsible for what happened. / He only partially explained his reason for leaving. / The building was partially destroyed in the fire.*	somewhat but not completely; to some extent or in some degree *We're both partly [=partially] to blame for what happened. / The project failed partly because of a lack of funds. / What you say is only partly true./ partly cloudy skies*	responsible, explained, destroyed	because of, cloudy, true	(be) to blame, only

である。全体を通していえるのは、2 語の語義がほぼ同じという点である。中心義は"not completely"と"to some degree/extent"であり、語義の違いについての記述はない。用例については、2 語を通して用いられる共起語とそうでない語があるのがわかる。また、共起語については、partially は blind, sighted と、partly は because of, due to, responsible と共起することが複数の辞書で確認できる。

上記の共起語の分布については、OALD9 の類語コラム (WHICH WORD ?) によってある程度説明が可能である。すなわち、partially は身体的特徴を表す語と共起する一方、partly は原因・理由を話題とする文中で共起する傾向がある。したがって、blind や because of などに関してはこの傾向に沿って振り分けることができる。ただ、responsible については原因・理由の意味を含むにもかかわらず、辞書によって扱いが異なる。MWALED では responsible が partially の共起語として掲載される一方、LDOCE6 では responsible が partially と partly の両方と共起する語として掲載されている。また、MWALED では responsible と類義である (be) to blame も両語と共起することを考えると、原因・理由という意味的な条件だけでなく、個々の語との共起に関する情報も記述するのが望ましいといえる [4]。

また、blocked, cloudy, only についても、それらが partially と partly のどちらか一方に特有の共起語なのか、それとも、(語義が同じである以上) どちらにも等しく共起する語なのか不明である。

以上より、辞書における partially と partly の記述を通して、両者の同義性と、一部の共起傾向については理解できるが、両者の共通点と相違点をより明確に理解するには、それぞれの共起語との関係についてさらに検討する必要がある。

2.2. 語法書等の情報

まず、Fowler (1926) とその改訂版 Burchfield (1996) の 2 つの語法書から得られる情報について確認しておく。Fowler (1926) の主張によれば、歴史的には partially も partly も"in part"の意味をもつが、partially はむしろ"to a limited degree"を、partly は"as regards a part and not the whole"という含意をもつ点で異なるという。したがって、partially の反意語には completely を、partly の反意語には wholly をあてるのが望ましいということになる。これは LDOCE6 に partly 対 wholly の対義関係が記載されていることと一致する。また、この指摘を反映してか、この 2 語の基本的な含意の違いについては複数の英和辞書でも取り上げられている。

これに対して、Burchfield (1996) は、両者の意味と語法の違いはさほど明確に区別できるものではなく、一致する場合も異なる場合もあり、今後もそのような曖昧な状況は続くと予測する。たとえば、partially が"as regards a part and not the whole"の意味をもつ場合や wholly と対義関係にある例 (wholly or *partially*) をあげて、Fowler (1926) の規範主義的な傾向に修正が必要であることを示している。また、*partially*-sighted people と *partly* reclaimed land との文法的等価性 (grammatical equivalence) を指摘して両者の類似性を示す根拠としている。その一方で、Burchfield (1996) が両者の違いとして認めた主な具体的特徴は以下の 2 点である。

(1) a. partly は (because など) 説明を述べる節・句を導く傾向が partially よりも高い。

b. partly ... partly という繰り返し表現 (例：*partly* in verse and *partly* in prose) は普通だが、partially ... partially は慣用的ではない。

(1a) は OALD9 の語法注記と一致する。一方、(1b) は上記の各辞書には言及されていない興味深い情報である。ただし、Burchfield の説明には (1b) の反例ととれるものもみられるので (*partially* of iron, and *partially* of clay)、この点については検証の余地が残っている。

つぎに、より具体的で詳細な語法解説として、*Merriam Webster's Learner's Dictionary* (オンライン辞書) のサイト内の質問ページ (Ask the Editor; 2008 年 9 月 19 日) に掲載された総合監修者 Peter Sokolowski の指摘を (2) に示す ((1a) と重複する指摘については省略)[5]。

(2) a. partially と partly はしばしば交換可能であるが、partially を選択すると、よりフォーマルな印象を与えているように聞こえる。
b. partially は過程 (process) を表す形容詞・過去分詞形容詞 (concealed, melted, paid など) を修飾する傾向が partly よりも高い。
c. partially hydrogenated, partly cloudy では partially と partly の交換は不可。

Sokolowski の類語解説は共起語の特徴について多くの具体例を用いて説明している点で非常に有益であり、一部は 2.1 であげた問題の解決にも役立つ。たとえば、OALD9 にある (partially) blocked のような過去分詞との共起については (2b) によって、また、MWALED にある (partly) cloudy については (2c) によって説明が可能になる。ただし、(2a) のフォーマリティの判断は Sokolowski の直観によるものなので、統計的な観点から検証する余地が残っている。また、(2b, c) にあげた共起語の選択に関しても、頻度上の特徴に基づいているかどうかを検証する必要がある。

2.3. コーパスによる検証と新情報の追加

これまでに得られた情報をもとに、以下の 3 点について検証してみる。

(3) a. partially と partly のそれぞれに共通する共起語は何か。
b. partially と partly の交替に文体のフォーマリティは関係するか。
c. partially に特に多く、partly に特に少ない共起語、また、その逆の特徴をもつ共起語は何か。

(3a) については、BNC における partially と partly それぞれの *t*-score に基づく共起語の分布を参考に検討する。(3b) については、BNC と COCA (Corpus of Contemporary American English) におけるジャンル別頻度を調査してフォーマリティの含意について検証する。(3c) では、COCA を利用して、共起語に対する partially と partly の頻度の比較を行う。

2.3.1. 共通点

まず、(3a) について、*t*-score に基づく共起語検索を行った結果、partially と partly のそれぞれと共起する上位 20 語は図 1 のようになった (partially と partly の総頻度はそれぞれ 1,286 件と 5,579 件；下線は筆者による)。

	−5	−4	−3	−2	−1	0	1	2	3	4	5
1	partially	this	which	blind	only	partially	sighted	by	the	by	of
2	children	which	,	wholly	at_least		successful	.	a	of	partially
3	postpran-dial	gall	this	may	been		or	for	but	fall	its
4	completely	however	bladder	is	or		offset	in	result	fact	each
5	even	but	only	had	be		purified	,	water	with_respect_to	particularly
6	areas	an	has	have	is		filled	with	by	partially	area
7	such	out_of	these	which	was		responsible	completely	partially	.	haphazard
8	although	partially	had	was	and		covered	people	equation	increase	karak
9	in	scheme	they	can	are		paralysed	the	fragments	date	shield
10	oils	three	were	has	were		true	totally	use	full	enhanced
11	gross	the	partially	were	a		hidden	this	fact	large	unable
12	closing	who	helping	be	,		blind	fragments	occluded	between	day
13	deaf	sighted	fully	are	even		because_of	from	cck	stroke	charge
14	grants	margin	can	this	already		open	or	polio	oral	parts
15	hence	licensed	is	only	become		protected	their	enzyme	controlled	significant
16	lying	tunnel	either	been	two		because	material	glazed	need	use
17	properties	dna	being	who	still		deaf	food	cholinergic	release	growth
18	treated	purchase	head	deaf	am		lifted	on	fulling	broken	greater
19	becoming	totally	mancini	,	left		completed	liquids	obscure	winter	clearly
20	a_little	whereas	bucking-ham	contraction	remain		obscured	polymers	tightly	complex	language

	−5	−4	−3	−2	−1	0	1	2	3	4	5
1	partly	partly	this	this	,	partly	because	the	result	of	partly
2	of	because_of	partly	,	and		because_of	by	partly	partly	of
3	this	this	may	it	is		by	a	of	fact	the
4	than	their	which	is	was		due_to	result	fact	that	in
5	because_of	in	think	was	only		to	they	the	because	by
6	proportion	these	been	wholly	at_least		as	blame	was	and	because
7	growth	of	these	which	or		from	for	reason	lack	which
8	by	has	local	may	be		responsible	it	reasons	fault	that
9	from	being	their	has	been		on	matter	own	interest	increase
10	period	is	own	are	are		through	its	conse-quence	nature	because_of
11	success	relations	has	been	were		for	this	by	changes	political
12	information	such	its	success	due		out_of	his	because	rise	demand
13	provided	its	personal	years	—		explained	their	lack	economic	‘
14	schemes	which	sexual	that	may		based	he	fault	‘	increased
15	its	last	political	will	also		explain	fault	influence	more	fact
16	improved	his	must	)	based		offset	because	belief	increase	capital
17	market	private	govern-ment	reasons	's		funded	wholly	public	political	war
18	closely	may	life	were	depends		in_response_to	conse-quence	were	involved	attitudes
19	expenditure	damage	due_to	expense	perhaps		determined	on	increasing	develop-ment	due_to
20	been	many	whose	answer	thanks		explains	from	reaction	reasons	regional

図 1. partially と partly を *t*-score 順に整列させた picture 画面

図1からわかるpartiallyとpartlyの共通点のうち、注目すべき点を(4)に示す。

(4) a. 直前の語としてはonly, at leastが生起しやすい。
b. 直後の語としてはresponsible, offset, becauseが生起しやすい。
c. partially ... partially, partly ... partlyの繰り返しが生じやすい。

(4a, b)についていうと、onlyは前掲のMWALEDで、responsibleはLDOCE6で、ともにpartiallyとpartlyの用例としてあげられていたが、これらが確かに共通の共起語として上位に現れることがわかる。また、at least, offsetも共通して順位が高く、特にat leastはonlyに次いで著しく高い。さらに、becauseがpartiallyにおいても比較的上位に現れることもみてとれる。ただ、partly because (of)が順位表の最上位にあるのに対してpartially because (of)は22位以下という下位にあるため、becauseとの共起率ではpartlyの方が優位にある。表1のすべての辞書記述においてbecauseがpartiallyの用例としてあげられていないのはこのような実態を反映したものといえる。とはいえ、辞書の使用者からすればpartially because (of)の表現が不自然であるか否かについては関心の高い問題であると思われるので、partlyとの共起上の違いに言及した上でpartiallyにおける使用の可能性についても言及しておくのは望ましいことであろう(partlyとbecauseとの緊密性の詳細については2.3.2を参照)[6]。

(4c)は(1b)で指摘された繰り返し表現の存在を示唆している。しかも、picture画面ではpartlyだけでなくpartiallyも各所(－5～－3位置)で出現していることから、(1b) (Burchfield 1996)の指摘とは異なり、partiallyでも繰り返し表現の使用が確認された。(5)はその一例である。

(5) My behaviour was based *partially* on hypocrisy and *partially* on a fear of rejection. (BNC: CEE)

図1のpicture画面－5～－1の範囲で実際に用例を確認して集計した

partiallyの繰り返し表現の頻度は9件（総頻度の0.7%）で、partlyの場合の231件（総頻度の4%）と比べるとだいぶ少ない。その意味ではpartiallyの繰り返し表現はpartlyほど慣用的とはいえないが、*t*-scoreの点で全体的に上位に分布していることを考慮すると、Burchfield（1996）のような否定的な立場は妥当でないといえる。

上記の結果は、partiallyとpartlyの語法上の共通点、言い換えれば、2語の交換可能性を裏付けるものであるが、交換可能であるならば、少なくとも意味内容上は2語とも同等といえる。前述の通り、歴史的には2語とも"in part"の意味をもっていた。ということは、この意味（関係）が現在も保たれているのではないかと思われる。in partは「部分」に意識を置いており、その点でpartlyは意味的に一致するので特に問題はない。一方、partiallyの意味は（Burchfieldのように）規範主義的にいえば"to a limited degree"であるが、"in part"の意味も保持しているために、時にpartlyと同様にみなされるのであろう。つまり、言語変化の観点からは、partiallyがpartlyにいわば同化する傾向が一部にみられると推測される。特に、上記のpartially becauseやpartially ... partiallyの繰り返し表現などは、これを背景としていると思われる。

partiallyがpartlyに同化する傾向は他の事例でもみることができる。規範的に考えれば、partiallyはcompletelyとの間で、そして、partlyはwhollyとの間で対義関係をもつと考えられるが、もしpartially対whollyという対義関係が（partly対completelyよりも）高い頻度で成立したとすれば、partiallyからpartlyへの同化傾向を間接的に証明することになる。そこで、規範的に正しい組み合わせに基づいて対義関係が成立しているとみなすことのできる例として、orを用いた句であるpartially or completely, partly or whollyと、規範に沿わないと想定されるpartially or wholly, partly or completelyを取り上げ、それらの生起数をBNCとCOCAのそれぞれで集計してみた（orの前後の順序が逆の例も集計に含まれている）。

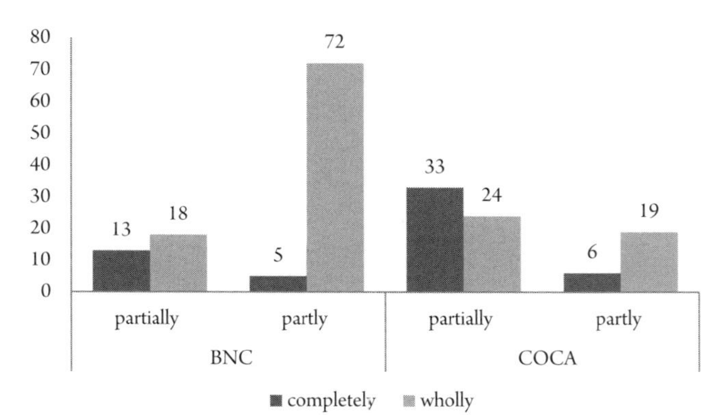

図 2. BNC および COCA における"partially/partly or completely/wholly"の生起

図 2 をみると、partially or wholly の形は多くみられるが、partly or completely の形は生起しにくいことがコーパス間で共通している。このことは partially を partly の代わりに用いることが可能であることを示唆しており、partially から partly への同化傾向をうかがわせる証拠の 1 つということができる。

ただし、意味内容上は 2 語が同等であっても、スタイル上は同等であるとは限らない。そこで念のため、(3b) であげた partially のもつフォーマリティの含意について検証する。まずは、BNC と COCA のそれぞれで partially と partly のジャンル別の頻度を調査し、フォーマリティの点での有意差を確認した。

表 2. BNC および COCA における partially と partly のジャンル別頻度

		SECTION	ALL	SPOKEN	FICTION	MAGAZINE	NEWSPAPER	NON-ACAD	ACADEMIC	MISC
BNC	partially	FREQ	1,280	32	92	69	99	316	405	267
		PER MIL	13.30	3.21	5.78	9.50	9.46	19.16	**26.42**	12.81
	partly	FREQ	5,519	244	557	348	349	1,171	1,654	1,196
		PER MIL	57.33	24.49	35.01	47.92	33.34	70.99	**107.88**	57.40
COCA	partially	FREQ	6,626	639	950	1,472	988	–	2,577	–
		PER MIL	14.27	6.69	10.51	15.40	10.77	–	**28.30**	–
	partly	FREQ	12,467	1,605	1,542	2,795	3,005	–	3,520	–
		PER MIL	26.85	16.79	17.05	29.25	32.76	–	**38.65**	–

表2の通り、どちらのコーパスでもpartiallyとpartlyの学術ジャンル(ACADEMIC)における頻度が他のどのジャンルよりも高く、対照的に、話し言葉(SPOKEN)における頻度は他のどのジャンルよりも低い。ACADEMICでの頻度の高さはフォーマリティの高さを示唆しているので、partiallyとpartlyはともにフォーマルな文脈で使用される傾向が比較的高いといえる。さらに、ACADEMIC内に限って頻度比較をすると、partiallyよりもpartlyの方が頻度が高いのがわかる。ちなみに、それぞれのコーパスのACADEMICの総数(BNCは15,331,668語、COCAは91,066,191語)におけるpartiallyとpartlyの生起数の差では、partlyのほうが多く認められた($p < .0001$)。以上の結果は、(2a)に示した直観(partiallyがpartlyの代わりに使われた場合、その表現にフォーマルな印象をもたらすということ)に対して疑問を呈している。

さらに、図1を参考にpartiallyとpartlyに共通して共起しやすい語句because, due to, only, at least, offsetのACADEMICにおける共起頻度の違いを調べてみた(語列はpartially/partly *because*, partially/partly *due to*, *only* partially/partly, *at least* partially/partly, partially/partly *offset*で検索した)。その結果、becauseとdue toの場合はどちらのコーパスでもpartlyの方が頻度が高かったが、onlyとat leastの場合、BNCではpartlyの方が、COCAではpartiallyの方が頻度が高かった。また、offsetの場合はBNCで同値、COCAではpartiallyの方が高かった(表3)。

表3. ACADEMICにおけるpartiallyとpartlyの共起語句の頻度(PER MIL)

		because	due to	only	at least	offset
BNC	partially	0.20	0.07	2.35	2.48	0.33
	partly	**21.65**	**3.20**	**2.61**	**3.26**	0.33
COCA	partially	0.32	0.32	**3.03**	**2.59**	**0.26**
	partly	**8.05**	**1.78**	1.48	1.92	0.12

この結果、(2a)の直観を支持する十分な証拠を得ることはできず、代わりにpartlyのACADEMICにおける優位性を確認することとなった。

ただし、この調査結果をもって(2a)の直観が完全に否定されたわけではない。実際、COCAにおいてonly, at least, offsetはpartiallyの方と共起しやすいという結果が出ている。また、現時点での推測に過ぎないが、総じて頻度の低いpartiallyが頻度の高いpartlyと交替するという事実が影響しているのかもしれない。あるいは、単にpartiallyのACADEMICにおける頻度が他のジャンルよりも高いことが(2a)を誘導したのかもしれない。この問題については、今後さらにより多くの観点から検討する必要がある。

2.3.2. 相違点

つぎに、partiallyとpartlyの一方に際立って現れる共起語を洗い出すために、corpus.byu.eduにおけるCompare検索を利用して、両者の頻度比較を行う。利用するコーパスとしては、検証に十分なだけの具体例が見込まれるCOCAのみを採用し、BNCは対象外とした。まずはpartiallyとpartlyに直接後続する語の頻度比較を行った結果を表4に示す[7]。表中のWORD 1はpartiallyを、WORD 2はpartlyを指し、同じ共起語に対する共起の度合いをそれぞれW1/W2、W2/W1で算出し、それらの数値をpartiallyとpartlyの総頻度同士の割合(それぞれ「partiallyの総頻度÷partlyの総頻度(＝0.53)」、「partlyの総頻度÷partiallyの総頻度(＝1.88)」)で割ったものをSCOREとして表し、SCORE順に共起語の上位20語までを表示した(共起数が0の場合は、SCOREの適正な算出のために便宜上0.5を当てはめて計算している)。

表 4. partially と partly の直後に生起する語の頻度比較(COCA)

WORD 1 (W1): **PARTIALLY** (0.53) (TOTAL: 6,626 tokens)						WORD 2 (W2): **PARTLY** (1.88) (TOATL: 12,467 tokens)					
	WORD	W1	W2	W1/W2	SCORE		WORD	W2	W1	W2/W1	SCORE
1	HYDROGENATED	86	0	172.0	323.6	1	CLOUDY	82	0	164.0	87.2
2	SIGHTED	22	0	44.0	82.8	2	IT	129	3	43.0	22.9
3	TORN	32	1	32.0	60.2	3	THEY	14	0	28.0	14.9
4	PRIVATIZE	14	0	28.0	52.7	4	ALSO	11	0	22.0	11.7
5	PROFICIENT	14	0	28.0	52.7	5	BECAUSE	3346	165	20.3	10.8
6	EXPLICIT	13	0	26.0	48.9	6	FROM	236	14	16.9	9.0
7	EFFECTIVE	22	1	22.0	41.4	7	AN	64	4	16.0	8.5
8	REVEALED	11	0	22.0	41.4	8	I	16	1	16.0	8.5
9	NUDE	11	0	22.0	41.4	9	SHAPED	16	1	16.0	8.5
10	FIXED	11	0	22.0	41.4	10	THIS	41	3	13.7	7.3
11	GLAZED	10	0	20.0	37.6	11	REFLECTS	22	2	11.0	5.8
12	COHERENT	10	0	20.0	37.6	12	THANKS	10	1	10.0	5.3
13	COOKED	39	2	19.5	36.7	13	THE	233	25	9.3	5.0
14	AND	48	3	16.0	30.1	14	A	367	43	8.5	4.5
15	PARALYZED	79	6	13.2	24.8	15	ABOUT	51	6	8.5	4.5
16	COMPLETED	51	5	10.2	19.2	16	JUST	17	2	8.5	4.5
17	IMPLEMENTED	10	1	10.0	18.8	17	AS	271	32	8.5	4.5
18	DIGESTED	19	2	9.5	17.9	18	FOR	185	22	8.4	4.5
19	TREATED	26	3	8.7	16.3	19	TO	857	103	8.3	4.4
20	COVER	57	7	8.1	15.3	20	ON	341	44	7.8	4.1

表 4 の結果が、すでに指摘のあった(1a)(partly と because の共起)、(2b)(partially と hydrogenated、partly と cloudy の共起)、(2c)(partially と(過去分詞)形容詞との共起)と一致しているのがわかる[8]。ただし、共通点の検証の際に指摘したように、partially because は partly because に比べてその割合は小さいが、生起数としては 165 件に上ることは注目に値する。その他、OALD9 の指摘と同様に、partially が sighted, paralyzed, deaf といった身体的な特徴を表す表現と共起しやすいことも確認できる。

一方、新たに(6)のような相違を見出すことができる。

(6) a. partly は形容詞との共起は少ないが、その他のより多くのタイプの語(品詞)と共起しやすい。

b. partly は it, they, I, this などに先行することから、文頭位置に生じる傾向が高いことを示唆している。

(6a) については、partly の共起語 1 位の cloudy を除くと 20 位までに形容詞は含まれず (7 位の shaped は動詞)、代わりに代名詞、前置詞、動詞、冠詞などが続くのがわかる。このうち、from, shaped, reflects, thanks, for, as, on はそれぞれ result *from*, *shaped* by, *reflects* the fact, *thanks* to, *for* this reason, *as* a result, based *on* といった原因や理由の表現とともに具現化されることから、because も含め全体として原因・理由を表す文脈で partly が使用される傾向が partially よりも高いといえる。つぎに、(6b) について実際に用例を検索したところ、it, they, I, this のいずれの場合もほとんどが文頭表現であった。(7) はその一例である。

(7) MY CURRENT HOME COMPUTER is a notebook, and I'll never go back to using a desktop. *Partly* I'm attracted by the aesthetics of mini-PCs, but mostly I love the freedom to work wherever I please.

(COCA: PC World, 2002)

この場合の partly は、前述のように単に部分や不完全さを意味するのとは違って、文全体にかかり、「以下で述べることがすべてではないが」という前置きをした上で、先行する発話について何らかの説明や理由を述べる役割を果たしているとみなすことができる。(7) では、第 1 文の「ノート PC に慣れた今、デスクトップ・コンピュータに戻ることはあり得ない」を受けて、その理由を「1 つには小型 PC の美しさに魅力を感じる (から)」と述べる冒頭で partly が生じている。つまり、partly は直後に理由の 1 つが続くことを合図する談話標識 (discourse marker) として機能しているといえる。表 4 で partly が because 節を伴う傾向が高いことが確認され、(6a) で partly が原因・理由を表す文脈で使用されやすいことをみたが、おそらく、そのような構文上・文脈上の特徴も影響して、(7) のような because のない文でも partly だけで説明や理由を導くように解釈されるものと思われる[9]。このことは、日本語で「1 つ [一部] には…」といえば、それが説明や理由を述べようとしていると解釈されるのと似ている。

さらにいえば、partly は成句 to some extent などと同様に、「すべてではない」という含意によって確信の度合いを弱め、断言を避けることで一種の垣根言葉(hedge)としての機能も果たしていると考えられる[10]。

このような談話標識としての partly が認められるとすれば、他の多くの談話標識と同様に partly の自立性が高まり、その直後をコンマ(comma)で区切った表現形式に発展する可能性も十分あると予測される。実際、(8)のような使用例をみつけることができる。

(8) I like people. *Partly*, that's why I was an actress.

(COCA: Atlanta Journal Constitution, 1997)

(8)のような表現が partly に特有であるかどうかを確認するために、文頭に出現する partially と partly の頻度を比較した。文頭出現例の一部ではあるが、COCA 内の文字列検索で". Partially, ..."と". Partly, ..."(ピリオドに後続し、コンマで区切られる partially と partly)の頻度を検索した結果、総数が 1 対 72 で partly での使用が圧倒的に多かった。このことからも、partially に比べて partly は語用論的意味への発達(文法化)がより進んでいるといえる。

つぎに、先行する語の特徴についても前述と同様の Compare 検索を行ったところ、概略(9)のような結果となった(頻度比較表は省く)。

(9) a. partially については、cover partially (and simmer) と until partially (frozen) というレシピに関する 2 つの表現でのみ partly との差が著しかったが、それ以外の特徴は見出せなかった[11]。

b. partly については、上位 20 語中 13 語(上位から thanks, stems, lies, stem, arose, comes, due, motivated, depend, depends, driven, caused, based)が原因・根拠・出所を表す動詞、形容詞であった。

(9a) の場合、cover (「(鍋などの) ふたをする」) と until の生起数が partially でそれぞれ25件、16件であったのに対し、partly ではいずれも0件であった。したがって、限られた文脈での使用ではあるが、上記の2例は partially と partly の違いを際立たせる興味深い結果を示している。

一方、(9b) に関して、stem (s) と arose が partially と共起する例はなく、その他の共起語についても partially との共起例は極めて少なかった (上位の thanks, comes, lies, motivated では各1件)。また、partially の共起語でみられたような、使用場面についての特異性はみられなかった。(9b) の共起語が示す連語関係については、いずれの場合も thanks to, stems from のように、通例前置詞が後続するという点で共通しており、partly はそれらの共起語と前置詞の間に割り込む (thanks *partly* to のような) 形で用いられているのがわかる。これについては、類義表現の in part も同様である点が興味深い。意味上は、原因・根拠・出所の表現が上位を占めることから、先の後続語の特徴と同様に、partly は先行語についても、原因や理由などを説明する文脈で選択される傾向が partially よりも高いといえる。

2.4. 語法情報のまとめと辞書記述への応用

検証の結果、従来の辞書と語法書の記述にあった partially と partly の共通点と相違点の妥当性を確認すると同時に、検証の過程で新たな事実を見出すことができた。このうち、辞書記述に有益な語法情報に絞ってまとめると、以下のようになる。

(10) a. partially と partly は基本的に "in part" の意味を共有するため、交換可能な場合が多い。共通する共起語としては、only, at least, responsible, because (of) の頻度が高い。ただし、because (of) については partly と共起する割合が高い。

b. partially ... partially, partly ... partly の繰り返し表現が多い。

c. partially に特有の表現としては、partially hydrogenated/sighted/ (過去分詞) 形容詞、また、料理の文脈で cover partially (and simmer), until partially (frozen) の頻度が高い。

d. partly に特有の表現としては、partly cloudy, partly because (of), 「partly ＋文主語」、その他、thanks partly to, stems partly from など原因・根拠・出所を表す動詞句の頻度が高い。

e. 文頭の partly は断定を避ける談話標識として働くこともある。

(10) を辞書の類語コラムに取り込んだ場合の一例を、既存の英和辞書『ウィズダム 3』の記述と対照させたものが図 3 右である。『ウィズダム 3』にもコーパスに基づいた情報が記述されているが、ここではそれに (10) を加味した場合の試案を同様の形式で示した（類語の詳細については第 7 章「シノニム記述」を参照）。

類義 partlyとpartially
(1)「不完全」という含意では基本的に両者は交換可能
▷▶ a *partly* [*partially*] opened door 半開きのドア.
(2)「原因の一端」を表す場合はpartlyを用いるといわれるが, 実際にはpartiallyを用いることもある
▷▶ be *partly* [*partially*] responsible [to blame for] 一部責任がある
▶ *partly* [*partially*] because ... 理由の一端は….
(3)物理的・身体的不完全さを表す場合はpartiallyを用いる傾向がある
▷▶ *partially* sighted [deaf] 視覚[聴覚]障害の.
(4)語句によってはpartlyかpartiallyの選択が明確なものもある
▷▶ *partly* cloudy ところにより曇り（■天気予報で）
▶ It *partly* explains his promotion. 彼の出世のわけはそのことで説明できる
▶ be *partially* successful 限定的な成功を収める.

『ウィズダム3』(s.v. partly)

[類義] partlyとpartially
(1)「一部」という含意では交換可能な例が多い（特にresponsible, becauseの前やonly, at leastの後など; ただしbecauseについてはpartlyの方が多い; ↓(4)）
▸ a *partly* [*partially*] opened door 半開きのドア.
▸ be *partly* [*partially*] responsible [to blame for] 一部責任がある
▸ partly [partially] because ... 理由の一端は….
(2)partly [partially] を繰り返して用いられることがある（partlyの方が頻度は高い）
▸ depend *partly* on A and *partly* on B 一部はAに一部はBに依存する
(3)partlyはthank *partly* to, stem *partly* fromなどの形で「原因・根拠・出所」を表す動詞句と用いられやすい
(4)partlyに特有の表現
①partlyだけでpartly becauseのように用いられることがある
▸ My current PC is a notebook, not a desktop. *Partly* I'm attracted by the design. 今使っているPCはノート型です. 理由の1つはデザインが好きだからです.
②文頭のpartlyは断定を避ける談話標識として働くこともある
▸ I like people. *Partly*, that's why I am an actor. 私は人が好きです. たぶんそれで役者になったともいえます.
③天気の表現 ▸ *partly* cloudy ところにより曇り.
(5)partiallyに特有の表現
①物理的・身体的不完全さを表す場合 ▸ *partially* sighted [deaf] 視覚[聴覚]障害の.
②料理の文脈で ▸ chill until *partially* set 一部が固まるまで冷やす
③その他 ▸ *partially* hydrogenated oil 部分硬化油 ((マーガリンなどの原料)).

図 3. partially と partly の語法情報 (10) を辞書記述に反映させた例

3. with regard to とその関連表現

3.1. 従来の辞書記述

regardを用いて「…に関しては」という意味を表す成句には様々なパターンがある。以下では、それぞれの表現の頻度上の特徴を整理し、相互の関連について検討したい。ここで取り上げる表現は以下の(11)の3種類である。(12)、(13)にCOBUILD8とLDOCE6に記載されたそれぞれの定義と用例をあげる[12]。

(11) with regard(s) to, in regard(s) to, as regards (to)

(12) a. You can use **with regard** to or **in regard to** to indicate the subject that is being talked or written about: *The department is reviewing its policy with regard to immunisation.*

b. You can use **as regards** to indicate the subject that is being talked or written about: *As regards the war, Haig believed in victory at any price.* (COBUILD8)

(13) a. **with/in regard to sth** *formal* relating to a particular subject: *US foreign policy with regard to Cuba*

b. **as regards sth** *formal* relating to a particular subject–use this when you want to talk or write about a particular subject: *As regards a cure for the disease, very few advances have been made.* (LDOCE6)

with/in regard toは名詞regardを、as regardsは他動詞regardを含む成句である(withとinの記載上の優先順位は当面(12)、(13)にならう(詳細は後述))。(12)、(13)からわかる通り、これらは、いずれも「…に関しては」という意味で、話題を提示するために用いられる。また、(12b)と(13b)の用例をみると、当該の成句はいずれも文頭に生じ、後続部分とコンマで区切られている。このことは、これらの成句が同一文内の修飾語として機能するだけでなく、前後の文または発話をつなぐ、談話上のつなぎ言葉の役割も果たしていることを示唆している[13]。実際、BBCの英語学習サイトではこれらを談話標識の一種として扱っている[14]。そのほかの特徴としては、各成句に後続する（すなわち話題とされる）語句が、政治・経済や特定の専門分野に関するものであることが多いため、これらが生起する場面が、いずれも堅い文脈となっていることである。これらの共通点に基づき、with/in regard to と as regards は、意味や用法において同様の成句とみなしてよいだろう。これに加え、両者はつぎに述べる変種をもつことでも共通している。

（11）には with/in regard to の regard が複数形になった with/in regard*s* to と、as regards に前置詞 to の付いた as regards *to* も含まれている。これらについては、上記辞書に見当たらないことからもわかる通り、通例、記述・言及の対象となっていないか、言及されたとしても、非標準的か誤りであると判断されているようである[15]。確かに、名詞 regard が複数形で用いられる場合は「（手紙・伝言などでの）よろしくというあいさつ」を意味する場合に限られているし、他動詞 regard からなる as regards に to が付加されるのは文法的に不適切であるので、これらが誤りと判断されるのは当然といえるかもしれない（『ジーニアス 5』では、as regards *to* に限って、「時に使われる」との注記を付しているが、後述のように、これについてはさらに説明が必要である）。しかし、このような変種の事例は実際のところ比較的容易にみつけることができる。以下は COCA で検索したニュース番組のナレーションにみられる with regard*s* to の例である（イタリックは筆者）。

（14）　Well, you know, George, it's not a compromise, because you can not compromise with the Catholic bishops on this issue. For those of us who know Catholicism, and I'm a practicing Catholic, there's no–there's zero tolerance *with regards to* birth control.

（COCA: "Roundtable; Santorum Sweep," ABC, ThisWeek, 2012）

このような表現は特に会話で用いられるようである。しかし、筆者の知る限り、これまでのところこの種の表現について実証的な見地から詳しく記述されたものはない。

そこで、以下では変種も含めて(11)に示した「関連」を表す表現の使用状況をコーパスに基づいて調査し、各表現間の関係を明らかにする。また、調査の結果から、変種と考えられる with/in regard*s* to と as regards *to* の生起について考察する。これによって、今まで見過ごされてきた使用実態にも目が向けられ、より充実した語法情報を記述することが可能となる。

3.2. コーパスによる検証

ここで検証すべき項目は以下の通りである。

(15) a. with regard to, in regard to, as regards の使用頻度に差はあるか。
b. with/in regard to の with と in の使用頻度に差はあるか。
c. with/in regard to と with/in regard*s* to との頻度差はどの程度か。
d. as regards と as regards *to* との頻度差はどの程度か。
e. 英米の差以外の使用域について違いはあるか。
f. これらの表現間で談話標識としての機能に差はあるか。

(15a) では、頻度差の結果から特定の成句にみられる優位性とその理由について考察する。(15b) では、辞書によって優先順位が異なる現状に対して答えを示す。(15c, d) は、標準形の頻度と変種の頻度を把握するための問いである。その結果を踏まえて、with/in regard*s* to と as regards *to* が生起する理由についても考察する。(15e) では、話し言葉と書き言葉の割合に有意差があるかどうかを検証する。(15f) については、これらの成句が文頭に生じる割合に基づいて考察する。利用したコーパスは BNC、Wordbanks および COCA である。表 5 に各表現の総頻度を示す[16]。

表 5. with regard to とその関連表現の生起数

	BNC	Wordbanks	COCA
with regard to	1,661	623	5,550
with regard*s* to	56	120	478
in regard to	286	110	1,910
in regard*s* to	7	37	483
as regards	699	193	344
as regards *to*	14	10	26

まず、標準形とされる with regard to, in regard to, as regards についていうと、BNC と Wordbanks では with regard to > as regards > in regard to の順、COCA では with regard to > in regard to > as regards の順で、in regard to と as regards の使用頻度に違いがあった(「>」は左側成句の方が頻度が高いことを示す)。BNC と COCA のそれぞれで上記 3 種の成句の頻度に有意差が認められたことから($p < .001$)、これらの頻度には英米で相違があるといえる。

with/in regard to の with と in の使用頻度については、いずれのコーパスでも with の方が頻度が高く、in の約 3 ～ 6 倍に達していた。これは、単純な比較ながら、コーパスに準拠した主要な英語辞書における in と with の優先順位を記述する上で有益な情報である。現状では、(12)、(13) にあげた COBUILD8 と LDOCE6 では調査結果の通りであるが、OALD9、CALD4、MED2 では in regard to を優先した記述なので、後者の 3 辞書については見出しの記述に修正が必要であろう[17]。

つぎに、(15c, d) に関して、標準形に対する変種の生起をそれぞれの成句でみたところ、いずれの変種も 3 コーパスのすべてで確認された。各コーパスにおける変種間の頻度差をみると、BNC で with regard*s* to > as regards *to* > in regard*s* to、Wordbanks で with regard*s* to > in regard*s* to > as regards *to* であった。BNC と Wordbanks では、in regard*s* to と as regards *to* の頻度差に違いがみられるものの、変種全体における割合は小さく、どちらのコーパスでも with regard*s* to の頻度の高さが際立つ。一方、COCA では、with regard*s* to と in regard*s* to がほぼ同数を占め、as regards *to* は相変わらず少数であった。

すでに言及したように、『ジーニアス 5』では、変種 as regards *to* だけを「時に使われる」表現として取り上げているが、表 5 の通り、いずれのコーパスでも変種 with regard*s* to は as regards *to* よりも高い頻度を示すことから、as regards *to* の情報を辞書の語法注記に記載するのであれば、with regard*s* to についても言及すべき根拠は十分にある。また、in regard*s* to については、BNC と Wordbanks では比較に十分な生起数が得られないものの、COCA では明らかに as regards *to* よりも高頻度であることが示されているので、with regard*s* to と同様、言及に値するだろう。

(15e) の使用域については、サブコーパスを構成するジャンルごとの頻度を比較した。ただし、BNC と Wordbanks では in regard*s* to と as regards *to* の頻度が低いので、ここでは一定程度の (統計処理により適した) 生起数が得られている COCA 内の分布状況に限って調査した。

表 6. COCA における regard 成句のジャンル別頻度

	SECTION	ALL	SPOKEN	FICTION	MAGAZINE	NEWSPAPER	ACADEMIC
with regard to	FREQ	5,550	1,457	101	335	263	3,394
	PER MIL	11.95	15.25	1.12	3.51	2.87	**37.27**
with regard*s* to	FREQ	478	278	7	13	27	153
	PER MIL	1.03	**2.91**	0.08	0.14	0.29	**1.68**
in regard to	FREQ	1,910	198	109	221	225	1,127
	PER MIL	4.11	2.07	1.21	2.31	2.78	**12.38**
in regard*s* to	FREQ	483	168	24	35	77	179
	PER MIL	1.04	**1.76**	0.27	0.37	0.84	**1.97**
as regards	FREQ	344	32	31	29	25	227
	PER MIL	0.74	0.33	0.34	0.30	0.27	**2.49**
as regards *to*	FREQ	26	19	2	0	2	3
	PER MIL	0.06	**0.20**	0.02	0.00	0.02	0.03

表 6 の通り、成句の多くが ACADEMIC において高い頻度を示している。標準形の成句はすべて ACADEMIC での頻度が最も高く、変種でも in regard*s* to が同様の結果となっている。その他については、変種 with regard*s* to と as regards *to* が SPOKEN において高頻度であるが、それに次い

でACADEMICでの頻度が高いことに注目したい(ただし、as regards *to* の場合は全体として低頻度なので信頼度は低いといわざるをえない)。COCAのSPOKENが放送や講演などかなりフォーマルな話し言葉で構成されていることを考えると、話し言葉であってもフォーマリティの高い発話環境での使用が好まれるようである。したがって、変種がSPOKENで高頻度であるからといって、自由会話などでの頻度も高いというわけではないことに注意が必要である。結局、regard成句は変種も含めてフォーマルな文脈で使用される傾向があるとみなすことができる。言い換えれば、変種であっても(特にwith/in regard*s* toについては)標準形と同様の環境での使用がある程度定着しているということになる。

従来の辞書記述からも明らかなように、通例のwith/in regard toはいずれもフォーマリティの高い文脈に生じるとされているが、上記の調査によってそれが改めて確認された。これに加え、変種も同様にフォーマルな文脈で使用される傾向にあることが確認された。標準形と変種との違いを求めるならば、変種の方がSPOKENでの使用が目立つということになる。これは、SPOKENというサブコーパスがかなりフォーマルなテキストで構成されているとはいえ、話し言葉であるということが変種の生起を許すきっかけをわずかながら与えているのではないかと推測される[18]。

これに関連して、corpus.byu.edu内のコーパスCorpus of American Soap Operas (SOAP)の検索から興味深い結果が得られた。SOAPはアメリカのテレビドラマのスクリプトから構成されるコーパスで、純粋に自然な会話ではないものの、COCAのSPOKENよりもくだけた話し言葉を反映しているといわれる。そこで、regard成句のそれぞれの頻度を調べたところ、表6の場合と異なり、標準形と変種との間にさほど大きな差がないことがわかった(表7)[19]。

表 7. SOAP における regard 成句の頻度

	FREQ	PER MIL
with regard to	30	0.30
with regard*s* to	21	0.21
in regard to	69	0.68
in regard*s* to	70	0.69
as regards	3	0.03
as regards *to*	2	0.02

生起数自体がさほど多くないので証拠として十分とまではいえないが、表 7 は（フォーマリティがより低い）話し言葉という環境が変種（特に with/in regard*s* to）の生起をもたらす背景にあることを示唆している。

もちろん、上記の結果は、なぜ with/in regard to の regard が複数形になり、as regards の他動詞 regards が to を後続させるのかを説明するものではない。おそらく、この問題は一言でいえば、文法化に伴う脱範疇化と統語的混交（blending）の影響と思われる。with/in regard to と as regards は、BNC における扱いからもわかるように、群前置詞として機能している。そうなると、群前置詞内の語同士の関係が緊密化・固定化し、それに応じて regard(s) の名詞性・動詞性の意識は希薄化する（脱範疇化）。そこへ、regard を用いた類義表現が競合することによって成句間での混交が生じ、上記のような変種が現れたと考えられる。統語レベルの混交には、2 つの表現から 1 つの表現を作りだす普通の混交のほかに、ある表現が何らかの意味的・心理的影響を受けて本来の表現とは異なった形をとる混交が確認されている（荒木・安井（編）1992）[20]。したがって、既存の with/in regard to と as regards についても、両者がほぼ同義であることから意味的・心理的混交を引き起こし、その結果、それぞれに変種 with/in regard*s* to と as regards *to* が生じたと考えられる。

COCA を利用した分析の結果、現状では脱範疇化と混交が同程度に成立するのではなく、with/in regard*s* to 対 as regards *to* にみるように、変種間の生起頻度に差が生じていることがわかった。この差は従来指摘されてこなかった事実であり、辞書の語法記述においても有益な情報といえる。

最後に、(15f) の談話標識としての機能について検証する。一般に、談話標識は発話同士を結んで話し手(書き手)の意図を明示する機能をもつので、発話の冒頭(文頭)部分に出現する傾向があるといわれる(Swan 2005: 138)。そこで、ここではその特徴にのみ注目し、regard に関するそれぞれの成句が文頭位置に生じる割合を比較することで、成句間に差があるかどうかを調べることにする。

まず、英語辞書に記述されている成句例について比較した。辞書で扱われている成句は標準形の with/in regard to と as regards だけなので、これらの成句を文頭に用いた用例があるのか調べた。対象とした辞書は COBUILD8、LDOCE6、OALD9、MED2 である。文頭用例がみられたのは with regard to (MED2 に 1 件) と as regards (4 件) の場合のみであった。as regards の文頭用例は 4 辞書のそれぞれに 1 例ずつであった。

では、実際のところ as regards は通例文頭で用いられるのであろうか。これについて、BNC と COCA のそれぞれで with/in regard to と as regards の文頭位置の出現数について調べてみた。検索には corpus.byu.edu を利用し、検索対象として 8 種類の句読点 (punctuation=./,/" /:/;/) / ? / !) に続く with/in regard to と as regards を設定した[21]。このうち、文頭用法とみなされる成句を特定し、その割合を比較した(単に文頭に出現する場合だけでなく、従属節内で前置された位置にある場合も含む)[22]。その結果を図 4 に示す。

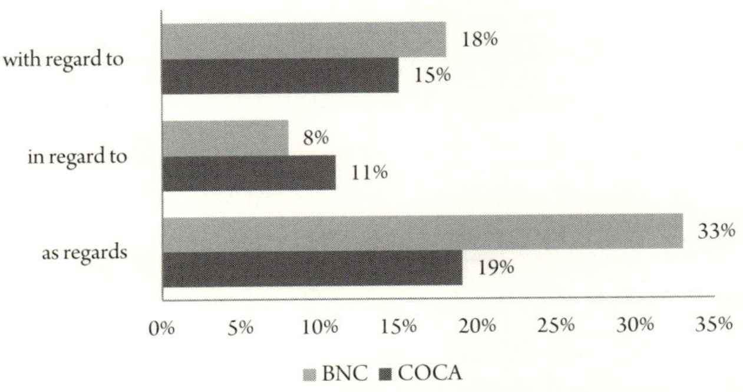

図 4. with/in regard to と as regards が文頭で用いられる割合

先に行った 3 種の成句の頻度比較では英米に違いがあったが、文頭位置での出現率では BNC と COCA のいずれの場合も as regards > with regard to > in regard to の順で高かった。英語辞書において as regards の文頭用例が選択されやすいことを示唆しているようにも思われる。

しかし、談話機能をもつ副詞句は文頭だけでなく、文中、文末にも生じる。仮に文頭・文中・文末での出現率を均等（約 33%）とみなすと、総数に対する文頭の出現率は、最も高い（BNC の）as regards の場合でさえ 33%なので、文中・文末に比べて出現率が高いとはいえない。結局、as regards も含め regard 成句には確かに談話標識としての機能は認められるものの、これらの文頭使用については、有意差を見出すことはできなかった。

言語変化の一般的傾向を考慮すると、談話機能にかかわる特徴については、今後さらに検討が必要であろう。Traugott (1995) は、副詞句（前置詞句も含む）が clause-internal adverbial, sentence adverbial, discourse particle の順で文内の要素から発話間を結ぶ談話標識へと変化する文法化のクラインを示している。したがって、複合前置詞である with regard to とその関連表現の発達についても、談話標識までの変化を視野に入れた検討の対象となりうる。

3.3. 語法情報のまとめと辞書記述への応用

(15a)～(15f) に沿った検証結果の要点を以下に示す。

(16) a. 英用法では with regard to > as regards > in regard to、米用法では with regard to > in regard to > as regards の頻度順となる。
b. with/in regard to では、with を使用する割合が高い。
c. 変種 with/in regard*s* to は標準形の成句と比べて頻度は低いが、ある程度の定着が認められる。
d. 変種 as regards *to* の頻度は他の変種に比べて低く、現時点では十分に定着しているとは考えにくい。
e. regard 成句は変種も含めフォーマルな文脈で使用される傾向が

比較的高い。さらに、変種 with/in regard*s* to は頻度は低いものの、話し言葉において比較的生起しやすい。

f. 文頭での生起を根拠にした談話標識としての機能については、成句間で有意な差は認められなかった。

(16) のうち、新情報として辞書に追記可能な項目は (16a)、(16c)、(16e) である。これらを『ウィズダム 3』の成句記述に追記する形で示せば図 5 のようになる (下線部が追記部分)。図 5 は、『ウィズダム 3』の記述も考慮に入れると、(16a)～(16e) が取り込まれた記述となっている。

as regárds A ＝ ((まれ)) ***as regárds to A*** ((かたく))[[しばしば文頭で]] A<人・物・事>に関して(は), Aについて(は) ([!] しばしば((英))で)

▷▶ *As regards* this room, the view is quite satisfactory. この部屋に関しては, 眺めは申し分ない.

with* [*in*] *regárd to A ((かたく))Aに関して(は), Aについて(は)

▷▶ *With regard to* gun control, we need stricter laws. 銃の規制については, もっと厳しい法律が必要だ. ([!] ((話))では時にwith [in] regard*s* toのようにregardが複数形になることがある)

図 5. regard 成句の辞書記述 (『ウィズダム 3』(s.v. regard) への追記)

4. おわりに

上記 2 つの事例研究の通り、コーパスを活用した語法情報の記述には記述性、客観性、新事実の発見の可能性といった特徴が随所にみられる。記述的な立場をとることによって、対象とされる語の用法は、既存の文法・語法の枠にとらわれず、実際の言語使用の中でどのようなパターンを示すかという観点から、一定の統計的手法にしたがって客観的に示される。そして、コーパスが大規模で網羅的になるほど、母語話者の経験知を超えた多種多様な具体例を提供し、言語使用の実態を捉える有力な根拠となる。partially と partly の事例では、両者に共通する共起語と、2 語間で異なる共起語を豊富な具体例とともに明確に割り出すことができた。さらに、partly 特有の共起語を観察する過程で、新たに partly のもつ談話機能についての仮説と検証を展開することもできた。また、regard 成句の事例では、例外や誤用とみなされる表現が実際に使用されているという事実から、それらを変種として認め、分布状況を分析することによって、変種間の定着度の差や regard 成句全体のフォーマリティの議論に発展させることができた。

このように、コーパスを活用した語法研究では、コーパスに基づいてあらかじめ設定された仮説を検証するための(corpus-based)研究と、その過程で予期せずして得られたデータを出発点として新たな言語事実を発見するコーパス駆動的(corpus-driven)研究がしばしば複合的に展開される。辞書の語法記述においては、これらの手法を最大限に活かし、規範的立場との融合を図ることによって、言語使用の実態を的確に反映した内容への改善が期待できる。

注

1. たとえば、「手荷物」を意味する luggage と baggage は、前者が英用法、後者が米用法とされるのが通例だが、実際には、かばん売り場や移動・収納の場面では luggage が、容量・荷物取り扱いの場面では baggage が英米共に好まれる傾向がある(『ウィズダム 3』luggage の「コーパスの窓」を参照)。
2. たとえば、so の用法では通例 I think so. に対して I know so. は不可である。なぜなら、so は know の従属節の代用とはならないからである(『ランダムハウス 2』so[1] の語法解説を参照)。しかし、コーパスを検索すると、I know so. が少なからず実在することが確認できると同時に、その表現が、それに先行して発せられた(Do) you think so? に対する返答の典型例として用いられるということまで容易に割り出すことができる。なお、I know so. は相手の問いに対して「確信の表明」という語用論的意味ももつ。
3. 本論で使用したコーパスの検索結果はすべて 2015 年 10 月 10 日現在のものである。また、British National Corpus Online(以下、BNC)の検索については、小学館コーパスネットワーク(図 1 のみ)および corpus.byu.edu の検索ツールを利用した。また、WordbanksOnline(以下、Wordbanks)については、小学館コーパスネットワークを利用した。
4. もちろん、responsible や(be) to blame は「責任」の意味から派生しているので、because of や due to と比べて原因・理由の典型とはみなしにくい。これが意味上の成立要件を曖昧にし、結果的に partially と partly の一方に偏ることのない分布となっているのかもしれない。しかし、いずれにせよ、意味上の観点のみから説明するには限界があるといわざるをえない。
5. 指摘の全文については以下のサイトを参照:http://www.learnersdictionary.com/blog.

php?action=ViewBlogArticle&ba_id=24

6. 先の Peter Sokolowski のコメントの中でも、partially because は問題なく使用できるとの回答がある。
7. 本稿執筆時の COCA の総語数は 464,020,256 語である。
8. これは Burchfield (1996) の指摘の一部 (partially と partly は過去分詞形容詞を後続させるという点で類似している) が適切でないことを示すことにもなる。
9. もちろん、Partly this was because of... のように、文頭の partly に続いて because が現れる表現もあるが、この場合も、partly は (特に以下で述べる hedge として) 文全体を修飾していると解釈できる。
10. COBUILD8 では to some extent について、語用論的意味をもつ語として VAGUENESS の表示を付している。
11. cover と until の SCORE はそれぞれ 94.1、60.2 で、3 位の remains (SCORE: 14.1) と大きな隔たりがあった。
12. regard を用いた類義表現としては regarding もあるが、ここでは扱わない。
13. LDOCE6 では regard の談話機能について明記していないが、類義表現の with respect to については、文内修飾語としての機能と、談話機能の観点から定義を 2 つに分けて記述している。その定義の内容と用例を考慮すれば、regard の場合も同様の談話機能をもつと考えられる。
14. BBC Learning English: http://www.bbc.co.uk/worldservice/learningenglish/grammar/learnit/learnitv35. shtml
15. たとえば、上記の辞書のほか、OALD9、CALD4、MED2 のいずれにおいても with/in regard*s* to, as regards *to* への言及はない。『オーレックス 2』では with regard*s* to を誤りとしている。
16. 小学館コーパスネットワークによる Wordbanks の検索の際、群前置詞である with regard to, in regard to および as regards はそれぞれ 1 語として扱われ、アンダースコア (_) を付した with_regard_to, in_regard_to, as_regards の形で表記される。ただし、アンダースコアを付していない例も一部あるので、それも含めて総数を示した。
17. もちろん、これら 3 辞書が単にアルファベット順に in, with と表記している訳ではないことは、他の前置詞句における前置詞選択の記述の仕方 (たとえば、CALD4 の *with/in* reference to における with の優先) からも明らかである。
18. ACADEMIC は学術雑誌から構成されるので話し言葉は含まない。
19. 本稿執筆時の SOAP の総語数は 100,783,900 語。
20. たとえば、cannot but ＋原形不定詞が can't help ＋ -ing 形と混交して can't help but ＋原形不定詞が生じるなど (荒木・安井 (編) 1992)。
21. Punctuation の「"」については、BNC では「'」に変えて検索した。

22. 文頭位置の事例には、以下の第1例のような文頭に近い位置や、第2例のような文中にあっても先行要素が当該の成句と直接的な修飾関係をもたないものも含む：Furthermore, *with regard to* health care, all this investment in an unpopular bill. (COCA: ABC ThisWeek) /In any event these choices suggest that, *with regard to* the political beliefs of its members, NAS is a far from monolithic group. (COCA: Academic Questions)。

参考文献

荒木一雄・安井稔編 1992.『現代英文法辞典』三省堂.

Burchfield, Robert W. (ed.) 1996. *The New Fowler's Modern English Grammar*. Oxford: Oxford University Press.

Fowler, Henry W. 1926. *A Dictionary of Modern English Usage*. Oxford: Oxford University Press.

Swan, Michael. 2005. *Practical English Usage*, 3rd ed. Oxford: Oxford University Press.

Traugott, E. C. 1995. "The Role of Discourse Markers in a Theory of Grammaticalization." Paper presented at ICHLXII, Manchester.

辞書類

『ウィズダム英和辞典』第3版. 2013. 三省堂. [『ウィズダム 3』]

『オーレックス英和辞典』第2版. 2013. 旺文社. [『オーレックス 2』]

『ジーニアス英和辞典』第5版. 2014. 大修館書店. [『ジーニアス 5』]

『ランダムハウス英和大辞典』第2版. 1993. 小学館. [『ランダムハウス 2』]

Cambridge Advanced Learner' s Dictionary. Fourth Edition. 2013. Cambridge: Cambridge University Press. [CALD4]

Collins COBUILD Advanced Learner's Dictionary, Eighth Edition. 2014. Glasgow: HarperCollins Publishers. [COBUILD8]

Longman Dictionary of Contemporary English. Sixth Edition. 2015. Harlow: Pearson Education. [LDOCE6]

Oxford Advanced Leaner's Dictionary of Current English. Ninth Edition. 2014. Oxford: Oxford University Press. [OALD9]

Macmillan English Dictionary for Advanced Learners. Second Edition. 2007. Oxford: Macmillan Education. [MED2]

Merriam Webster's Advanced Learner's English Dictionary. 2008. Springfield: Merriam-Webster [*MWALED*]

Merriam Webster's Learner's Dictionary (http://www.learnersdictionary.com/)

VII

シノニム記述*

井上永幸

1. はじめに

本章では、シノニムとは何か、辞書におけるシノニムの記述の歴史、シノニム記述に求められるもの、シノニム記述の提示様式、EFL/ESL 辞書におけるシノニム記述の現状などを概観した上で、コーパスを活用することによるシノニム記述の向上の可能性について具体的に示してゆく。

2. シノニムとは

シノニム (synonym) は一般に、同じ意味であることに注目して「同義語、同意語」、あるいは似た意味ということに注目して「類義語、類語」などといった日本語訳が与えられる。しかしながら、(1) に挙げる Lea (2008)〔以降、辞書本体に言及するときは OLT と呼ぶ〕も指摘するように、通例シノニム間には何らかの違いがあり、絶対的な同意語はないと言われることも多い[1]。その点では、「類義語、類語」といった訳語の方が適切であろうが、本章では、こういった訳語の適否に関する議論も考慮して、synonym を「シノニム」と表記することにする。

(1) It is often said that there are no absolute synonyms in English: that there is always some difference of nuance, register or collocation, that makes one word choice better, or at least different, from another. (Lea 2008: vi)

小西(1976: 4)は、シノニムを以下のように分類している。

(2) a. 意味領域が重なるもの：*leap, jump; surround, enclose*
b. 意味が同じだが用法が違う：*a, an*
c. 意味は同じだが含み・用法が違う：*father, dad, daddy, papa, pa, poppa, pop*

さらに、小西(1976: 4)は脚注において、同書が「語」のレベルのシノニムだけでなく、happen/take place, bachelor/unmarried man といった句レベルのもの、That store sells vegetables./They sell vegetables at that store. のような文レベルのもの、It's cold in here./Shut the door. といった談話レベルのものもシノニムとして扱う旨を述べている[2]。このように、「シノニム」という用語は、「類義語、類語」と違って、語のレベルに留まらない実態をも反映できて都合が良いが、談話レベルのものは可能性が無限に広がるため、辞書のシノニム記述という観点からは、適宜注記が必要となろう。ただ、談話レベルのシノニムも、(3)に示すように、文脈依存度の少ないものであれば、取り扱うことは有益であろう。

(3) a. I don't know.
b. I have no idea.
c. How should I know? (Atkins and Rundell 2008: 422)

3. シノニム専門辞書とシノニム記述の歴史

コーパスとは話題が離れるが、ここで英語のシノニムを扱った辞書の歴史について簡単にふれておく。英語は、1066年のノルマン征服によりイングランドでは14世紀中頃までフランス語が公用語とされていたことや、ルネサンス時代における古典語の借入によりドイツ語やフランス語と較べて語彙が豊富でシノニムも多い（永嶋 1974: 194, Mugglestone 2006: 72–73）[3]。にもかかわらず、英語のシノニムに関する解説本が現れたのは18世紀の後半になってからで、John Trusler（1735–1820）の *The Difference between Words Esteemed Synonymous*（1766）が初めてのものである[4]。このことは、出版当時、英語母語話者にとってもシノニムを使いこなすことが困難であるとすでに認識されていたことをうかがわせる。次に注目されるのは Hester Lynch Piozzi（1741–1821）による *British Synonymy*（1794）で、"the Piozzi method" と呼ばれる、今で言えば COBUILD の辞書（Sinclair, John. (ed.)（1987）*Collins Cobuild English Language Dictionary.* London and Glasgow: Collins）さながらの説明式用例を示すことでシノニム間の違いを示そうとした。Piozzi（1794）に関しては、説明が独善的であるとか、いろいろ批判はあるものの（Gove 1984: 5a–8a）、Crabb（1816）、Günther（1922）なども経て、シノニムをいくつか挙げた後にそれらの意味・用法説明を行うという「説明型」のシノニム記述が定着していった。種類の少ない説明型の中で Gove（1942）や Hayakawa（1968）はもっとも代表的なものだが、後者は分かりやすい例示で好評を博し、同じ内容で多くの出版社から再版された。また、子供向けの Knight（1987）、EFL/ESL 向けの Bertram（1997）も参考になる。後ほど再び取り上げるが、コーパスを活用したものには EFL/ESL 向けの OLT や Mayor（2013）〔以降、LCDT と呼ぶ〕がある。書名に「シソーラス（Thesaurus）」が入っているものは次に述べるリスト型のことが多いが、これら2点は説明型である。日本における説明型には、井上（1956）、斎藤（1980）などがある。

Piozzi に次いで1805年には、William Perry（生没年不明）の *Synonymous, Etymological, and Pronouncing Dictionary* が刊行されたが、これはシノニムを羅

列してゆく「リスト型」の記述法をとっている。同じリスト型の Peter M. Roget (1779–1869) による *Thesaurus of English Words and Phrases* (1852, London: Longman) はよく知られており、実際に Roget は関わっていなくてもその名を冠した類書は多い。ちなみに、Perry (1805) ではアルファベット順の整理法が、Roget (1856) では概念別の整理法が取られている。Kay et al. (2009) はリスト型としては世界最大のもので、OED2 及び補遺版のデータに基づいて 40 年以上をかけたプロジェクトの成果である。古英語から現代英語まで 92 万語以上を載録してあり、第 1 巻はシソーラス、第 2 巻はアルファベット順索引となっている。外界 (The external world)・心 (The mental world)・社会 (The social world) からなる 3 つの大範疇、354 の中範疇、23 万 6400 の小範疇に分類し、小範疇内で各語を使用年代順に配列してある。OED のオンライン版 (2018 年 8 月現在) では "Thesaurus" という名の下、Kay at al. (2009) の成果を参照できるリンクが張ってある。

4. シノニム記述に求められるもの

辞書におけるシノニム記述の目的は、母語話者向けの辞書と EFL/ESL 向けの辞書では異なっている。母語話者向けの辞書では、すぐに思い出せないシノニムを確認したり、母語話者にとって難解な表現や紛らわしい表現の区別を明確化することが主な目的となる。一方、EFL/ESL 向けの辞書では、母語話者のような言語直観をもたず当該言語の使用経験も少ないユーザーが対象となるため、日常生活で必要な基本語を含むシノニムの使い分けを知ることが主な目的となる。そのため、シノニム間の意味的・統語的な相違はもちろん、母語の干渉による誤用の可能性を考慮した、受信よりも発信に必要な情報を提供するシノニム記述が必要となる。

次に、シノニムの差異の様式を確認しておこう。図 1 は井上 (1956: xii) が挙げる図である。[1] は A, B の 2 語が全く同一の意味の場合であるが、これは第 2 節で見たように、実際にはほとんどない。[2] は包摂関係で、A よりも B の意味が狭いもの、[3] は A, B の大部分の意味が同じもの、[4]はAとBがかなり異なるもの、[5]はA, Bが大部分異なるもの、[6]はA, Bが極めて小部分だけに類似の点を有するものである。一般に、シノニム記述では、それぞれの交わりの部分を確認した上で、それ以外の相違する部分の特徴を記述することとなる。

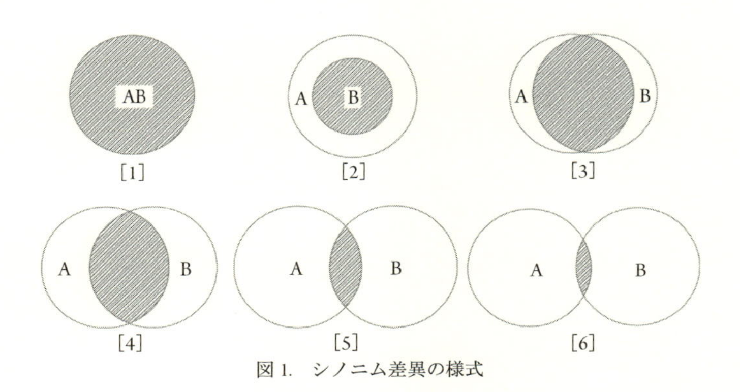

図1. シノニム差異の様式

以上のような目的と記述内容を実現するためには、どのような情報が必要であろうか。ここからは、EFL/ESL向けの辞書に焦点を当てて見てゆくことにする。(4)を見られたい。

(4) EFL/ESL向けの辞書のシノニム記述の際に考慮すべき点
　a. 取り扱うシノニムの範囲
　b. 示すべき情報
　　i. 意味の情報
　　ii. 構文・コロケーションの情報

まず、(4a)であるが、EFL/ESLユーザーの日常生活をカバーできるシノニムを提供する必要がある。たとえば、母語話者向けで説明型辞書として定評のあるHayakawa (1994)には、dieのシノニムとして、bite the dust, depart, die with one's boots on, expire, go to meet one's Maker, kick the bucket, pass away, pass on, pass over, perishなどが挙げられている。一方、EFL/ESL向けのOLTでは、die, perish, pass awayなどが示されている。後者は実際に日常生活で使用される頻度を考慮し、文学的表現や俗語などを除いた結果であろうが、そうであれば be dead や be killed も省略されるべきではないであろう。母語話者にとっては当たり前の表現であり説明するまでもない事項かも知れないが、こういった頻度の高い表現こそ使い分けに関する情報が提供されていなければ EFL/ESL シノニム辞書の価値も半減する。また、前置詞や接続詞などの機能語や副詞類も、シノニム辞書や一般 EFL/ESL 辞書などではシノニム記述が抜け落ちていることが多い[5]。語法辞書との棲み分けが難しいところであるが、EFL/ESL ユーザーの立場からすれば、できれば少ない手間でこれらの情報にもアクセスできることが望ましい。

また、EFL/ESL ユーザーの場合、与えられる母語の代表的訳語の影響を受け、想定されるシノニムグループも異なってくることが考えられる。たとえば、日本語でしばしば「思う」という訳語が与えられている英語動詞について見てみると、代表的な母語話者向けシノニム辞書である Gove (1984) の場合、think は 1 Think, conceive, imagine, fancy, realize, envisage, envision; 2 Think, cogitate, reflect, reason, speculate, deliberate というグループ、guess は Conjecture, surmise, guess というグループで扱われているが、believe や suppose はどの項目にも現れない[6]。日本の英語教育で対にして扱われることの多い hope と wish は、それぞれ Expect, hope, look, await と Desire, wish, want, crave, covet というシノニムグループで扱われており、検索する者の期待を裏切る結果となる。英語学習者の概念構造と英語母語話者のそれが異なると言ってしまえばそれまでであるが、英語学習者は母語の訳語を媒介にして学習活動を行う以上、それらをも考慮に入れたグループ分けが必要となるであろう。

次に (4b) の EFL/ESL 向けの辞書のシノニム記述で示すべき情報としては、i. の意味に関していえば、シノニム間で重なる意味や特定の表現にのみ存在する重なり合わない独自の意味、文字どおりの透明な意味や含意、語用論的・文化的意味、また頻出する文脈の情報などが挙げられる。ii. の構文・コロケーションに関していえば、当該シノニムの典型的な構文・コロケーションはもちろん、ユーザーの母語による干渉を考慮に入れた注記なども必要であろう。母語話者の場合は脳内に言語の情報をもっているので、すでに知ってはいるが一時的に思い出せない単語にアクセスできればよいことになるが、非母語話者の場合は、新しい単語を覚え、既知の単語と合わせて効率的に適切な単語を選択できるようになる必要がある (Lea 2008: vi)。母語話者向けの説明では役に立たず、日本語母語話者向けの英和辞書であれば、日本語母語話者の立場からのシノニム記述が必要となる。コーパスを活用したかゆいところに手の届くシノニム記述が望まれるゆえんである。そういったことを考慮すれば、英語学習者にとっては説明型の方が有用なことは言うまでもない[7]。

(4) には挙げていないが、辞書執筆の際に考慮すべき外的要因として、執筆時間の不足がある。様々な事情から、辞書の執筆は通常短期間のうちに行うことを迫られるが、こういった状況はコーパスが登場する以前から厳然たる問題として存在してきた。コーパスの登場は長期間の人力による用例カードの収集から辞書編集者を解放し、資料不足に悩む可能性は減じられた一方で、限られた時間の中で目を通すべき資料の量を飛躍的に増やし、皮肉にも辞書編集者を苦しめる可能性も秘めていた。この窮状を解決するために登場したのが、各種ツールである。Church et al. (1991: 115–116) は、米国では対話型のソフトがなかったため辞書編集の分野でコーパスに関心が持たれなかったこと、一方、英国では特に外国語学習者向けの辞書開発の場面で改革がなされ、大量のコンコーダンスラインを見落しなく分析処理するためのツールに関心が移っていったことを指摘している。また、Clear (1993: 274) では、辞書編集の現場で大規模コーパスからコロケーションを効率的に抽出するための統計ツールが紹介されている。Church et al. (1994) は、MI-score や *t*-score といった統計値を使いながら、代替可能性 (substitutability) をシノニムを判断する際の基準として提案していることで注目される。本稿でも、第 7.1 節と第 7.2 節において、*t*-score を使った分析例を紹介する[8]。

5. シノニム記述の提示様式

第2節でシノニムを記述する形式の歴史的経緯と、第3節で学習者の視点からは説明型の方が利便性が高いことについてふれたが、本節では、実際の辞書記述においてよく用いられる提示様式を英和辞書を使って確認しておこう。まず、図2はコラム式である。当該のシノニムグループを構成するシノニムについて、それぞれの特徴を囲み記事の形として提供する方式である。図3の例は、語義や訳語の後に括弧を使って簡単な別のシノニムとの使い分けを意識した注意事項をまとめた注記式である。注記の先頭に コーパス とあるのは、同辞書では、「コーパスを分析することによって新たに得られた情報」であることを示す。注記式の利点は何と言ってもコラム式と比較しての省スペース性と、語義説明のあとに深く関連するシノニム情報が与えられる適時性であろう。その注記を読むことで、当該項目の語義をより正確に深く理解することができるようになる〔下線は筆者；以下同様〕。次に、図4に示すのは内包的意味記述式である。この例では、wideの語義1において、「〈川・道路・帽子のつばなどが〉」という当該語が生起する際の主語や主要部となる名詞についての選択制限情報が示されたあとで、丸括弧で「(幅が)」という内包的意味の提示が行われて他のシノニムとの区別が意識されている。また、この項目では「(↔narrow)」という反意語情報のあとに注記式シノニム記述も加えられ、日本語の「広い」という訳語に制限を与えることができる。さらに、2行目から3行目にかけて現れる括弧「(! …)」による注記式のシノニム記述と相まって、少ないスペースで英語のwideの意味を伝えることに貢献している。最後は図5及び図6のレーベル式である。文体や話し手の態度など、さまざまな種類の使用域を体系的に表示するもので、わずかなスペースでシノニムを使う際の指針を与えてくれる。

類義▶ die と be dead, be killed など
die は「死ぬ」ことを意味する最も一般的な語だが，日本語の「死ぬ」ほど語調は強くなく，「亡くなる」に相当することもある．be dead は「死んでいる」状態を表し，直接的で衝撃的な響きがあり，時に愛着・敬意を感じさせない言い方となる．不慮の事故や戦争などで意に反して死ぬ場合は be killed が普通で，die に比べて被害性を含意する．decease は法律用語や経歴説明として用いるが，《やや古》に響くことがある．形 の deceased にはそのような響きはない．pass away [on] は婉曲表現．depart は《かたい文》で好まれる婉曲表現で「逝く，旅立つ，逝去する」．perish は《かたく・文》で，「非業の死を遂げる，惨死する」．expire は《文》の婉曲表現で「息を引き取る」．kick the bucket は「くたばる」などに相当する《くだけて・おどけて》で好まれる表現．

図 2.　説明型の下位分類：コラム式〔『ウィズダム 3』、s.v. DIE〕

cóme in A　A〈玄関など〉を入る，A〈部屋など〉に入る（! コーパス come into A と違って内と外や中に入ってからの行為を意識する）▶wait for buyers to *come in* the door 買い手が玄関を入ってくるのを待つ．

図 3.　説明型の下位分類：注記式〔ibid., s.v. COME in A〕

── 形（~r; ~st）**1**〈川・道路・帽子のつばなどが〉（幅が）広い（↔narrow）（!「部屋などが広い」という場合には large などを用いる: a large [×wide] room 広い部屋）▶a *wide* road [river] 広い道[川].

図 4.　説明型の下位分類：内包的意味記述式〔ibid., s.v. WIDE〕

── 他《かたく》**1**〈人が〉（公式な形で）〈人・当局など〉に通知する，知らせる，伝える，報告する（→分詞 informed）；〚**inform** A **of** [**about**] B〛A〈人〉にB〈情報など〉を知らせる；〚**inform** A (**that**) 節/**wh** 節・句〛A〈人〉に…ということを[…かを]知らせる（→advise **5**）；《書》〚直接話法〛〈人〉に…と告げる（→say 他 **1 a** 語法▶）▶*inform* the police *of* [*about*]

図 5.　説明型の下位分類：レーベル式、文体〔ibid., s.v. INFORM〕

── 自《非難して》«行為・所有物などについて/…に» 自慢する，自慢げに言う，鼻高高[声高]に話す «***about***, *of*/*to*»（! boast よりも嫌味を強調する語）▶It's nothing to *brag*

図 6.　説明型の下位分類：レーベル式、話者の態度〔ibid., s.v. BRAG〕

以上、辞書におけるシノニム記述の提示様式について概観した。次節以降、EFL/ESL 辞書におけるシノニム記述について考察してゆく。

6. EFL/ESL 辞書におけるシノニム記述

本節では、EFL/ESL 用の英英辞書及び英和辞書におけるシノニム記述のうち主にコーパスを活用したものに焦点を当てて現状を紹介してゆく。シノニム記述に関して、すべての辞書でコーパス活用の有無が明示

されているわけではないので、取り上げる事項に若干の主観が入ることをお許しいただきたい。なお、サンプルとしてすべての辞書に共通する見出し語項目を挙げることはせず、できるだけ各辞書の特徴が反映された項目を挙げるよう努めた。すべての辞書で共通するシノニム記述の箇所を見つけるのは困難であるし、それらの項目でその辞書の特徴が反映されていない可能性があるからである。

6.1. 英英辞書

コーパスに基づくEFL/ESL英英辞書創生期の状況については、井上(2005)に譲り、ここでは過去8年間に出版されたものを見てゆくことにする。表1に挙げるのは、EFL/ESL英英辞書でシノニムに関する説明をどのような表現形式で記述しているかを示す表である。冒頭でも触れたように、学習者の視点から利便性が高い説明型が大勢を占めていることがわかる。

表1. EFL/ESL英英辞書におけるシノニム記述〔出版年順〕

辞書	MED21 (2007)	CALD4 (2008)	LDOCE6 (2014)	CCALD8 (2014)	OALD9 (2015)
コラム形式	説明型	説明型	説明型	リスト型	説明型
コラム名	Other ways of saying ...	Other ways of saying ...	THESAURUS	Thesaurus	Synonyms Which Word ?

図7に示すMED2はOther ways of saying... というコラム名のもと、当該見出し以外の各シノニムの意味・用法を用例とともに示してゆくものの、コラムの数は他の辞書に較べて若干少なめである[9]。

Other ways of saying forget

have no recollection of sth to be completely unable to remember something, so that you think that perhaps it never happened: *I have absolutely no recollection of ever seeing this man.*

slip your mind if something slips your mind, you forget it because you are busy doing other things: *I'm sorry I didn't phone, I was working and it slipped my mind.*

be on the tip of your tongue used for saying that you cannot remember a name or fact that you know, but that you think you will remember it soon: *What was his name again? It's on the tip of my tongue.*

my mind's gone blank used for saying that you cannot remember something, especially when someone has asked you a question

図7. MED2, s.v. FORGET

図 8 に示す CALD4 は MED2 と同一の Other ways of saying ... というコラム名のもと、やはり当該見出し以外の各シノニムの意味・用法や使用域に関する情報を用例とともに示している。第 4 節でもふれたように、die にまつわるシノニムのうち、be dead に言及はないものの、be killed なども含まれており、ESL/EFL ユーザーにとっては理想に近いシノニム選択が行われている。

Other ways of saying die

The phrasal verbs **pass away** or **pass on** are sometimes used to avoid saying 'die' in case it upsets someone:

*He **passed away** peacefully in hospital.*

If people die as the result of an accident or violence, you can say that they **were killed** or **lost their lives**:

*His sister **was killed** in a car accident.*

*Many people **lost their lives** in the war.*

Someone who dies very suddenly while doing something is sometimes said to have **dropped dead**:

*He **dropped dead** on the tennis court at the age of 42.*

You can use the verb **lose** to say that a person in someone's family has died:

*She **lost** her husband last year.*

In informal situations and if you are trying to be humorous, you can use the phrase **kick the bucket**:

*When I **kick the bucket**, you can do what you want.*

図 8.　CALD4, s.v. DIE

図 9 の LDOCE6 は THESAURUS というコラム名のもと、当該見出しを含む各シノニムの意味・用法や使用域を用例とともに示してゆく。famous と notorious のようにシノニムの中で特定の含意が加わるなど方向性が異なるものが含まれる場合は、別グループを下位に設定して示してある。

THESAURUS

famous known about by a lot of people in many places, often all over the world: *She always wanted to be famous. | The Mona Lisa is Da Vinci's most famous painting.*

well-known known about by a lot of people, especially in a particular place: *Shilpa Shetty was well-known in India, but few people in the UK had heard of her. | a well-known brand of cat food*

celebrated *written* very well-known and admired: *Dalí is one of Spain's most celebrated artists. | Martin Luther King's celebrated speech*

renowned/noted famous, especially for a particular thing or activity. Noted is more formal than renowned: *The British are renowned for their love of animals. | The area is noted for its wines.*

legendary very famous and greatly admired – used especially about people who have been doing something for a long time or who have died: *the legendary blues guitarist, BB King | Her stage performances were legendary.*

FAMOUS BECAUSE OF SOMETHING BAD

notorious /nəʊˈtɔːriəs, nə- $ noʊ-, nə-/ famous because of doing something bad: *a notorious criminal | a notorious legal case*

infamous famous because of doing something very bad, which seems immoral or evil: *the infamous attack on the World Trade Center | the infamous Jack the Ripper*

図 9.　LDOCE6, s.v. FAMOUS

図 10 に示す CCALD8 は、今回取り上げた英英辞書で唯一のリスト型である。LDOCE6 と表記は異なるものの同様の Thesaurus というコラム

名のもと、品詞・語義番号別にシノニムと反意語 (antonyms) を淡々と列挙してゆく。母語話者と同等の使い方を想定したシノニム情報となっており、EFL/ESL 辞書としては敷居の高いものとなっている。

Thesaurus *increase* **Also look up:**

V.	expand, extend, raise; (*ant.*) decrease, reduce 1
N.	gain, hike, raise, rise; (*ant.*) decrease, reduction 2

図 10.　CCALD8, s.v. INCREASE

OALD9 のシノニム関連コラムには Synonyms と Which Word ? の 2 種類がある。辞書本体にそれぞれの説明はないが、前者の Synonyms は図 11 に示すように、まず最初にシノニム間の共通する意味的特徴を挙げた後、シノニムそれぞれの意味的・文体的特徴や用例、それにシノニム間の構文とコロケーションの相違を提示する PATTERNS が示されている。後者の Which Word ? は図 12 に示すように、シノニム間の文体的・意味的・統語的特徴を比較対照しながらコロケーション情報を用例とともに提示する。実際にユーザーが英語を発信する際に有用となる情報を提供するもので、ここで取り上げた辞書の中ではもっともコーパス分析の結果が生かされておりシノニム解説が充実している。これは後に取り上げる同じオックスフォード大学出版局から出版されている EFL/ESL 向けシノニム辞書である OLT の成果を応用していることによるものであろう。

▼ **SYNONYMS**

nervous
neurotic • on edge • jittery

These words all describe people who are easily frightened or are behaving in a frightened way.

nervous easily worried or frightened: *She was of a nervous disposition.* NOTE See also the entry for **worried**.

neurotic not behaving in a reasonable, calm way, because you are worried about sth: *She became neurotic about keeping the house clean.*

on edge nervous or bad-tempered: *She was always on edge before an interview.*

jittery (*informal*) anxious and nervous: *All this talk of job losses was making him jittery.*

PATTERNS

- a nervous/neurotic **man/woman/girl**
- to **feel** nervous/on edge/jittery
- **a bit** nervous/on edge/jittery

図 11.　OALD9, s.v. NERVOUS

▼ WHICH WORD?

begin / start

- There is not much difference in meaning between **begin** and **start**, though **start** is more common in spoken English: *What time does the concert start/begin?* ◇ *She started/began working here three months ago.* **Begin** is often used when you are describing a series of events: *The story begins on the island of Corfu.* **Start**, but not **begin**, can also mean 'to start a journey', 'to start something happening' or 'to start a machine working': *We'll need to start at 7.00.* ◇ *Who do you think started the fire?* ◇ *The car won't start.*
- You can use either an infinitive or a form with *-ing* after **begin** and **start**, with no difference in meaning: *I didn't start worrying/to worry until she was 2 hours late.*
- After the forms **beginning** and **starting**, the *-ing* form of the verb is not normally used: *It's starting/beginning to rain.* ◇ ~~*It's starting/beginning raining.*~~

▼ WHICH WORD?

naked / bare

Both these words can be used to mean 'not covered with clothes' and are frequently used with the following nouns:

naked ~	**bare ~**
body	feet
man	arms
fear	walls
aggression	branches
flame	essentials

- **Naked** is more often used to describe a person or their body and **bare** usually describes a part of the body.
- **Bare** can also describe other things with nothing on them: *bare walls* ◇ *a bare hillside.* **Naked** can mean 'without a protective covering': *a naked sword.*
- **Bare** can also mean 'just enough': *the bare minimum.* **Naked** can be used to talk about strong feelings that are not hidden: *naked fear.* Note also the idiom: *(visible) to/with* ***the naked eye.***

図 12.　OALD9, s.v. BEGIN, NAKED

最後に、比較的最近刊行されたシノニム辞書2冊にふれておこう。図13に示すのは先ほどもふれたOLTのbeginの項目である。冒頭でシノニムグループを構成するシノニム群を頻度順に挙げ、OALD9と同様のPATTERN AND COLLOCATIONSを提示した後、同系辞書のOALDと同様の形式でシノニムの定義と用例が続く。記述内容はOLTの先行して刊行されたOALD7とまったく同一というわけではなく、他のシノニムとの違いを理解させることを意識したものとなっており、非文情報を含んだNOTE欄などと相まって、コーパスを活用したシノニム辞書として存在価値を高めている。

図14に示すのは、LCDTである。通常の語義記述の他、後に従える不定詞・動名詞といった誤りやすい文法事項を扱ったコラム、書名の一部にもなっているコロケーション情報に続いて、THESAURUS欄が配置されている。keep (on) doingが、同系のLDOCE6では"to continue doing something or to do the same thing many times"という説明が与えられているのに対して、LCDTでは"to continue doing something for a long time–especially so that you feel tired or annoyed"のように発信のための情報が加えられ、工夫が凝らされている。

begin *verb* See also the entries for ESTABLISH, INTRODUCE 1 and START

begin · **start** · **open** · **embark on/upon sth** · **take sth up** · **set about sth** · **go about sth** · **commence**
These words all mean to do the first part of sth, or to do sth or make sth happen or exist for the first time.

PATTERNS AND COLLOCATIONS
- to begin/start/take up/set about/go about/commence **doing** sth
- to begin/start **to do sth**
- to begin/start sth **by doing/with** sth
- to begin/start/open/embark on a/an **campaign/enquiry**
- to begin/start/open a **discussion/conversation**
- to begin/start/embark on a **war/scheme**
- to begin a/start a/commence **battle**
- to begin/start/take up/commence **work**
- to begin/start/open a **story/letter/sentence**
- to begin/start/open a **day/year/meeting**
- to begin/start/embark on/take up/commence a **career/life**
- to begin/start/embark on a **journey/search/relationship**
- to begin/start/take up a/your **employment/duties/hobby**
- to begin/start/commence **production**
- to **immediately** begin/start/embark on/set about/commence/launch into sth
- to have **just** begun/started/opened/embarked on/taken up/launched into sth

begin [I, T] to do the first part of sth; to do sth that you were not doing just before: *She began by thanking us all for coming.* ◇ *We began work on the project in May.* ◇ *I began* (= started reading) *this novel last month and I still haven't finished it.* ◇ *She began to cry.* ◇ *I was beginning to think you'd never come.* ◇ *Everyone began talking at once.* **OPP end** → END, See also **beginning** → START *noun*, **begin** → START *verb*

start [T, I] to begin doing sth; to make sth begin to happen: *I start work at nine.* ◇ *The kids start school next week.* ◇ *We need to start* (= begin using) *a new jar of coffee.* ◇ *It started to rain.* ◇ *Mistakes were starting to creep in.* ◇ *She started laughing.* ◇ *Let's start by reviewing what we did last week.* ◇ *It's time you* **started on** *your homework.* ◇ *Who started the fire?* ◇ *Do you start the day with a good breakfast?* **OPP finish, stop** → END, **finish** → FINISH, **stop** → STOP 3, See also **start** → START *noun*, **start** → START *verb*

> **NOTE BEGIN OR START?** There is not much difference in meaning between these words. **Start** is more frequent in spoken English and in business contexts; **begin** is more frequent in written English. **Start**, but NOT **begin**, can also mean 'to make sth start happening' or 'to make a machine start working': ~~*Who began the fire?*~~ ◇ ~~*I can't begin the car.*~~

open [T] to make an activity or event begin; to make a story, piece of writing or period of time begin in a particular way: *Who is going to open the conference?* ◇ *The police have opened an investigation into the death.* ◇ *They will open the new season with a performance of 'Carmen'.* ◇ *I opened the story with Viola because I wanted the reader to 'meet' everybody through her eyes.* **OPP close** → END, See also **open** → START *verb*, **opening** → LAUNCH *noun*, **opening** → START *noun*, **opening** → FIRST *det. adj.*

em'bark on/upon sth *phrasal verb* (*rather formal*) to begin doing sth new or difficult: *She is about to embark on a diplomatic career.* ◇ *Remember these basic rules before embarking upon major home improvements.*

,take sth 'up *phrasal verb* [no passive] to begin sth such as a job or hobby: *He takes up his duties next week.* ◇ *She has taken up* (= started to learn to play) *the oboe.* **OPP give sth up** → STOP 1

'set about sth *phrasal verb* [no passive] to begin doing sth: *She set about the business of cleaning the house.* ◇ *We need to set about finding a solution.*

'go about sth *phrasal verb* [no passive] (often used in negative statements and questions with *how*) to begin working on sth, especially in a particular way: *You're not going about the job in the right way.* ◇ *How should I go about finding a job?*

commence /kə'mens/ [T] (*formal*) to begin sth: *The company commenced operations in April.* See also **commence** → START *verb*

図 13. OLT, S.V. BEGIN

continue *v*

1 to not stop doing something, or to start doing something again after you have stopped

> **Grammar**
> You usually use an infinitive after **continue**: *Sheila* **continued to** *work after she had her baby.* | *The economy* **continued to** *grow.* You can also use a participle in the same meaning: *Sheila* **continued** *working after she had her baby.* | *The economy* **continued** *growing.* The infinitive use is more common.

continue + NOUNS

continue your work/studies/education *Students may choose to continue their studies at an advanced level.*

continue your efforts/fight/struggle/campaign *We will continue our efforts to find a solution.*

continue your journey *They spent the night in Chicago and continued their journey the following morning.*

PREPOSITIONS

continue with sth *He continued with his work despite his illness.*

> **THESAURUS: continue**
>
> **go on** (*also* **carry on** *especially BrE*)
> to continue to do something. **Go on** and **carry on** are more informal than **continue**:
> *Dan* **went on** *talking, but she was no longer listening.* | *Many people* **carry on** *smoking, even though they know it is bad for their health.* | *Sheehan has* **carried on with** *her campaign.*
>
> **keep (on) doing sth**
> to continue doing something for a long time – especially so that you feel tired or annoyed:
> *We* **kept on** *walking until we got to the top of the hill.* | *The man* **kept** *staring at me.* | *My computer* **keeps** *crashing.*
>
> **persevere**
> to continue trying to do something in a very patient and determined way, in spite of difficulties. **Persevere** sounds rather formal:
> *I'm sure that if you persevere, you will succeed in the end.* | *Despite his early disasters, he decided to* **persevere with** *photography and learn as much about it as he possibly could.*

〔以下、省略〕

図 14. LCDT, S.V. CONTINUE

次に、過去 11 年間に刊行された収録項目数が似通ったいわゆる学習英和辞書について見てゆくことにする。表 2 に挙げるのは、学習英和辞書でシノニム記述がどのような形式で示されているかを示す表である。いずれの辞書でも語法欄でシノニム解説が行われていることがあるが、ここでは省略してある。

表 2. 学習英和辞書におけるシノニム記述〔出版年順〕

辞書	『ルミナス 2』(2005)	『ロングマン』(2006)	『アンカーコズミカ』(2008)	『ウィズダム 3』(2013)	『オーレックス 2』(2013)	『ジーニアス 5』(2014)
シノニム記述	・類義語 ・語義の展開と要約	・類語 ・コロケーショングリッド	・類語 ・…と…の違い	・類義 ・コーパスの窓 ・構文チャート ・語法のポイント	・類語 ・類語パネル	・類語比較

『ルミナス 2』では、重要な語で日本語と英語の対応が誤解を招きやすく注意を必要とする場合は、類義語欄だけでなく日英語義比較の表が示されている。図 15 及び図 16 は choose の項で、それら両者が示された例である。日英語義比較の表はシノニム関係にある語に手早くアクセスして大まかな違いを確認する場を提供し、細かな意味の違いや文体的相違については類義語欄に任せる方法をとっており、利用者のレベルやニーズを配慮した表示法となっている [10]。

choose (2つ以上の中から)	選　ぶ 《☞ 類義語》
select (多数の中から)	
elect (選挙で)	

図 15. 『ルミナス 2』、日英語義比較の表、s.v. CHOOSE

【類義語】**choose** 自分の意思・判断によって選び出し，それを手に入れること：He *chose* a good job. 彼はよい仕事を選んだ．**select** *choose* よりも格式ばった語で，多数の中から慎重に吟味して選び出すこと．特に2つの中から1つを選ぶときには *choose* を用い，*select* は使わない：He *was selected* from among many applicants. 彼は多くの志願者の中から選ばれた．**pick** 《略式》で多数から選ぶが *choose* や *select* ほど厳密な判断を意味しない：I *picked* the book nearest to me. 私はいちばん近くにある本を取った．**elect** 普通は選挙によって役職者を選ぶことをいう：He *was elected* to Congress. 彼は議員に選出された．**opt (for)** 主に利害得失を考慮してある行動を選択すること：She *opted* to go home. 彼女は家に帰ることにした．

図 16. 『ルミナス 2』、類義語欄、s.v. CHOOSE

『ロングマン』では、図 17 に示すように、「類語」というコラムのもと、各シノニムの意味説明とともに用例が添えられている。ただ、ここで添えられている説明は、他の英和辞書であれば訳語や括弧などによる内包的意味説明で示されているような内容で、特に目新しいものではない。『ロングマン』で特徴的なのは、むしろ図 18 に示すような「コロケーショングリッド」であろう。この表は各シノニムのコロケーションの特徴を一覧できるようにしたもので、hard と firm が比較的似た分布を示しているにもかかわらず、「肉」に関しては特別な語を用いることが一目で見て取れる。

類語 **hard** は「硬い」の意で，簡単に切ったり，割ったり，押し込んだりできないものについて用いる．
firm は hard ほど硬くない，弾力性のある硬さをいう：*a bed with a firm mattress* 適度な硬さのマットレスが付いたベッド
stiff は容易に曲げたり動かすことができない状態をいう：*a piece of stiff, brightly colored cardboard* 明るい色の硬いボール紙
tough は食べ物が硬くてかみにくいことをいう：*The meat was tough and dry.* その肉は硬くてパサパサしていた．
solid は中にすき間などがなくて「堅固な」の意：*solid rock* 堅固な岩

図 17. 『ロングマン』、類語、s.v. HARD

HARD 硬い,固い				
	HARD	firm	tough	crispy
ground	硬い地面	しっかりした地面		
bed/chair	硬いベッド[いす]	しっかりしたベッド[いす]		
meat			硬い肉	カリっとした肉
vegetables	硬い野菜			
fruit	硬い果物	実の締まった果物		

図 18. 『ロングマン』、コロケーショングリッド、s.v. HARD

『アンカーコズミカ』では、図 19 に示すような「類語」欄が設定され、主に意味や文体における違いが示されている。また、文法的シノニム記述の際に、図 20 に示すような表形式のコラムが用いられることがある[11]。

【類語】起こる
happen は「(事故などが)起こる」の意の一般語で，ふつうは偶然に起こることをいう．**occur** は happen と入れ替え可能のことが多いが，やや堅い語で，具体的な日時を表す語句とともに用いることが多い．**take place** は通例予定された行事などが「起こる，行われる」の意．

図 19. 『アンカーコズミカ』、類語、s.v. HAPPEN

●have to と must の違い

have to	must
客観的情勢から見て「…しなければならない」	話者が自分の意志・権威で決めた義務を表す
I *have to* be back by ten. (客観的情勢や規則で)10 時までには戻らなければならない	I *must* be back by ten. (話し手の気持ちとして)10 時までには戻らなければならない
今の状況下での必然	論理的推論
Someone *has to* be telling lies. だれかがうそをついていることにならざるをえない	Someone *must* be telling lies. きっとだれかがうそをついているにちがいない

図 20. 『アンカーコズミカ』、…と…の違い、s.v. HAVE TO

『ウィズダム 3』では、「類義」コラム、「構文チャート」コラム、「コーパスの窓」コラム、時に「語法のポイント」コラムでシノニム情報を提供している。図 21 に示すように、「類義」コラムでは、意味・用法や使用域の違いのほか、必要な場合は適宜用例などを用いて非文情報も示され、コーパスを活用した情報には コーパス が表示されている。『ウィズダム 3』の「類義」コラムは基本語や日常生活語彙に重点が置かれている。また、図 22 に示すように、シノニム同士の構文を一覧して比較できるようにした構文チャートが示されていることがある。「コーパスの窓」と「語法のポイント」については、第 3 節での説明に譲る。

類義 (1) コーパス **untilとtill** **untilとtill** は意味・用法においてほぼ同じように用いられるが, till の方がややくだけた語. 文頭ではわずかに until の方が好まれる傾向があるが, いずれも文頭で用いられるのは全体の10%にも満たない. また, 頻度において till は until の10分の1程度で, 《米》より《英》で好まれる(↑発音の注記).
(2) **until [till] と to, up to** **until [till]** が基本的に継続していた期間の終点を表す時間の用法のみなのに対して **to, up to** は時間だけでなく場所・範囲などを表す場合にも用いる. up to の方が to より強意的. 期間の終点を表す to は通例 from A to Bの形で用いる ▶John will stay here *from* Friday *to* [*until, till*] Sunday. ジョンは金曜から日曜までここにいる予定だ (! コーパス until [till] 句は from 句と用いるべきではないとする説があるが実際はよく用いる)/ sizes (*from*) 12 *to* [*up to*, ×until, ×till] 26 12から26までのサイズ (! 範囲を表す場合, until [till] は通例用いない).

図 21. 『ウィズダム 3』、類義、S.V. UNTIL

構文チャート	ashamed	embarrassed	shy
be ～＋前〈事〉	**of**, about, for, at	**about**, at, by	of, about
be ～＋前〈人〉（〈人〉のことを）	of		
be ～＋前〈人〉（〈人〉に対して）	for, with	for	**with**, of, around
be ～＋前doing	**of**, about, for, at	about, at, by	
be ～ to do	○	○	
be ～ that節	(that)節	that節	
名の前で	《非標準》	○	○

図 22. 『ウィズダム 3』、構文チャート、S.V. ASHAMED

『オーレックス 2』では、シノニム記述は「類語」コラムと「類語パネル」という表形式のコラムで提供されている。図 23 に示すように、「類語」コラムでは、簡単な意味説明と句例が挙げられている。『オーレックス 2』は類書でも「類語」コラムはもっとも多く、扱われているシノニムの採用範囲も広い。また、「類語パネル」には、図 24 に示すように、内包的意味の分布を表示する場合と、図 25 に示すように、目的語などの文の要素に関する選択制限の情報を素性分布として示す場合とがある。いずれの場合も、表の下に意味や文体の説明のほか、コロケーションや非文に関する情報がある[12]。be hurt の前に生起する副詞の情報は、コーパスの活用によるものと思われ評価できるが、素性分布表に関しては首をかしげたくなる部分もある。たとえば、damage の目的語として「人・動物」や「身体・手・足」などを従える例は比較的簡単に見つけることができるからである。(5) を見られたい〔用例中のボールドイタリック体は筆者；以下、同様〕。

(5) a. She is inclined to believe that she may be ***damaging*** her child. —Wordbanks *Online*, brbooks, BB-Wf941176

b. I knew the scandal would ***damage*** him. —Wordbanks*Online*, sunnow, NBA–010603

c. But he lasted only five minutes on the pitch before he ***damaged*** his knee. —Wordbanks*Online*, sunnow, NBA–040811

d. It appeared he had ***damaged*** his ankle and a stretcher was called. —Wordbanks*Online*, sunnow, NBA–020903

類語 《他 ❶》 **provide** 前もって必要を見越して準備・供給する.
supply 必要なもの・足りないものを供給・補充する.
furnish ふつう住居・事務室などにあるべきものを備えつける.〈例〉*furnish* a house 家に家具調度を備える
equip 特別の目的に必要なものを装備する.〈例〉*equip* a building with an air-conditioning system 建物に冷暖房装置を設備する

図 23. 『オーレックス 2』、類語、s.v. PROVIDE

<table>
<tr><td rowspan="4">答える</td><td rowspan="3">質問・要請・呼びかけに</td><td>reply to</td><td>言葉で</td><td rowspan="2">回答する</td></tr>
<tr><td>answer</td><td rowspan="3">言葉・行動で</td></tr>
<tr><td>respond to</td><td>応答する</td></tr>
<tr><td>要求・期待に</td><td>meet</td><td>応じる</td></tr>
</table>

♦ **reply to** は **answer** より格式的な語. **respond to** はそれよりさらに格式的な語.
♦ **reply** では「彼女の手紙に返事を出す」という場合 **reply her letter** とはいえず, **reply *to* her letter** とする.

図 24. 『オーレックス 2』、類語パネル、s.v. ANSWER

傷つける・損なう 動詞＼目的語	動物・人	手足・身体	建物・車	感情	健康	名声
injure	○	○		○	○	○
damage			○		○	○
harm	○				○	○
hurt	○	○		○		○
wound	○	○		○		○

♦ **hurt** は **injure** よりも格式ばらない語. ふつう, **hurt** の方が **injure** よりも「けが」の程度は軽い.
♦ **wound** は「銃や刀などの武器により傷つける」こと. 「その事故で彼はけがをした」は **He was *injured*** [OR ***hurt***] **in the accident.** といい, **wound** は基本的に使えない.
♦ **be hurt** は (a)「けがをする」と (b)「感情を害する」で副詞に注意. 〈例〉(a) **He was *slightly* [*badly, seriously*] *hurt* when he fell off the ladder.** 彼ははしごから落ちて軽い［ひどい, 大］けがをした〈例〉(b) **He was *very* [*rather, deeply*] *hurt* by her unkind words.** 彼は彼女のつれない言葉にひどく[いささか, 深く]傷ついた

図 25. 『オーレックス 2』、類語パネル、s.v. INJURE

図 26 は『ジーニアス 5』の例である。『ジーニアス 5』では、文法事項の絡む一部のシノニム記述は語法欄で行われている場合も多々あるが、それ以外のシノニム記述は「類語比較」というコラムで行われている。各シノニムの意味の違いや日英語比較を含めた内容になっている[13]。『ジーニアス英和』の記述全般に言えることであるが、各種論文や月刊『英語教育』(大修館書店) の「クエスチョンボックス」欄で取り上げられた事項を丁寧に取り込んでいる。もっとも、図 26 の (4) の記述はともかく、(1) から (3) の記述が言語学的には興味深い事項であっても、実際にこの辞書の主な利用者である日本語母語話者の高校生や一般の利用者が kill と murder を使い分けようとするときに本当に必要な情報かという疑問は残る。また、(6) に示すように、図 26 の (3) がコーパスで検証されているかどうかは疑わしい。

(6) a. Some of the ***killed*** hostage-takers have been identified. —Wordbanks*Online*, sunnow, NBA–040906

b. In Torrevieja 2, 000 people were at the funeral of the ***killed*** man, Cecilio Gallego, 57. —Wordbanks*Online*, times, NB1–020807

c. Iraqi men cry over the body of a ***killed*** relative at the Yarmouk hospital in Dozens of Iraqi children killed by car bombs aimed at US soldiers—Wordbanks*Online*, nznews, NN1–041001

d. He was certain then that the memory virus had not touched her brain. It was a ***killed*** virus, as harmless as any inoculation; ...—Wordbanks*Online*, br-books, BB-jm93–925

類語比較 [**kill** と **murder**] (1) どちらも似た意味を表すが, murder は「不法に意図的に殺す」の意. したがって, 主語は〈人〉に限られる: ×The pistol murdered him. (cf. The pistol killed him.). また, murder は「不法に」ということから目的語には通例〈人〉しかとらない: ×He murdered the dog. (cf. He killed the dog.)→ **b**) の第1例. (2) kill は行為の結果まで含むのに対し, murder は含まないので, murder は to death と共起できる: He has murdered [×killed] her to death. 彼は彼女を殺した. (3) kill の前位修飾は, the brutally killed man (惨殺された男)のように副詞的修飾語があれば可能だが, 修飾語なしに ×the killed man とはいえない. murder はその語義に unlawfully and intentionally (不法に意図的に)という副詞の意味を含むので, the murdered man は可能となる (→(1)). (4) kill は《略式》でしばしば誇張表現に用いられるが, murder にはこの用法はあまり見られない: She glanced at her watch. “It’s nearly eleven. My father will kill me.” 彼女は時計に目をやった.「もうすぐ11時だわ. パパに大目玉を食らいそう」(→ ㊍ ❸, ❹ **a**), **b**)).

図 26. 『ジーニアス 5』、s.v. KILL

7. コーパス活用による記述の精緻化

ここまで EFL/ESL 辞書のシノニム記述について概観してきた。各種辞書で、さまざまな工夫が凝らされてきたシノニム記述であるが、これには昨今のコーパス言語学の進展が大きく寄与して部分も少なくない。ここでは、筆者の関係した『ウィズダム 3』の編集において、コーパス言語学の知見がどのようにシノニム記述の改善に役立てられたかを具体的に見てゆくことにする。なお、『ウィズダム 3』の記述は三省堂コーパスを活用したものだが、本稿ではその記述を Bank of English 及び Wordbanks *Online* を用いて検証してゆく。

7.1. 異なる表現の記述

異なる表現によるシノニムをコーパスを使って分析し、シノニム記述として反映させてゆく過程を、quiet と silent を例として見てみよう。これらはいずれも一般的な形容詞で、限定用法と叙述用法のいずれでも用いることができる。ここでは、両語が限定用法で用いられる場合、どのような名詞とともによく用いられるかということを、Bank of English を使って検証した結果を示してみる (井上 2010b)。表 3 は quiet と silent の *t*-score picture 表示から、両者の直後にどのような名詞が生起するかを抜き出して、意味分野別に分類したものである。

quiet の方は、人に関する分野やその他に分類した文法的代用形である ones を除いて、場所、時、事、感情・態度などの分野に比較的バランスよく分布している。一方、silent の方は、行為を表す名詞が最も多い。ここに分類されている名詞の多くは、silent prayer (黙祷)、silent auction（書面で入札をする競売）、silent reading（黙読）、silent protest（無言の抗議）、silent treatment（（喧嘩の後などで）口をきかないこと）、silent tribute（無言の賛辞、黙祷）、silent tears（（声を上げず泣いて）涙を流すこと）、silent revolution（無言の革命）、silent vigil（無言の抗議行動）など、通例は言語や音声を伴う行為が何らかの理由で無言あるいは無音で行われているものである。なお、silent contemplation（黙考）のように、本来無言あるいは無音で行われるものにあえて強意的に付け加えられることもある。これらを踏まえて記述したのが図 27 に示す類義欄である。

表 3. quiet 及び silent の直前に現れる名詞の分類

	quiet		silent
場所	place, corner, room, street (s)、spot, country, cul-de-sac, residential (area [street])、town	行為	prayer, auction, reading, protest, treatment, tribute, tears, scream, contemplation, revolution, vigil
時	night (s)、day, time (s)、moment (s)、period, evening	映画	film (s)、movie (s)、era, screen, cinema
事	life, revolution, trading, drink, game, contemplation, determination	人など	son (s)、majority, witness, partner, type, killer, man
感情・態度	satisfaction, confidence, dignity, way, desperation	時	night, spring
人	man, person	場所	room
その他	ones		

類義 quiet と silent
quiet は「静かな」状態を表す最も一般的な語. **silent** は, 通常であれば騒がしかったり何らかの音声を伴うのに予想外に静かであったり, もともと無音という前提があってもそれを強調する場合に好んで用いられる ▷*silent* reading 黙読/*silent* tears （声を上げず泣いて）涙を流すこと/*silent* movies [《主に英》 films] （音声付きの映画に対して）無声映画/a *silent* man 無口な人 (**!** a quiet man より頻度は低いが強意的).

図 27. 『ウィズダム 3』、s.v. QUIET

コーパスが使われるようになる以前、英米の辞書・参考書・文献にのみ依拠しながら辞書編集を行っていた際には、なかなか日本語母語話者の立場からのシノニム記述は困難であったが、コーパスを活用できるようになった今では、非母語話者の視点で改めて英語を分析できるようになった。英語母語話者にとっては当たり前で何でもないことは、英米の辞書・参考書・文献で問題にされることも少なく、たとえ多くの日本語母語話者が迷う事項であっても取り上げられることは少なかった。特に、変異形の使用による微妙な使い分けは、非母語話者にとっては常に悩みの種となる可能性がある。

特定の状態への移行を表す come to [into] NP もそのひとつであろう。NP は通例抽象名詞であるが、to と into との使い分けは非母語話者にとってはなかなか難しい。図 28 は、『ウィズダム 3』の当該項目であるが、どのような過程を経てこのような記述となったのかを、Bank of English を使って検証した結果を紹介する (井上 2010a: 18–20)。表 4 は come to 及び come into に続く名詞について、*t*-score の高い順に当該名詞をリストにしたものである[14]。この表を見ると、to と into で若干の重複は見られるものの (網掛け部分)、come to は、come to terms (合意に達する)、come to an end (終わる)、come to power (政権につく)、come to conclusion (結論に達する)、come to a halt (止まる) など、最終到達状態を意識する場合に、come into は、come into force [effect] (〈法律などが〉発効する)、come into contact (《物に》触れる、《人に》会う《*with*》)、come into play (機能し始める)、come into existence (生まれる) など、開始状態を意識する場合に好まれる傾向があることがわかる。また、(7) と (8) が示すように、同じ power という名詞を従える場合でも、最終到達状態を意識する場合は come to が、開始状態を意識する場合は come into が選択されていることがわかる。

(7) She said that since Labour ***came to power*** in 1997 the number of hospital specialty nursing and midwifery staff had fallen by 740 and since the Executive took over the NHS in Scotland in 1999 it had fallen by 300. —

Bank of English, times/UK, Text: NB1–020129

(8) Davis: When the government first ***came into power*** last April, they initiated strict free-market policies. —Bank of English, usspok/US, Text: SU1–910302

表 4. come to 及び come into に続く名詞の頻度順及び *t*-score 順リスト

	come to NP	freq.	*t*-score		come into NP	freq.	*t*-score
4	terms	1001	30.756428	2	force	1730	40.894526
5	end	1007	29.079442	3	effect	1451	37.549975
6	power	664	24.011302	4	contact	1086	32.519007
7	conclusion	408	19.982900	5	play[15]	965	29.231024
13	halt	213	14.399348	9	existence	484	21.759742
16	life	362	13.501833	12	view	491	20.959264
19	grips	145	11.975013	16	consideration	286	16.710425
21	fore	140	11.769960	25	focus	230	14.341708
22	fruition	134	11.551553	30	conflict	189	13.045620
26	attention	145	10.597313	31	sight	167	12.328053
28	light	164	10.473572	35	life	323	12.123718
30	head	200	10.347079	38	operation	173	11.985373
33	agreement	118	9.236523	39	mind	196	11.686754
34	mind	140	9.095091	46	head	217	11.087549
36	senses	78	8.656905	50	possession	117	10.472421
41	prominence	72	8.394354				
44	standstill	69	8.252298				
45	conclusions	71	8.202595				
48	blows	66	7.961558				
50	grief	64	7.664692				

【ある状態・位置に達する】 **9** [**come to** [**into**] **A**] 〈人・物・事が〉A〈ある状態〉になる[達する] (! Aを主語にして受け身にしない) ▶We're ***coming to the point where*** we're going to need financial support. 我々は経済援助を必要とする段階まで達しようとしている/*come into* bloom 花開く.

コーパスの窓 come to [into] Aの主な表現

to は最終到達状態を, into は開始状態を意識する場合に用いられる傾向がある.

(1) come to A ▶～ *to* an (abrupt) end (不意に)終わる/～ *to* terms 折り合う; «人と» 合意に達する; «困難を» (あきらめて)受け入れ始める «*with*»/～ *to* the conclusion that ... …という結論に達する/～ *to* mind 〈事・人が〉頭に浮かぶ (! ～ to A's mind は《比較的まれ》)/～ *to* life (活気を帯びて)おもしろくなる; (生きているかのように)動き始める; 〈つぼみが〉再び芽吹く.

(2) come into A ▶～ *into* contact «物に» 触れる; «人に» 会う «*with*»/～ *into* view [sight] 見えてくる, 視界に入る/～ *into* being [existence] 生まれる, 出現する, 創設される/～ *into* play 機能し始める/～ *into* force [effect] 〈法律などが〉発効する.

図 28. 『ウィズダム 3』、s.v. COME

8. おわりに

EFL/ESL 辞書におけるシノニム記述について概観した後、実際にどのような改善が行われてきたのかということを具体例を交えながら紹介してきた。最後に、辞書編集におけるシノニム記述の際に、効率的なシノニム選択を行うツールの可能性についてふれておく。

コーパス検索用のインターフェイスとして Kilgarriff らによって開発された Sketch Engine では、ターゲットとなる単語と類似した文脈に現れる傾向のある単語を見つけて自動的に「シソーラス」を作り出す仕組みである Thesaurus と Word sketch differences と呼ばれるツールが用意されている。これは通常のシソーラスとは違って「分布シソーラス(distributional thesaurus)」(Rychlý and Kilgarriff 2007) と呼ばれるもので、たとえば、<object, drink, beer> や <object, drink, wine> といった 3 項目からなる文法関係の情報を集めたデータベースに基づけば、beer や wine は <obj, drink,?> といった文法関係を共有していることになり、こういった情報を利用して顕著な類似性を示す語のリストを作成するものである (Kilgarriff et al. 2004: 8–9)。表 5 は名詞 breakfast の thesaurus リストの 10 位までを表示したものである。リストの内容は breakfast と類似しているという日常的で経験的な直観にも近く、このような結果であれば、シノニム選択を効率的なものにすることに大いに役立つであろう。

表 5. breakfast の thesaurus

	Lemma	Score	Freq.		Lemma	Score	Freq.
1	lunch	0.305	5,481	6	drink	0.171	6,655
2	dinner	0.281	6,276	7	coffee	0.159	6,372
3	meal	0.260	6,532	8	snack	0.153	713
4	supper	0.254	1,469	9	buffet	0.150	587
5	tea	0.196	8,256	10	sandwich	0.136	1,769

ただ、この thesaurus は統計値に基づいてリスト作成が行われるため、多義語の内の頻度の低い用法では適切な結果を得られにくくなることがあるようである[16]。動詞 die の thesaurus を 60 位まで概観してみると、lose, leave, end, kill, fall, disappear, stop, go, close, pass など、die と関連がありそうな動詞も見られるが、通常のシソーラスとは違うため、live や begin を始めとする die とは対極にあると思われるような動詞も多く並んでいる。意味的に対極関係にある語も同じ文法関係にある環境で生起することは少なくないであろうから、これらのツールを使う際にはこういった性質を良く理解した上で利用する必要がある。

最後に、紙媒体による一般ユーザー向けの辞書ではないが、1985 年にプリンストン大学の認知科学研究室の George A. Miller (1920–2012) のもとで始まった WordNet (http://wordnetweb.princeton.edu/) に簡単にふれておく。このシステムは、英語の単語をシノニムセット (synsets: synonym sets) と呼ばれるグループに分け、簡潔な定義とさまざまな意味関係を提示する語彙データベースで、直観的に利用できる辞書とシソーラスの提供と、また自動テクスト分析や人工知能応用ソフトなどへの活用が見込まれている (Russell and Cohn 2012: 5)。現段階での最新版は Ver. 3.1 で、117,659 シノニムセットに分類された 155,287 語を含んでおり、オンラインで利用可能。なお、Linux/Unix バージョンの最新版は Ver. 3.1 が利用可能だが、Windows バージョンの最新版は 2005 年に発表された Ver. 2.1 である。図 29 は "Overview"、図 30 は "Synonyms, grouped by similarity" である。

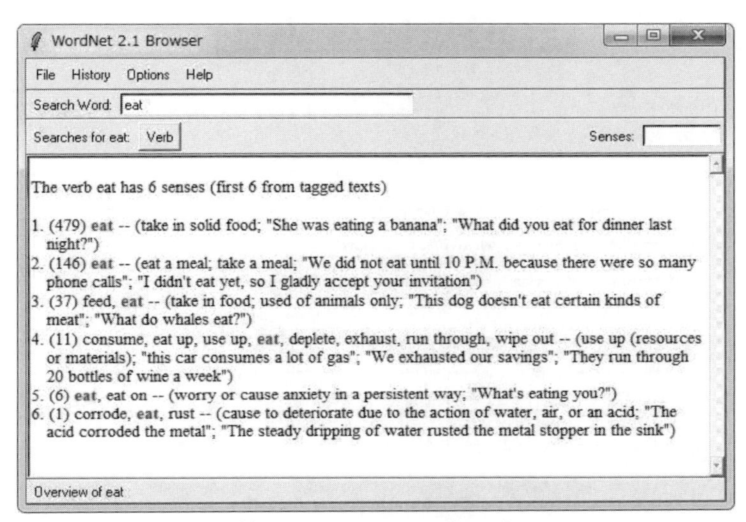
WordNet 2.1 Browser

File History Options Help

Search Word: eat

Searches for eat: Verb Senses:

The verb eat has 6 senses (first 6 from tagged texts)

1. (479) **eat** -- (take in solid food; "She was eating a banana"; "What did you eat for dinner last night?")
2. (146) **eat** -- (eat a meal; take a meal; "We did not eat until 10 P.M. because there were so many phone calls"; "I didn't eat yet, so I gladly accept your invitation")
3. (37) feed, **eat** -- (take in food; used of animals only; "This dog doesn't eat certain kinds of meat"; "What do whales eat?")
4. (11) consume, eat up, use up, **eat**, deplete, exhaust, run through, wipe out -- (use up (resources or materials); "this car consumes a lot of gas"; "We exhausted our savings"; "They run through 20 bottles of wine a week")
5. (6) **eat**, eat on -- (worry or cause anxiety in a persistent way; "What's eating you?")
6. (1) corrode, **eat**, rust -- (cause to deteriorate due to the action of water, air, or an acid; "The acid corroded the metal"; "The steady dripping of water rusted the metal stopper in the sink")

Overview of eat

図 29. WordNet: Overview (s.v. EAT)

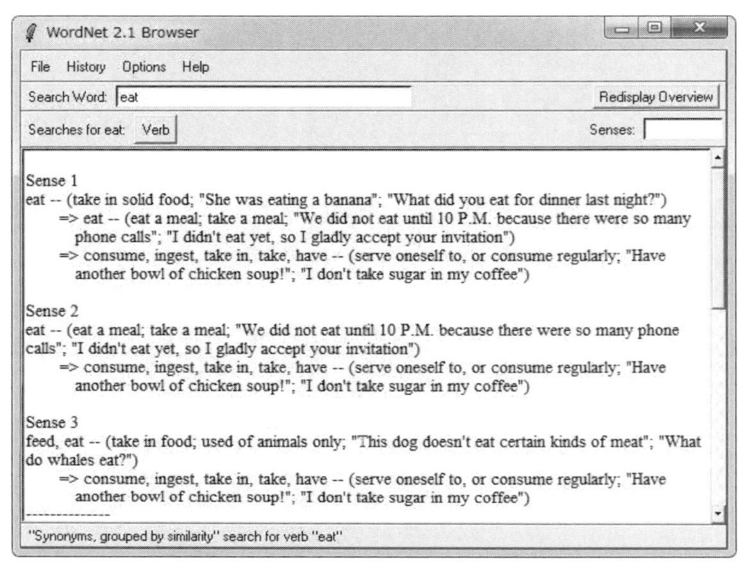
WordNet 2.1 Browser
File History Options Help
Search Word: eat
Redisplay Overview
Searches for eat: Verb
Senses:
Sense 1
eat -- (take in solid food; "She was eating a banana"; "What did you eat for dinner last night?")
=> eat -- (eat a meal; take a meal; "We did not eat until 10 P.M. because there were so many phone calls"; "I didn't eat yet, so I gladly accept your invitation")
=> consume, ingest, take in, take, have -- (serve oneself to, or consume regularly; "Have another bowl of chicken soup!"; "I don't take sugar in my coffee")
Sense 2
eat -- (eat a meal; take a meal; "We did not eat until 10 P.M. because there were so many phone calls"; "I didn't eat yet, so I gladly accept your invitation")
=> consume, ingest, take in, take, have -- (serve oneself to, or consume regularly; "Have another bowl of chicken soup!"; "I don't take sugar in my coffee")
Sense 3
feed, eat -- (take in food; used of animals only; "This dog doesn't eat certain kinds of meat"; "What do whales eat?")
=> consume, ingest, take in, take, have -- (serve oneself to, or consume regularly; "Have another bowl of chicken soup!"; "I don't take sugar in my coffee")
"Synonyms, grouped by similarity" search for verb "eat"

図 30.　WordNet: Synonyms, grouped by similarity (s.v. EAT)

意味の類似性はWordNetモデルでも「最も重要な語彙的関係」と位置づけられ (Miller and Fellbaum 1991: 202)、ヨーロッパの言語を始め、独立行政法人情報通信研究機構 (NICT) による日本語版も存在する。意味関係を考慮した検索や自動翻訳等への応用による技術向上が期待されるところである。また、Murphy (2013) でも取り上げられているように、ウェブだけでなくワープロソフトのWordなどのアプリケーション上でシノニムを調べられる状況も整ってきており、今後の展開が注目される。

辞書編集環境は日進月歩で改善されつつあり、各種ツールが開発されているが、コーパスを分析し、それを辞書記述に取り込んでゆくのはあくまで人間であり、これまでどおり執筆者の経験や勘が大きな役割を果たすことは変わっていないことを指摘して筆を置くことにする。

注

*　本稿の一部は、2008–2012年度科学研究費補助金 (基盤研究 (C)、「コーパスを活用し

た英語シノニム・語法研究」)及び2013–2015年度科学研究費補助金(基盤研究(C)、「コーパスを活用した英語シノニム・語法研究」)によるものである。

1. Johnson (1755: v), Atkins and Rundell (2008: 134–135), Cruse (2011: 142), Russell and Cohn (2012: 66–67) などでも、同様の指摘が見られる。また、Murphy (2003: 147) や Goddard (2011: 18) も指摘するように、辞書学や日常的な場面で「シノニム」という場合は、シノニムの分類はそれほど厳密には行われていない。
2. Moon (2013) はシノニムが使われる際の状況について、多様性や方言、使用域・分野・文体、感情的内容・評価的内容、特殊性の視点や程度、コロケーションや選択制限などの要素を挙げている。
3. モセ (1963: 195) は、有力な西欧の言語の語彙数について、R. L. Ramsay の次のような調査結果を示している:英語、約190,000 (複合語を含めると約240,000);ドイツ語、71,750 (複合語を含めると180,704);スペイン語、70,683;フランス語、93,032;イタリア語、69,642。ちなみに、OED2の見出し語数は290,500、異形・廃語・複合語・派生語などを含めると616,500の形を収録しており (Berg 1993: 4)、*Webster's Third* の見出し語数は450,000で、そのうち100,000が新語であるとされる (Morton 1994: 153)。
4. Gabriel Girard (1677–1748) がフランスで出版した *La Justesse de la langue françoise ou les Différentes significations des mots qui passent pour être synonymes* (1718) をもとにしたもので、フランス語のシノニムを無理矢理英語に当てはめるなど、模倣的なものであったという (Gove 1984: 5a)。
5. 母語話者向けのシノニム辞書としてもっとも大規模な Gove によるシノニム辞書では、1942年刊の初版から AT/in/on, BETWEEN/among など一部の前置詞、BECAUSE/for/since/as/inasmuch as など一部の接続詞は見られる。一方、MODERN/recent/late という形容詞の項目は1984年刊の版から登場するが、副詞類の recently/lately/nowadays/these days などは見当たらない。EFL/ESL 向けの OLT や LCDT では、前置詞・接続詞などの機能語はもちろん、上に挙げるような時を表す副詞類も採録されていない。これらは文法書・語法書の類が扱う事項としてとらえられているからであろう。
6. 第8節で紹介する WordNet Ver. 3.1 では、think を検索すると、Sense 1 として "think, believe, consider, conceive (judge or regard; look upon; judge)", Sense 2 として "think, opine, suppose, imagine, reckon, guess (expect, believe, or suppose)" などが示される。
7. 説明型とリスト型に加えて、英英辞書などの一言語辞書では定義の後に小型英大文字書体で、英和辞書などの二言語辞書では目的言語である訳語の後に括弧を使って双解的にシノニムが与えられることがある (cf. Perrault 2008, s.v. HAPPEN)。また、一言語辞書では、母語話者向けはもちろん EFL/ESL 向けにおいてさえ、定義の代わりにシノニムが与えられることがある (cf. Rideout 1999, s.v. HAPPEN, OCCUR, take PLACE)。いずれも、限られたスペースの中で、最大限の情報を提示してゆこうという工夫のひとつである(Landau 2001: 398)。

8. 辞書編集における統計値の活用については井上(2005)を参照。
9. MED2は第8節でふれるWordNetを利用した辞書であるが(Kilgarriff and Kosem 2012: 44)、その効果がどのように紙面に反映されているかはわかりにくい。
10. 引用した記述に関しては、コーパス活用を謳っていない旧版の『カレッジライトハウス』と記述は変わっていない。
11. 引用した記述に関しては、コーパス活用を謳っていない旧版の『スーパー・アンカー』と記述は変わっていない。
12. 図23に示すprovideの類義コラムは、事実上の前々版に相当する『レクシス』と同一の記述であるが、それはさらに先代に相当する『旺文社英和中』の類義欄の説明が短縮され用例が省略されたものである。図24及び図25の記述は、同様に『レクシス』から受け継がれたもの。
13. killの類語比較欄は第3版で設けられた。第4版で同コラムの(4)の記述が加えられ、第5版になって文言が多少変更されたものの、大きな変更はない。(4)の記述内容が、コーパス分析によるものかどうかは不明。
14. ここでは、come toまたはcome intoの後3語までの範囲内に生起する名詞について検索を行った〔come @＋ to ＋ 0, 2NOUN及びcome @＋ into ＋ 0, 2NOUN〕。その際、頻度数はそれぞれ95,764と19,605であるが、スコア等の比較を考慮して、come toの方も、より抽出数の少ないcome intoの数19,605と同じ数の用例を無作為抽出したデータをもとにリスト化してある。また、紙幅の関係でリストの上位50位までの中から、関係する名詞のみを抜き出してある。順位を表す数字が1ずつ増えていないのは、印刷スペースの都合上、ここの議論に無関係な語を削除しているからである。
15. 重複例が297あり、実際には668。
16. Rychlý and Kilgarriff(2007: 41)はコーパスサイズと「シソーラス」の信頼性について次のように述べている："Thesauruses generally improve in accuracy with corpus size. The larger the corpus, the more clearly the signal (of similar words) will be distinguished from the noise (of words that just happen to share a few contexts)."

参考文献

Atkins, B. T. Sue and Michael Rundell. (2008) *The Oxford Guide to Practical Lexicography*. Oxford: Oxford University Press.

Berg, Donna L. (1993) *A Guide to the Oxford English Dictionary*. Oxford: Oxford University Press.

Bertram, Anne. (1997) *In Other Words: Making Better Word Choices in American English*. Lincolnwood, Illinois: NTC Publishing Group.

Church, Kenneth, William Gale, Patrick Hanks and Donald Hindle. (1991) Using Statistics in Lexical Analysis. In Uri Zernik (ed.) *Lexical Acquisition: Exploiting On-Line Resources to Build a Lexicon*, pp.115–164. Hillsdale, New Jersey: Lawrence Erlbaum Associates, Publishers.

Church, Kenneth W., William Gale, Patrick Hanks, Donald Hindle and Rosamund Moon. (1994) Lexical Substitutability. In B. T. Sue Atkins and Antonio Zampolli (eds.) *Computational Approach to the Lexicon*, pp.153–157. Oxford: Oxford University Press.

Clear, Jeremy. (1993) From Firth Principles: Computational Tools for the Study of Collocation. In Mona Baker, Gill Francis and Elena Tognini-Bonelli (eds.) *Text and Technology: In Honour of John Sinclair*, pp. 271–292. Philadelphia/Amsterdam: John Benjamins.

Crabb, George. (ed.) (1816) *Crabb's English Synonyms*. London: Routledge & Kegan Paul Ltd.

Cruse, Alan. (2011) *Meaning in Language: An Introduction to Semantic and Pragmatics*. Third Edition. Oxford: Oxford University Press.

Fellbaum, Christiane. (1998) *WordNet: An Electronic Lexical Database*. Cambridge, Massachusetts: The MIT Press.

Fontenelle, Thierry. (2012) WordNet, FrameNet and other Semantic Networks in the International Journal of Lexicography—The Net Result？ *International Journal of Lexicography* 25 (4) : 437–449. Oxford: Oxford University Press.

Goddard, Cliff. (2011) *Semantic Analysis: A Practical Introduction*. Second Edition. Oxford: Oxford University Press.

Gove, Philip B. (ed.) (1942) *Webster' s Dictionary of Synonyms*. Springfield, Massachusetts: G. & C. Merriam Co., Publishers.

Gove, Philip B. (ed.) (1984) *Merriam Webster's Dictionary of Synonyms*. Springfield, Massachusetts: Merriam-Webster, Incorporated.

Günther, J. H. A. (1922) *English Synonyms: Explained and Illustrated*. Groningen, Den Haag.: J. B. Wolters' U. M.

Hayakawa, Samuel I. (1968) *Funk & Wagnalls Modern Guide to Synonyms and Related Words*. New York: Funk & Wagnalls.

Hayakawa, Samuel I. (1994) *Choose the Right Word: A Contemporary Guide to Selecting the Precise Word for Every Situation*. Second Edition. Revised by E. Ehrlich. New York: HarperCollins Publishers.

井上義昌編(1956)『英語類語辞典』増訂新版. 開拓社.

井上永幸(2005)「コーパスに基づく辞書編集」齊藤俊雄・中村純作・赤野一郎編『英語コーパス言語学—基礎と実践—』(改訂新版) pp. 207–228. 研究社.

井上永幸(2010a)「辞書編集におけるコーパス活用」英語語法文法学会編『英語語法文法研

究』17: 5–22. 開拓社.

井上永幸 (2010b)「コーパスを活用した英語シノニム・語法研究—*quiet* と *silent*—」『人間科学研究』第 5 巻, 広島大学大学院総合科学研究科紀要 I , pp. 1–23.

Johnson, Samuel. (1755) *A Dictionary of the English Language*. 2 vols. Facsimile Edition (Harlow: Longman Group UK Limited).

Kay, Christian, Jane Roberts, Michael Samuels and Irene Wotherspoon. (eds.) (2009) *Historical Thesaurus of the Oxford English Dictionary: With Additional Material from a Thesaurus of Old English*. 2 Vols. Oxford University Press.

Kilgarriff, Adam, Pavel Rychlý, Pavel Smrz and David Tugwell. (2004) The Sketch Engine. In Williams, Geoffrey and Sandra Vessier (eds.) *Proceedings of Euralex 2004*, pp. 105–116. Lorient, France: Université de Bretghne Sud.

Kilgarriff, Adam and Iztok Kosem. (2012) Corpus Tools for Lexicographers. In Sylviane Granger and Magali Paquot (eds.) *Electronic Lexicography*, pp. 31–55. Oxford: Oxford University Press.

Knight, L. (ed.) (1987) *The Collins School Thesaurus*. London and Glasgow: Collins Educational.

小西友七 (1976)『英語シノニムの語法』研究社.

Landau, Sidney I. (2001) *Dictionaries: The Art and Craft of Lexicography*. Second Edition. Cambridge: Cambridge University Press.

Lea, Diana. (ed.) (2008) *Oxford Learner's Thesaurus: A Dictionary of Synonyms*. Oxford: Oxford University Press.

Mayor, Michael. (ed.) (2013) *Longman Collocations Dictionary and Thesaurus*. Harlow: Pearson Education.

Miller, George A. and Christiane Fellbaum. (1991) Semantic Networks of English. In Beth Levin and Steven Pinker (eds.) *Lexical and Conceptual Semantics*, pp. 197–229 Oxford: Blackwell.

Miller, George A., Richard Beckwith, Christiane Fellbaum, Derek Gross and Katherine J. Miller. (2008) Introduction to WordNet: An On-line Lexical Database. In Thierry Fontenelle (ed.) *Practical Lexicography: A Reader*, pp. 327–334. Oxford: Oxford University Press.

モセ・フェルナン　郡司利男・岡田尚訳 (1963)『英語史概説』開文社出版 (Mossé, Fernand. (1958) *Esquisse d'une Historie de la Langue Anglaise*. 2e édition. Lyon: I. A. C.).

Moon, Rosamund. (2013) Braving Synonymy: From Data to Dictionary. *International Journal of Lexicography* 26 (3) : 260–278. Oxford: Oxford University Press.

Morton, Herbert C. (1994) *The Story of* Webster's Third: *Philip Gove's Controversial Dictionary and Its Critics*. New York: Cambridge University Press.

Mugglestone, Lynda. (ed.) (2006) *The Oxford History of English*. Oxford: Oxford University Press.

Murphy, M. Lynne. (2003) *Semantic Relations and the Lexicon: Antonymy, Synonymy, and Other Paradigms*. Cambridge: Cambridge University Press.

Murphy, M. Lynne. (2013) What We Talk about When We Talk about Synonyms (And What it Can Tell

Us about Thesauruses). *International Journal of Lexicography* 26 (3) : 279–304. Oxford: Oxford University Press.

永嶋大典(1974)『英米の辞書—歴史と現状—』研究社.

Perrault, Stephen J. (ed.) (2008) *Merriam-Webster's Advanced Leaner's English Dictionary.* Springfield, Massachusetts: Merriam-Webster's, Incorporated.

Perry, William. (1805) *The Synonymous, Etymological, and Pronouncing English Dictionary.* London: John Walker, Cuthell and Martin, Longman, Hurst, Rees, and Orme, Ogilvy and Son, Vernor and Hood, Scatcherd and Letterman, W.J. and J. Richardson, and Lackington, Allen and Co.

Piozzi, Hester Lynch. (1794) *British Synonymy: Or, an Attempt at Regulating the Choice of Words in Familiar Conversation.* 2 Vols. London: G.G. and J. Robinson, Paternoster Row.

Rideout, Philip M. (ed.) (1999) *The Newbury House Dictionary of American English.* Boston: Heinle & Heinle Publishers.

Roget, Peter M. (1856) *Thesaurus of English Words and Phrases.* Revised and Edited by Barnas Sears, D. D. Boston: Gould and Lincoln.

Russell, Jesse and Ronald Cohn. (2012) *WordNet.* Edinburgh: LENNEX Corp.

Rychlý, Pavel and Adam Kilgarriff (2007) An efficient algorithm for building a distributional thesaurus (and other Sketch Engine developments) . In *Proceedings of the ACL 2007 Demo and Poster Sessions,* pp. 41–44. Association for Computational Linguistics.

斎藤祐蔵(1980)『英語類義語辞典』大修館書店.

辞書類

*分析対象としてのもの。参考文献としての辞書は「参考文献」に記した。

『アンカーコズミカ英和辞典』2008. 学習研究社.[『アンカーコズミカ』]

『ウィズダム英和辞典』第 3 版. 2013. 三省堂.[『ウィズダム 3』]

『旺文社英和中辞典』1975. 旺文社.[『旺文社英和中』]

『オーレックス英和辞典』第 2 版. 2013. 旺文社.[『オーレックス 2』]

『カレッジライトハウス英和辞典』1995. 研究社.[『カレッジライトハウス』]

『ジーニアス英和辞典』第 3 版版. 2001. 大修館書店.[『ジーニアス 3』]

『ジーニアス英和辞典』第 4 版. 2006. 大修館書店.[『ジーニアス 4』]

『ジーニアス英和辞典』第 5 版. 2014. 大修館書店.[『ジーニアス 5』]

『スーパー・アンカー英和辞典』1996. 学習研究社.[『スーパー・アンカー』]

『ルミナス英和辞典』第 2 版. 2005. 研究社.[『ルミナス 2』]

『レクシス英和辞典』2003. 旺文社.[『レクシス』]

『ロングマン英和辞典』2006. 桐原書店.[『ロングマン』]

Cambridge Advanced Learner's Dictionary. 4th Edition. 2013. Cambridge: Cambridge University Press. [CALD4]

Collins Cobuild Advanced Learner's Dictionary. 8th Edition. 2014. Glasgow: HarperCollins Publishers. [CCALD8]

Longman Collocations Dictionary and Thesaurus. 2013. Harlow: Pearson Education Limited. [LCDT]

Longman Dictionary of Contemporary English. 6th Edition. 2014. Harlow: Pearson Education. [LDOCE6]

Macmillan English Dictionary for Advanced Learners. 2nd Edition. 2007. Oxford: Macmillan Education. [MED2]

Oxford Advanced Leaner's Dictionary of Current English. 7th Edition. 2005. Oxford: Oxford University Press. [OALD7]

Oxford Advanced Learner's Dictionary of Current English. 9th Edition. 2015. Oxford: Oxford University Press. [OALD9]

The Oxford English Dictionary Second Edition on CD-ROM (v. 4.0) . 2009. Oxford: Oxford University Press. [OED2]

Oxford Learner's Thesaurus: A Dictionary of Synonyms. 2008. Oxford: Oxford University Press. [OLT]

Webster's Third New International Dictionary of the English Language. 1961. Springfield, Massachusetts: G. & C. Merriam. [*Webster's Third*]

コーパス

Bank of English. 1990–2009. (520 million words) . Glasgow: HarperCollins Publishers.

Wordbanks*Online*. 2010. (553,171,489 tokens) . Glasgow: HarperCollins Publishers.

VIII

辞書編集と出版

山本康一

本稿では、出版社の立場から、辞書編集とその周辺についての論考を試みたい。コーパスによる辞書出版、辞書制作のプロセス、および電子化の課題について出版社の視点から見た辞書編集の周辺事項について概観し、また近年の新たな編集方式と辞書媒体によって見通される未来の辞書の可能性についても検討する。

1. 辞書出版の現状

1.1. 出版社の機能と役割

まず、辞書の出版に至るまでの過程における出版社の役割と辞書編集の関係はどうか。Landau (2001: 153) によれば、辞書編集とは何よりもまず読者のニーズへの注力であり、読者の理解に供しうる編集を行う実践的な作業である。言い換えれば、その出発点においては、「どういうユーザーが、何のために辞書を使うのか、を中心的に考えなければならない」(Atkins and Rundell 2008: 5)。出版社はこの出発点にはじまり、辞書編集の全行程、および刊行後のアフターケアも含めて、時には主体にもなりつつ、実作業では編集委員会の支援を行ってゆく。Atkins and Rundell (2008: 6) では、辞書を作り上げる行程のうち、辞書のタイプとユーザーの設定にはじまり、辞書のプランニングおよび項目のプランニングに至るまでを、pre-lexicography と位置づけている。このユーザーとタイプの設定の前提となる「市場の分析と設定」という行程に加えて、もう 1 つの行程、すなわち編集作業に際しての「組版や資材・印刷等製作面でのサポート」、および刊行に際しての「宣伝広報や供給・配布等販売会社や書店への対策」等々の、いわば post-lexicography というべき行程が出版社の担う主な役割と機能としてある。

1.2. 辞書市場の現況

pre-lexicography の前提となる、辞書市場の現況について、伝統的な紙の冊子体辞書（以降「印刷版辞書」）と、新興の電子媒体辞書（以降「電子版辞書」）の市場動向を見、それぞれを合わせた辞書市場全体の状況を考察する。

1.2.1. 印刷版辞書の市場

日本出版学会 (2010) によれば、日本における出版物の総市場は 2008 年時点で年間 2 兆 177 億円で、このうち雑誌を除く書籍の総市場は 8,878 億円である。いずれも 1996 年の 2 兆 6,563 億円 (出版物総額)、1 兆 931 億円 (書籍) をピークとして下降しており、それぞれ約 76%、約 81% に縮減していることが分かる。総市場の縮減に対して書籍の縮減率の方が緩やかであるのは、雑誌の落ち込みが書籍のそれよりも急激であることを示している。

このうちに占める辞書・事典の市場規模であるが、新刊については 349 点、発行部数は 148 万部で、書籍全体に占める割合は点数で 0.5%、部数で 0.4% である。問題は辞書・事典の売上高と部数であるが、上記のように新刊については統計の数字があるが、重版については統計が存在しない。日本出版販売『2012 年出版物販売額の実態』によると辞典の売上高構成比が 2008 年において 0.7% であることから、この年の辞書の売上は141億円であることが推計される[1]。また、この数字から、辞書の平均単価を2,500円と仮定した場合に販売部数が565万部と推計される。同様の調査において、1996年当時は年間300億円、1,200万部、という推計数字があり、これからするとおおよそ出版物の売上ピーク時である1996年から半減していることになり、これは書籍全体の縮減率を大きく上回る落ち率であることがわかる。

1.2.2. 電子版辞書の市場

一方、近年伸張著しい電子版辞書の市場はどうか。電子版辞書の特徴の1つとして、多くの媒体の上で、多様な形態をとっているということが挙げられる。なかでも、2000年前後から急速に市場を拡大したIC内蔵型電子辞書専用端末機が商品名称としても「電子辞書」を冠したところから、電子版辞書の代名詞ともなっており、それゆえに他の多様な電子媒体の辞書をまとめて呼ぶ名称を選びにくいが、先に述べたように本稿では紙の冊子体辞書を印刷版辞書とし、それとの対比から、電子的な媒体で利用される辞書を電子版辞書と呼称する。

OSやプラットフォーム、機器・技術やインターネット環境などの目まぐるしい進化と変化に直接影響を受けることから、電子版辞書は通時的にも共時的にも分化を見せる(表1)。

表1. 電子版辞書の種類と特徴・現状

媒体		特徴	現状
CD-ROM/DVD-ROM	ディスクのみで使うタイプ	・PCの普及期に登場 ・動画や音声などのマルチメディアコンテンツを収めやすい ・3.5インチ専用ディスクを専用筐体で扱う「電子ブック」もあったが、今はない ・共通企画で、複数の辞書をまとめて検索できるものがある ・製作・発売主体:ソフトウェア会社、出版社	インターネットの普及とともに衰退。 PC用辞書アプリケーションとしてはダウンロードものが主体に。
	ハードディスクにインストールするタイプ		

IC 内蔵型電子辞書専用端末機		・広汎に普及 ・特に、大学・高校など教育市場での普及度が高い ・工夫された使い勝手の良さとポータブルで持ち運びしやすいなど多くの利便性 ・製作・発売主体：電機メーカー	語学専用タイプや小中学校に特化したものに製品の幅を広げつつある。
ウェブ辞書	PC サイトでのサービス	・一般ポータルサイト、辞書ポータルサイト、出版社によるウェブ辞書サービスなど、無料のものから有料のものまで、多様なサービス ・「英辞郎」や「Wiktionary」など、もとになる印刷版辞書がなくウェブ上で内容増補していくものがある ・印刷版辞書の購入と合わせて利用できるものもある	スマートフォンなどのモバイルサイトの隆盛にともない、PC ポータルサイトで辞書サービスを打ち切る所が増えていることから、数を減らしている。
	携帯電話でのインターネットサービス	・携帯キャリアの課金システムを利用して行うサービス ・製作・サービス主体：出版社	フィーチャーフォンからスマートフォンへの移行が急激に進行。 また、スマートフォンによって PC のサービスと境界が不分明になりつつある。
アプリ（スマートフォン、タブレット PC）	iOS（Apple 社 iPhone、iPad） android（各社スマートフォン、タブレット、kindle）	・スマートフォンの普及に合わせて伸張 ・印刷版辞書の購入に合わせて利用できるものあり（COBUILD[7]） ・製作・発売主体：ソフトウェア会社、出版社	利用が伸びている。
その他	端末内蔵辞書など	・端末 OS のデフォルト辞書として内蔵されているもの	電子書籍読書端末への内蔵辞書や iOS の内蔵辞書として使われている。

（山本 2013: 55–56 から再構成）

したがって、すべてをまとめた市場規模がとらえにくいことから、ここでは数字が公表されている IC 内蔵型電子辞書専用端末機（いわゆる「電子辞書」）の状況を例示する。黎明期の 1996 年には台数で約 5 万 1,000 台、出荷金額で約 1 億 100 万円にしか過ぎなかったものが、以降急速に伸長し、2008 年時点で約 250 万 1,000 台、412 億 6,800 万円となっている。ただし、2007年の280万5,000台、463億3,200万円をピークに下降傾向にある[2]。

1.2.3. 辞書を取り巻く状況

以上見たように、印刷版辞書が全出版物と同様、年々その売上を落としてきているのと対照的に、電子版辞書はいわゆる「電子辞書」の伸張を代表として、さらに媒体を増やしつつ勢力を広げている。

特に、全出版物が1996年をピークに下降に転じた時期というのは、日本におけるインターネットの普及時期に重なる。インターネット広告の額が雑誌広告の額を上回ったように、ネットという新しい媒体によって情報流通の流れが分化し、より大きな流れを形作るようになった。辞書の場合も、よりポータブルで利便性の高い「電子辞書」と並んで、インターネットを介して流通する辞書的な情報あるいは辞書そのものが印刷版辞書の流通を浸食してきた事実がある。

2010年は「電子書籍元年」と言われ、それから今日まで、出版デジタル機構の設立、経済産業省「コンテンツ緊急電子化事業」、Amazon Kindleの日本国内での販売開始、およびそれに対抗するべくいくつもの電子書籍ストアの開設など、急速に電子書籍への対応が進んでいるが、先に見たように印刷版辞書市場の縮減率は、「電子書籍元年」のさらに以前から一般書籍市場を上回る規模であり、これは辞書の電子化が相当以前から進行してきたことの証左である。

さらにもう1つ、これははるかに長期的な傾向であるが、辞書の主要な購買層である学校生徒数の減少が挙げられる。いわゆる少子化の問題である。高等学校の入学者数は、1990年の187万1千人をピークに下降を続け、2017年には109万9千500人にまで落ち込んでいる（文部科学省『平成29年度学校基本調査』）。この入学者人口の減少に加え、2001年からは「電子辞書」の教科書販売ルートでの販売も始まり（日本出版学会 2010: 77）、印刷版辞書はさらに部数を減らしてきた。また、複数の自治体が学校へのタブレットPCの導入をはかりはじめているなかで、学校での辞書利用の電子化はさらに進む可能性が見通される。

このように、①インターネットによる情報流通の変化（情報媒体の転換）　②少子化による学習辞書市場の長期的縮小　③「電子辞書」をはじめとする電子版辞書の伸張という3つの要素によって、印刷版辞書はすでに電子版辞書に主要な辞書としての役割を譲りはじめている。

今後の辞書の電子化への展望は、第3節において考察する。

1.3.　辞書の用途・特性（タイプ）

辞書市場の構成を、印刷版と電子版という媒体の視点でまとめたが、次に、用途・特性という観点から辞書のタイプによる分類を見ておきたい。

使われる場所という観点から見た場合には、一般読者を対象にした店頭市場と、学校の生徒を対象にした学校推薦による学校市場の分類がある。学校市場は広義には学校推薦による書店店頭での購買も対象にはなるが、狭義には学校指定の推薦によって指定業者が学校で販売するものを指す。主として高等学校の入学時に学校において行われる指定辞書の販売であるが、この市場規模は年間約110万冊と推計される。

次に辞書の対象とする読者別の分類がある。上述の学校を対象にしたものも学習者を対象にした学習辞書という分類に入る。対象読者別に、「大学・専門」「一般」「学習」という分類ができ、「学習」はさらに年齢・学校別に「小学校」「中学校」「高校」と分かれる。利用者数の多い「高校」はさらに学習レベル別に「初級」「中級」「上級」と分化している。

具体例として、英和辞典の読者対象別分類を代表的な辞書を例に挙げてまとめる（表2）。

表 2. 英和辞典の読者対象別分類

分類	対象	レベル	書名	出版社	刊行年	本体価格(円)	判型	ページ数	項目数	付属物	コーパス利用の有無
	大学・専門		リーダーズ英和辞典 第3版	研究社	2012	10,000	A5変	2,760	28万		
			新英和大辞典 第6版	研究社	2002	18,000	B5変	2,912	26万		
			ジーニアス英和大辞典	大修館	2001	16,500	B5	2,528	25.5万		独自コーパス(2000万語)
			グランドコンサイス英和辞典	三省堂	2001	8,800	A5変	3,024	36万		
			ランダムハウス英和大辞典第2版	小学館	1993	14,400	B5	3,202	34.5万		
	一般		パーソナル英和辞典 第3版	学研	2018	1,750	B6変	848	8.68万		独自コーパス(17億語)
			リーダーズ英和中辞典 第2版	研究社	2017	5,000	B6	2,320	18万		
			プログレッシブ英和中辞典 第5版	小学館	2012	3,500	B6	2,304	13.8万		20億語専門分野コーパス
			デイリーコンサイス英和辞典 第8版	三省堂	2009	1,700	B7変	800	8.5万		
			ポケットプログレッシブ英和辞典 第3版	小学館	2008	1,750	B7変	816	8.5万		
			コンサイス英和辞典 第13版	三省堂	2001	3,200	A6変	1,632	13万		
			カラーパックス英和辞典 第2版	講談社	2001	1,750	A6変	704	8.1万		
学習	高等学校	上級	ジーニアス英和辞典 第5版	大修館	2014	3,500	B6変	2,496	10.5万		ジーニアス・コーパス(1億語)他
			オーレックス英和辞典 第2版 (新装版)	旺文社	2013 2016	3,300 3,300	B6	2,368	10.5万		コロケーション、語法で利用
			ウィズダム英和辞典 第3版	三省堂	2013	3,400	B6	2,240	10.2万	ウェブ版利用	三省堂コーパス(1億語)
			アンカーコズミカ英和辞典	学研	2007	3,300	B6	2,224	9万		3億語の独自コーパス
			ロングマン英和辞典	桐原書店	2007	3,300	A5変	2,112	10.2万		ロングマン英語コーパス、ロングマン学習者コーパス、現代日本語コーパス
			ルミナス英和辞典 第2版	研究社	2005	3,200	B6変	2,152	10万	別売り音声CD	各種コーパス
			ユースプログレッシブ英和辞典	小学館	2004	3,000	B6変	2,114	8.5万		BNC等
			新英和中辞典 第7版	研究社	2003	3,200	B6変	2,144	10万超		
			アドバンストフェイバリット英和辞典	東京書籍	2002	3,100	B6変	2,208	10万		

高等学校学習		旺文社 新英和中辞典	旺文社	1999	3,100	B6 変	2,432	13.5 万		
高等学校学習	中級	グランドセンチュリー英和辞典 第4版	三省堂	2017	3,000	B6 変	2,048	7.6 万（＋和英 2 万）	音声ウェブサービス	三省堂コーパス、教科書サブコーパス
高等学校学習	中級	スーパー・アンカー英和辞典 第5版	学研	2015	3,000	B6 変	2,208	7.2 万		高校教科書コーパス、大学入試コーパス構築
高等学校学習	中級	ライトハウス英和辞典 第 6 版	研究社	2012	3,000	B6 変	1,824	7 万	音声 CD	コロケーション欄で利用
高等学校学習	中級	コアレックス英和辞典 第 2 版	旺文社	2011	2 800	B6 変	2,016	7 万		
高等学校学習	中級	フェイバリット英和辞典 第 3 版	東京書籍	2005	2,800	B6 変	2,048	6.2 万		
高等学校学習	中級	プラクティカルジーニアス英和辞典	大修館	2004	2,900	B6 変	1,984	6 万		
高等学校学習	中級	ユニコン英和辞典	文英堂	2002	2,800	B6 変	1,888	6.2 万（＋和英 1.1 万）	音声 CD	
高等学校学習	中級	新クラウン英和辞典 第 5 版	三省堂	1995	2,900	B6 変	1,680	5.3 万		
高等学校学習	初級	ベーシックジーニアス英和辞典 第2版	大修館	2017	2,700	B6 変	1,888	5.5 万（＋和英 2.4 万）		
高等学校学習	初級	アクセスアンカー英和辞典 第 2 版	学研	2016	2,200	B6 変	1,360	2.4 万（＋和英 0.8 万）		独自のデータベース
高等学校学習	初級	ビーコン英和辞典 小型版 第 3 版（普通版）	三省堂	2016 2017	2,300 2,700	A6 変 B6 変	1,696	4.8 万（＋和英 1.2 万）		三省堂コーパス、教科書サブコーパス
高等学校学習	初級	エースクラウン英和辞典 第 2 版	三省堂	2014	2,700	B6 変	1,904	5.1 万（＋和英 2.3 万）		三省堂コーパス、教科書サブコーパス
高等学校学習	初級	ニューヴィクトリーアンカー英和辞典 第 3 版	学研	2013	2,700	B6 変	1,888＋別冊 32	5 万（＋和英 2.6 万）	音声 CD	
高等学校学習	初級	ベーシックプログレッシブ英和・和英辞典	小学館	2010	2,300	B6 変	960	2.1 万（＋ 1.3 万）		
高等学校学習	初級	ニュースクール英和辞典 第 2 版	研究社	2009	2,700	B6 変	1,536	4.5 万		
高等学校学習	初級	アルファ フェイバリット英和辞典 第 2 版	東京書籍	2008	2,762	B6	1,792	4.6 万（＋和英 0.8 万）		
高等学校学習	初級	ワードパル英和辞典	小学館	2000	2,700	B6 変	1,794	5 万		
高等学校学習	初級	デイリーハイスクール英和辞典	三省堂	1998	1,800	B7 変	704	1.8 万		

中学校	初級クラウン英和辞典　第13版	三省堂	2017	1,700	B6変	832	1.53万	音声ウェブサービス	
	ジュニア・アンカー英和辞典　第6版CDつき	学研	2016	1,700	B6変	880	1.39万	音声CD	独自コーパス
	ニューホライズン英和辞典　第8版	東京書籍	2015	1,600	B6変	928	1.4万（＋和英小1.2万）		コーパスなど
	Challenge中学英和辞典　第2版	ベネッセ	2015	1,759	B6変	848	1.67万		
	プログレッシブ中学英和辞典	小学館	2014	1,700	B6	752	1.58万		
	マイスタディ英和辞典	旺文社	2011	1,500	B6	792	1万		
	講談社　ハウディ英和辞典　第4版	講談社	2011	1,500	B6	736	1.3万		
小学校	ジュニアクラウン小学英和辞典	三省堂	2018	1,500	B6変	544	7,000	音声ウェブサービス	
	新レインボーはじめて英語辞典	学研プラス	2017	2,200	A5	478	絵辞典640、英和900、和英1,000	音声CD	
	小学自由自在はじめての英語新辞典	増進堂・受験研究社	2017	2,700	A5	544		音声ウェブサービス	
	ジュニア・アンカー英和辞典エッセンシャル版	学研プラス	2014	1,200	B6変	496	6,000		
	ドラえもん　はじめての英語辞典	小学館	2011	2,100	A5	320	絵辞典・英和・和英1,800	音声CD	
	レインボー英和辞典　改訂第3版	学研プラス	2011	1,500	A5	304	2,300	音声CD	
	はじめての英和じてん　改訂版	くもん出版	2011	1,100	A5	304	1,000		
	キッズクラウン英和辞典（新装版）	三省堂	2003 2017	1,900	A5	304	2,400	音声CD	

（辞典協会『優良辞典六法目録 No. 66 2015』を参照し、主に現在、一般書籍市場に流通しているものをとりあげた[3]/各分類の中は刊行年の降順に並べた）

2. 出版における pre-lexicography のプロセス

上述した辞書の市場を踏まえて、出版社側から見た pre-lexicography のプロセスを、実際に出版を決定する過程（マーケティング、価格決定）と、それを経て製作にあたる過程（編集体制・スケジュール策定等、編集制作作業）のそれぞれから見てみる。

2.1. マーケティング

前掲の表 2 から見てとれるように、特に学習英和辞典は点数が多く、競争の激しいジャンルである。ある辞書が隆盛を極めるが、やがて新しい創意工夫をもった辞書が評価され、とってかわるという交代劇が繰り返されてきたように、対抗辞書との競争の中で、より工夫された方法論による新しい価値を持った辞書が模索される。

中学生対象の辞書では、主として 4 年ごとに行われる教科書の改訂に合わせて、辞書も改訂が行われる。近年では 2016 年春から使われる新しい教科書に合わせて、各社一斉に 2015 年から 2017 年にかけて改訂版を出していることが表 2 から分かる。

一方、高等学校では、より辞書の役割が重視され、学校単位での採用や推薦が行われるため、需要も多く、学習英和辞書にとっては、この高校生対象の辞書がもっとも競争の激しいところである。そのため、翌年の新入生用に採用・推薦する辞書が選定される秋から冬にかけて、出版社の営業人員は全国の学校をまわり、辞書の紹介に努め、また学校の外では、編者や編集委員の協力を得て、講演会やワークショップを開催し、辞書の宣伝をさかんに行う。同時に、学校現場の要望やニーズを集め、新たな辞書の開発や改訂版の新機軸につなげてゆく。このように、細かなユーザーのニーズ対応を追求する結果、高校対象の学習英和は、多くのバリエーションを持つことになってきたが、表 2 に見てとれるように、大きく初級・中級・上級の層に分かれ、それぞれ項目数・価格・ページ数でグループ分けができる。辞書のマーケティングは、「営業部門が書店の棚にすき間を見つけ、編集部門にこのすき間を埋めるように依頼する」(Atkins and Rundell 2008: 18) とたとえられているが、日本においてはさらに、高等学校においても常に新しいニーズを掘り起こすべく注意が払われていると言える。このため、学習英和辞典では、語義、用例、コロケーション、文型表示、語法、類語・その他コラム、会話・コミュニケーション、成句・句動詞、付録類、コーパスの利用等々において様々な工夫が追求され、ほぼ5年から7年ていどのサイクルで改訂が行われるが、これらの要素において劣る、あるいはこれらの要素をカバーしきれないという辞書は淘汰され、市場から消えてゆく。

2.2. 価格と予算の決定プロセス

書店と学校という重要な市場のニーズを掘り起こし、新たな着想と工夫をもった辞書を構想した後に、その実現に向けて取り組む際の重要な案件はコストである。「編者がいかに豊富なアイデアを持っていたとしても、最終的な決定は、財布の紐を握っている出版社にある」(Atkins and Rundell 2008: 18)、とも言われるように、要は出版社は資金繰りをしなければならない。そのために、適正な試算を行う必要があるが、特に近年は先に見たように印刷版辞書の市場の縮減もあり、また電子版も見据えての戦略を持つ必要も合わせて、より効率の良い製作プロセスを前提に組み立てることが必要である。

まず、全体の費用の大枠を決めるために必要なのは、定価と部数である。定価については、想定される辞書がどのクラスに属するのかで、おおよその枠が決まる。対抗辞書に対して、値段も競争要素の1つであるので、それほど差はつけられない。例えば、高校上級クラスの英和辞典であれば、3,400 ～ 3,500 円を基準にして、ページ数および語数の多寡も考慮して、若干前後する値段の幅におおよそ収まっている。また、部数は、やはり同じクラスの辞書の毎年の部数実績を元に、新刊 (純新刊および改訂新刊) として出ることによる伸び率の期待値とそれを積み増した営業販売目標によって決まる。特に、辞書は通常の書籍に比較して、製作費用が格段に大きいため、単年度の初刷り部数のみでは到底利益が出ず、刊行後数年の重版による出荷部数を前提としたものになる。

ここで決定した定価と部数によって算出される総費用の中から、各費用の割合が決まって来る。本来、定価計算とは、諸費用の積み上げと部数の見込みの中で行うものであるが、学習英和辞典のように市場との関係であらかじめ定価の枠が決まっているような場合は、製作費用の方を調整してゆかざるをえない。各費用は製作にかかる直接費と、それ以外の間接費に分かれる。直接費は、編集作業にかかる編集費と、紙面組版および印刷用の版を作るまでの費用である製版費、そして印刷・製本にかかる調製費、および印税の総額である。売上正味金額から、この直接費分を差し引いた分が、粗利となる。この他に、人件費、販売管理費、宣伝費用等の間接費が一定の比率で見込まれる。実際、製作のための直接費用の他に、販売宣伝のための諸活動等で相応の費用がかかっている。これらには、営業促進員への説明会、講演会・ワークショップ、学校宣伝への出張費用、また、広告や宣伝用各種製作物（内容見本や宣伝用付属物）、ウェブサイト作成、さらには電子メディア戦略（メーカーへの宣伝、ウェブサービス、データの整備等々）関連の諸費用等が含まれる。

2.3. 編集開始にあたって

費用の計算を経て、あるいはその試算と並行して、編集体制とスケジュール他製作に関わるプロセスの策定が行われる。

2.3.1. 編集委員会の組織

編者を中心に、編集委員会を構成する。編者の意思決定のもとに、編集委員会で方針検討と執筆作業が行われ、出版社編集部がそれらの編集実務を支援する体制をとる。編者・編集委員と出版社およびインハウスの編集部の関係を分かりやすく建築にたとえ、編者は設計を行う建築家、編集委員会は細部を含めて全体の図面設計を行い、出版社は諸費用を含め資金の手当および各行程での専門家・技術者の手配や資材・重機等インフラを整備し、編集部は現場監督として実際の建築現場を取り仕切る、という説明がある（倉島 2012）。

2.3.2. 仕様の策定

マーケティング等、検討のための諸材料をもとに、編者・編集委員会で辞書の方針を決定し、その方向に沿って仕様を決め、それらをまとめた執筆要項を作成する。これに沿って執筆依頼を行う。

また、この仕様策定時に、新刊・改訂を問わず、この辞書としての特色、従来の辞書にない新機軸としての要素を検討する。重要語の特別レイアウト表示や概念図の導入、コーパス分析に基づくコラムなど、ここには様々な工夫が凝らされるし、また辞書の基本的要素のブラッシュアップとともに、この新要素の出来が市場での辞書の成功を左右する。

さらにまた、編集作業に入るにあたり、編集作業を支えるコーパスの利用の仕方や仕様についても検討が加えられる。この検討に基づき、コーパスの増補やチューンナップ等の作業も付け加わる。

2.3.3. 編集制作スケジュール策定

刊行予定日から逆算して、各行程の日程を出してゆく。編集の行程としては基本的に以下のような行程が日程をはかるポイントになるので、それぞれの開始日および終了日を意識しながら作業を進めることになる(図 1)。

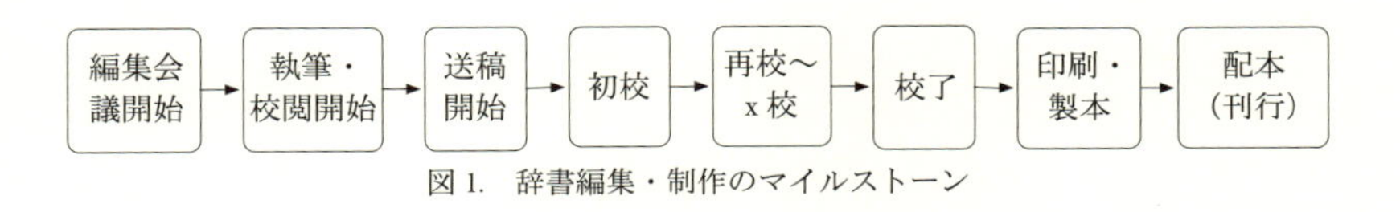

図 1.　辞書編集・制作のマイルストーン

これらの編集作業上のポイントを含むワークフロー全体については、次項(2.4)で解説する。

2.3.4. 制作体制の組織

編集委員会により編集方針が出て、辞書編集作業が具体化するに伴い、辞書制作のワークフロー全体に関わる体制づくりが求められる。

編集作業の面では、校正者、編集補助作業者および付録等部分的に編集を外注する場合には編集プロダクションも含まれる。

辞書の容れ物とも言える、紙面レイアウト設計および装丁には、デザイナーが関わる。紙面設計自体は特に改訂ものの場合は、編集部と組版技術者の間で作成する場合もあるが、大方はデザイナーと編集部および組版技術者の間で詰めてゆく。装丁も辞書の雰囲気を伝える重要な要素であり、戦略企画においては複数のデザイナーでコンペティションを行い、営業部門も含めて選定を行う。

辞書の組版は、一般書籍に較べ複雑な要素が多く、分量も膨大なため、高度な組版知識と技術を要する。そのため選択肢は限られるが、主として印刷会社の組版部門(場合によっては、出版社内の組版担当者やプロダクションの組版もある)で、これらの技術を有する組版担当者を決定し、製作作業に入る。

以上、編集委員会での方針決定を受けて、辞書の製品化を担う中心的な体制を組織し、このチームで辞書づくりのワークフロー総体を動かしてゆく。

2.3.5. 製作プロセスの構想

媒体への出口はかつては印刷版辞書しかなく、あるいは近年に至るまでも、まずは印刷版を製作し、しかるべき後にあらためて電子版を作成するという状態であったが、現状では電子版の製作も並行して進むことが多い。プロダクト化のための製作ラインはその意味では、従来の印刷版のための紙面組版を担う組版部門と、あらたに電子版に対応する情報処理部門が用意されている必要がある。これらは、前者が後者を兼ねる場合もあるし、後者は出版社外部に外注という場合もある。しかしながら、情報処理技術すなわちIT技術やデータ処理、システム構築等一連の知識と技術は、電子媒体製品への対応のみならず、今や辞書編集自体にとって必須のものと考えられる。また、印刷版の製作にとっても同様に重要な役割を担っている。これらは、以下の3つの局面で印刷版と電子版という現在の辞書の製品化に欠かせない機能となっている。

①データ処理・システム構築：編集データの構造化やデータの管理等、辞書の制作支援の機能、およびコーパスの構築と解析統計処理システムの開発とチューニング、さらには執筆中の編集委員に編集中データの閲覧を可能にするリモートプルーフのシステム構築等々

②組版支援：辞書の大量データを組版プログラムによって自動組版処理するための、組版部門への支援と連携

③電子版対応：電子版のためのフォーマット変換等

これらの具体的な内容については次項で解説するが、組版部門と同時に、情報処理部門が製作プロセスに果たす役割の重要性を意識し、ワークフローに位置づけておく必要がある。

2.4. 編集制作作業

実際の出版社側の編集制作作業への関与について概説する。

2.4.1. 進行管理

編集部は主として編集作業フローの進行管理を担う。編集会議の設定、要項等のまとめや、会議の記録を行うとともに、編集委員への連絡、執筆・校閲の進捗の確認を行い、また、校正の手配や編集補助作業の割り振り等、編集作業のあらゆる進捗について管理する。

また、編集作業以外の、組版進行やデータ処理等制作ワークフロー総体は多岐にわたるため、それぞれの担当者が編集部に情報を集約するように行われている。編集制作作業の各作業内容と進行については、『ウィズダム英和辞典』(第3版)を例として、以下の表にまとめた(表3)。

表 3. 編集制作のワークフローと進行

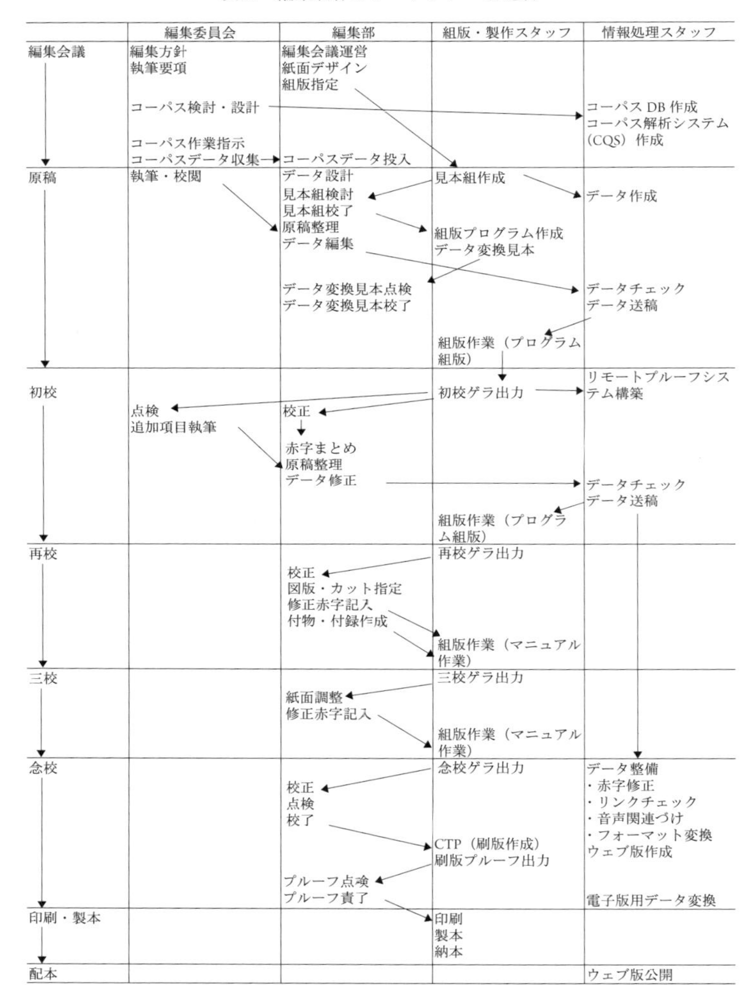

	編集委員会	編集部	組版・製作スタッフ	情報処理スタッフ
編集会議	編集方針 執筆要項 コーパス検討・設計 コーパス作業指示 コーパスデータ収集	編集会議運営 紙面デザイン 組版指定 コーパスデータ投入		コーパス DB 作成 コーパス解析システム（CQS）作成
原稿	執筆・校閲	データ設計 見本組検討 見本組校了 原稿整理 データ編集 データ変換見本点検 データ変換見本校了	見本組作成 組版プログラム作成 データ変換見本 組版作業（プログラム組版）	データ作成 データチェック データ送稿
初校	点検 追加項目執筆	校正 赤字まとめ 原稿整理 データ修正	初校ゲラ出力 組版作業（プログラム組版）	リモートプルーフシステム構築 データチェック データ送稿
再校		校正 図版・カット指定 修正赤字記入 付物・付録作成	再校ゲラ出力 組版作業（マニュアル作業）	
三校		紙面調整 修正赤字記入	三校ゲラ出力 組版作業（マニュアル作業）	
念校		校正 点検 校了 プルーフ点検 プルーフ責了	念校ゲラ出力 CTP（刷版作成） 刷版プルーフ出力	データ整備 ・赤字修正 ・リンクチェック ・音声関連づけ ・フォーマット変換 ウェブ版作成 電子版用データ変換
印刷・製本			印刷 製本 納本	
配本				ウェブ版公開

2.4.2. 制作環境の変化と整備

2.4.2.1. コスト削減と電子化の課題

表 3 のワークフローに沿って、辞書の編集作業・制作作業は進行するが、伝統的な印刷版辞書中心のフローから、現在では情報処理技術がより大きな役割を果たすフローへの移行が起きている。これは先にふれたように (1.2)、印刷版辞書の市場縮減に起因し、制作コストへの投資が

制限されざるをえないという事態に対し、手作業での作業量が多く、コストのかさむ組版作業を、構造化データのプログラム処理によって自動化することで劇的にコストを下げるという、まさに技術革新による効率化が追求されたこと、および、印刷処理用の辞書データの構造化のみならず、電子版辞書の需要増への対応として、印刷版にも電子版にも耐えうる辞書のデータフォーマットの追求と、そのデータ処理技術が求められた結果である。

2.4.2.2. 制作環境の改変

この課題への対応として、新たな編集制作の手法が要請されたが、これは言い換えれば、これまで紙面として情報が集約されていたものを、データに還元する方法論、および、それらデータをどのように編集で扱ってゆくかという課題であった。Abel(2012)は、辞書編集における「辞書編集システム(DWS: Dictionary writing system)」の解説であるが、その中で、「IT エキスパート」との緊密な共同作業の必要性が強調されている。われわれはこの課題に直面した際に、技術顧問として情報処理に長けた人材の招聘を行い、また、従来のフローに替わるシステムとする必要から、それらの諸作業を極力内部で対応できるように研究も含めて努めた。

2.4.2.3. 辞書編集情報のデータ化

電子版も同列に扱うこの新たなワークフローを実現するためには、まず何よりも、基となる辞書の編集情報を余さず表現することが必須の条件であり、したがって、このデータから印刷組版が問題なく行え、電子版の製品化も容易に行えることが重要である。そのために、『ウィズダム英和辞典』では XML のフォーマットを選択したが、これは XML がその要素と構造の定義において柔軟であり、情報を構造化して表現するのに適したものであるからである。そのうえで、辞書の情報を XML のフォーマットつまり「要素」と「属性」および「階層構造」に整理しなければならない。XML はいわゆる markup language と言われる記法に属し、データ中のテキストにそれぞれの要素を表すタグを埋め込んでゆくものであり、それぞれのタグの階層関係を定義することで、ある属性を持つ要素がどのような関係で配置されているのか、換言すれば、そのテキストの持つ「意味」と「構造」がはっきりと関係付けられる。これらは、それがどのような見た目で表示されるかという「スタイル」の情報は切り離されているので、必要に応じて別々のスタイルを適用することができることから、媒体に応じてレイアウトを切り替えられるが、その場合でも「意味」と「構造」は保持される。この「意味」と「構造」を定義するやり方にはDTDやXML Schemaなどの方式があるが、辞書情報をXMLというデジタルテキストに落とし込む際には、実際には、意味とレイアウト表現の境界が微妙なところや、多様に解釈できる構造をどのように析出するか（家辺 1998: 114–116）、また、構造はもちろん、要素も含めて、タグとしての名称等において迷うことが多い[4]。印刷とデジタルテキストの差異という点では、文字の問題も生じる。印刷版ではプリントされたものが人の目に触れる文字そのものであるが、デジタルテキストの場合はあくまで文字コードという一種のイデアとしての文字を指定しているだけであり、それが最終的にどのように人の目に触れるかについては注意を要する。

```
<entry id="WDEJ_a0001100" rank="5"
status="Active">
        <head>
              <見出G>
                        <見出> a・bout</見出>
                    </見出G>
              <発音>əbáʊt</発音>
              <audio><src>00010011.wav</src></audio>
              <補足 display="block">
                    <注記>語頭の<発音 type="別発音">ə</発
                    音>が聞こえないことがある</注記>
              </補足>
        </head>
```

図 2.　XML の例（『ウィズダム英和辞典』第 3 版より（部分、一部省略あり））

```
<!ELEMENT entry (head, senseGrp, 囲み ?)>
<!ATTLIST entry
        rank (1 | 2 | 3 | 4 | 5 ) "1"
        status (Active | Deleted | Suppressed | Error)
"Active"
        id ID #REQUIRED
        type ( 流用 | 新規 ) " 流用 "
>
<!ELEMENT head (meta | 見出 G | 発音 | 発音補足 |
 audio | 補足 | 語源 | 派生情報 )+>
<!ELEMENT meta (#PCDATA |error)*>
<!ELEMENT error) (#PCDATA)>
<!ELEMENT 見出 G ( 見出 set+)>
<!ELEMENT 見出 set (findkey+, keydata+, 見出 )>
```

図 3.　DTD の例(『ウィズダム英和辞典』第 3 版より(部分、一部省略あり))

a·bout /əbáut/
(語頭の /ə/ が聞こえないことがある)

図 4.　上記 XML の紙面相当部分

このように辞書情報を余すところなく捉えようとする試みは、編集規則および執筆要項を一項一項に名称を振り直し、あらためて定義し直すことに等しいが、情報の種類の多い辞書の場合、当然のことながらその要素、属性、構造は多数にのぼる。例えば『ウィズダム英和辞典』(第 3 版) は 170 (要素 101 ＋属性 69)、『大辞林』(第 3 版) は 242 (要素 156 ＋属性 86) を数える。また、辞書の項目はそれぞれに「独自のシンタックス」を持っており、さまざまな構成要素が組み合わされるので、辞書ごとのバリエーションがあり、それぞれに対応が必要である (Atkins and Rundell 2008: 202–203)。今後は編集委員会の初期において、執筆要項作成段階から XML のデータ定義を確認してゆくことが、より精度を上げるために有効になるかもしれない。

また、XML の特性として、「データ定義ファイルを使ったデータの妥当性チェック」と「フォーマット変換の容易さ」がある。前者の特性を利用して、編集済みデータにデータ定義に違反した箇所がないかの点検を適宜行い、データの信用性を高め、印刷版・電子版双方での深刻なミスを事前に防ぎ、後者の特性を利用した HTML フォーマットへの変換によって、執筆者がウェブ上で編集内容の確認を行い、関連項目全体を見渡しながらの執筆を可能にするリモートプルーフの仕組みなど、技術上の有効な応用を行いうる。

2.4.2.4. データ編集システム

欧米では、今や多くの辞書出版社で辞書編集システム（DWS; dictionary writing system）が導入されている（Atkins and Rundell 2008: 201–202）[5]。また、それらのシステムは、かつては自社開発のシステムだったが、近年は市販の既製品に移行しており、コーパス解析システムなど、辞書編集ツールと一体化したシステムになっている（Abel 2012: 95ff.）。われわれも10年ほど前に『大辞林』の編集支援システムを自社開発し運用してきている。ただし、XMLによる新たなワークフローに着手した当時は、コンピューターのリソースが、辞書の容量の大きいXMLデータに対して十分でなかったこともあり、XMLデータの扱い自体は、現状、テキストベースで行っている。コンピューターのリソースの進歩のなかで、これらの市販品ソフトウェアが日本の辞書編集・制作の実用に十分耐え得るのであれば、執筆者に負荷を与えずに、コーパスとの連携も含めて、データ編集と執筆作業をより効率的に結びつけるという有用性を考慮し、これらの統合システムの導入も検討されるべきであろう。

2.4.2.5. 支援体制

XMLによる辞書編集データを管理し、コントロールするのに付随し、以下のような支援ツール作成や支援作業が行われている。

コーパスおよび解析システムの作成・管理

『ウィズダム英和辞典』では初版編集時にオリジナルの均衡コーパスを作成し、一からコーパスデータベース、コンコーダンスシステム、統計解析システム（CQS; Corpus Query System）をウェブシステムとして構築した。第3版編集時にコーパス自体の増補も含めて、全システムの再構築を行った。これは、システム作成以来10年以上の期間で、コンピューターのリソースが劇的に向上したことと、10年以上の利用の経験から、さらに有効で使い勝手のよいシステムへのブラッシュアップを目的としたものであった。以前の作成は外部システムベンダーへの発注と高価なXMLデータベースエンジンを使ったものであったが、新しい方は、出版社内部に情報処理班(2.4.2.2)が組織されていたことから、内製により構築した。データベースエンジンはフリーウェアのMySQLを用い、統計解析はRをエンジンとして作成している。

文字データ、テキスト処理

先にも少しふれたが(2.4.2.3)、物理的に印刷された文字を情報の実体として扱っていた段階と、実体としてはコード番号であり、文字の姿そのものとしては持ち得ない電子データでのフローでは、文字への注意の仕方や処理の仕方が変わる。いわゆるJIS文字の印刷標準字体への置き換えであるとか、作業しているPCのフォントと印刷に使用するフォントの字形の違いであるとか、またユニコードにおける包摂規準等々の問題(家辺 2010: 121–151)などに注意しながら作業をする必要がある。また、さまざまな編集上の確認のために、正規表現を多用するテキスト処理も大量の文字を扱う辞書編集には有用である。情報処理部門がある場合は、そこで対応して処理が行われるが、それほど高度でないものは、編集者としても扱えることが望ましい。これらの文字コードとテキスト処理については大名(2011)などが参考になる。

データチェック

XMLデータをデータ定義ファイル(DTD)に沿ってチェックするツールによって、編集データが規則どおり作られているかが厳密にチェックできる。このデータの妥当性チェックのことを「バリデーション(validation)」という。情報処理班は折あるごとにバリデーションを行い、定義違反があれば、編集部に確認を求め、データの妥当性を保つことに努める。

リモートプルーフ

XMLデータのフォーマット変換のフロー化により、これをHTMLに変換し、ウェブを通じて閲覧することが可能になる。執筆者は、CQSによるコーパス利用と同時にウェブで編集中データの全体を見渡すことで、関連する項目等の内容を確認しながら執筆をし、より正確かつ効率的に作業を進めることができる。また、リモートプルーフ用のウェブサイトは、ほぼそのまま、刊行後のウェブサービスとして再利用することが可能であり、実際、『ウィズダム英和辞典』では第2版時から、『ウィズダム和英辞典』とともに印刷版辞書購入者が無料で使えるウェブ版辞書サービス『Dualウィズダム』として提供を実現している。

電子編集フロー

以上、これらの支援機能も含め、電子編集のフローを図としてまとめると以下のようになる(図5)。

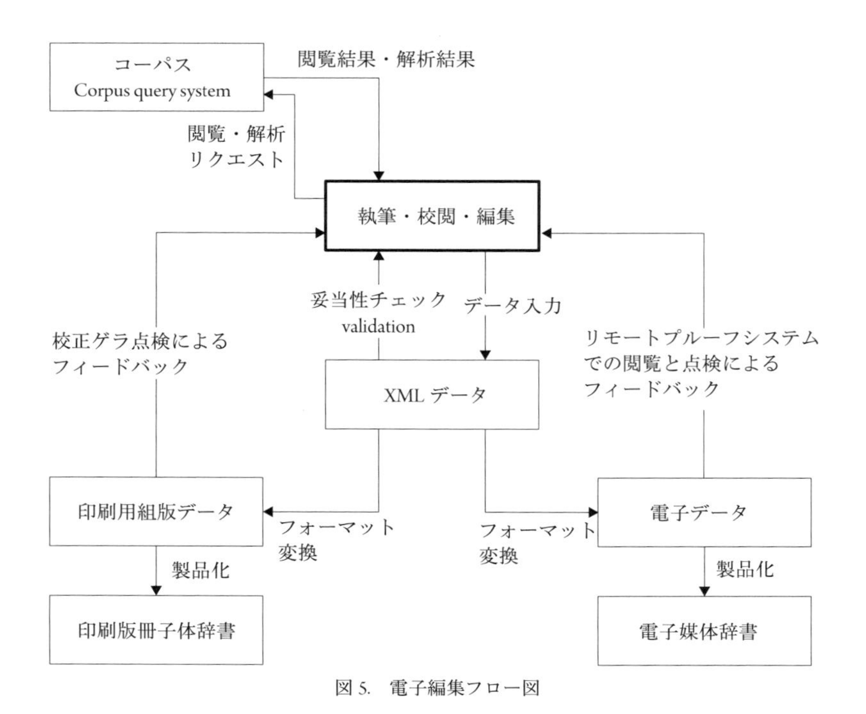

図5. 電子編集フロー図

3. 電子化と未来の辞書出版

これまで見てきたように、辞書の編集および制作のプロセスが、コーパスシステムや辞書編集システムの利用という編集作業に関わるものから、印刷組版のXMLワークフローによるプログラム組版、また、電子版辞書という製品そのものの電子化に至るまで、すべて電子化の流れの中にある以上、今後の辞書出版を考えることは電子化を考えることに収斂すると言っても過言ではない。しかし、一方で今後の市場の先行きを予想した場合には、電子化によって辞書そのものが市場価値を失う未来もその1つとして蓋然性がないとは言えない。辞書編集作業の、人からコンピューターへの移行も、「辞書制作ビジネスにとっては、恵みであると同時に呪いでもある」という面があるのである(Granger 2012: 6)。

3.1. 「辞書の不確かな未来」

Wallraff (2009) は「辞書の不確かな未来」と題する記事で「知りたい情報のほとんどがインターネットで見つけられる今現在にあって、辞書は余命幾ばくもないだろう」と言い、Grefenstette (1998) はその論文タイトルで「西暦3000年に辞書編集者は存在しているだろうか?」と言う。

前者は、たいていのユーザーが必要としているものは、その語があるかないか、綴りと発音、普通の使い方、という程度のもので、今やそれらはインターネットの中で見つけられることから、辞書は早晩なくなるだろう、という辞書不要論である。一方、後者はコンピューター言語学の進展によって、辞書情報の分析と生成の自動化が進み、またエンドユーザー自身が必要とする語の用法や適切な用例をコーパスにアクセスして得られるようになったとした時に「ユーザーは人間が作った説明を必要とするだろうか?」(Grefenstette 1998: 322)、つまりコンピューターが辞書編集者の役割を代替できるようになる、というものである。Rundell (2012: 17–18, 28) によれば、辞書編集者・編纂者の役割は、情報を選択し総合することから、すでにソフトウェアによって選び出されたものを「編集」し確認することに変わりつつある。

一方は「媒体転換による情報流通と市場の変化」を代表し、もう一方は「コンピューター言語学の進化による辞書編集の役割の変化」を主張するものであるが、いずれにしても、双方とも辞書の直面している状況そのものであり、これらの潮流の中で、今後の辞書はどこを目指すべきか、またその際の辞書出版社の役割とは何か、が問われている。

3.2. 電子版辞書と電子的辞書編集法

いわゆる電子辞書やスマートフォン用アプリ辞書など多種多様な電子版辞書が出てきている（表 1）。それらの中には、電子版ならではの工夫がなされたものがないわけではないが、いまだ、単に紙の辞書をスクリーンのうえに模倣したようなものも多い。しかし、Granger (2012) は「この状況は変わり始めているし、近年の多くの辞書のプロジェクトは電子媒体がもたらしたイノベーションが、辞書の設計と利用のあらゆる側面を根本的に変えうることを証明している」とした上で、以下 6 つのイノベーションを挙げている (Granger 2012: 2–5)。

(1) **コーパスとの統合**：辞書編集のバックグラウンドで使われるのみならず、電子版辞書に統合されて、ユーザーが直接アクセスして、自身のための情報を取り出すものとなっている。

(2) **多量の良質なデータ**：より多量の良質なデータとの統合。すなわち、コロケーション、用例の飛躍的な増量、マルチメディアコンテンツ（画像・図表・動画・音声等）、拡張情報（語法・文化情報・誤用情報等）の一体化。

(3) **アクセス効率**：すでにある多彩な検索オプション（曖昧検索、インクリメンタルサーチ、全文検索等）に加え、ユーザーの求める適切な見出し語やフレーズ、特定の情報にたどり着く多様な検索方法の実現。アクセシビリティ全般の改善。

(4) **カスタマイズ**：ユーザー自身のニーズに正対した情報の提供。ユーザー一人ひとりに異なるニーズをつかみ、ユーザーが辞書を使う際に求める情報を提供する。このユーザーのニーズに辞書を適合させるプロセスがカスタマイズであり、ユーザー自身が辞書をカスタマイズできるものと、辞書側がユーザーの利用履歴などを参照して、自動的にユーザーに合わせた情報を提供するものとがある。(この場合、電子版辞書とは静的に存在するものではなく、もはや動的なツールであり、アクセスする時のみ存在するだけだ、というべきものかもしれない。)

(5) **ハイブリッド**:辞事典、専門用語集、語彙データベース、単語帳、作文の手引き、翻訳ツールなど異種の言語リソースとの統合。辞書兼文法書、辞書兼シソーラス、辞書兼語法書、モノリンガル辞書兼バイリンガル辞書など。

(6) **ユーザーによる入力**:wikiテクノロジーを使った、ユーザー自身が入力する集合的辞書編集。人手をかけられるという点に加え、言葉の変化と新しい語彙を常に押さえていける点が強みであるが、反面、正確性が保証されず、これらユーザーの手になる辞書は科学的価値がない、という否定的な見方もある。

これらはすでに取り組まれており、実現も進んでいるものでもある。コーパスからの追加用例、シソーラスの付加、マルチメディアコンテンツ等、印刷版辞書にはない情報の付加は、すでにいくつもの辞書で行われている。ユーザー自身の参加やコミュニティーによる辞書編集という点では、Wiktionaryや「英辞郎」の活動がある。

また、完全に紙という容れ物から離れ、大量の付加データとの融合、カスタマイズ、ハイブリッドの方向に進むということは、編集内容自体の変容も伴うことになる。電子化によって、冊子体と有限の紙面がどうしても離れられなかった分量の制約から解放され、「不可解な略記号を排した、より自然な辞書のレイアウト」(Granger 2012: 3)が実現されること自体は素晴らしいことであるが、分量の制約がないということは、反面、冗長で弛緩した記述に陥るというマイナスの可能性も伴う。略記号を使うことで、情報の圧縮を行うことは、紙面スペースの節約のみならず、読み手の理解のエコノミーのために資する面もあるはずである。この点は、ユーザーごとのカスタマイズという手法を応用するなりして、ある配慮と対策を講じないと、真にユーザーフレンドリーというニーズにこたえることにはならないだろう(山本 2013: 59)。

今後、「辞書編集システムは、データベース編集システムである」(Abel 2012: 104)と言われるように、ユーザーのニーズを感知し、カスタマイズしうるために、動的なリソースを増やしてゆく必要性や、また Rundell (2012: 29)に言う、「単体の「製品」としての今の実体から、しばしば他のリソースに組み込まれる「サービス」のようなものに変容している」辞書、同様に、アクセスする時のみ存在する動的なツールとしての辞書、というものが必要とされていくとした時に、それが辞書ビジネスとして成立するかどうか、という議論はさておき、今後その方向の辞書の形態がさまざまに出て来ることも予想されるが、その中で、先に挙げた『Dual ウィズダム』のサービスの 1 つの機能である『Dual 用例コーパス』もその 1 つの形態として考えられるかもしれない(図 6)。

『Dual 用例コーパス』はウェブ辞書『Dual ウィズダム』の機能の 1 つであるが、三省堂コーパス由来の『ウィズダム英和辞典』『ウィズダム和英辞典』それぞれの全用例を 1 つのコーパスと見なし、コンコーダンサーとしたものである。また、問題作成機能を備え、ダイナミックに空所補充や整序問題をユーザー側で作成できる(井上・山本・鹿島 2009)。

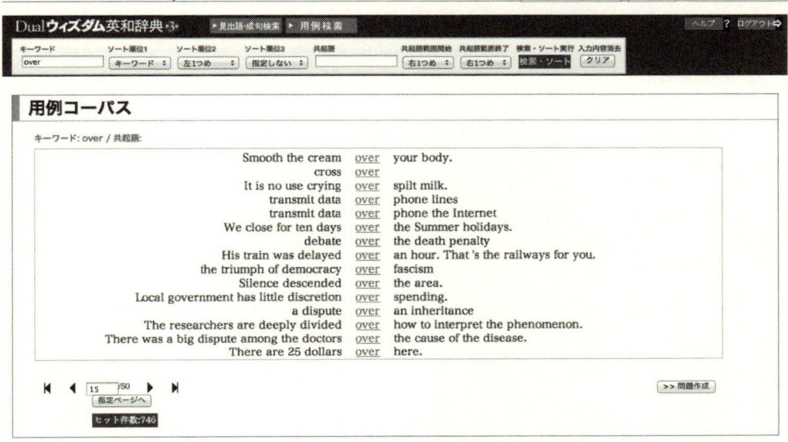

図 6. Dual　用例コーパス

4. おわりに

出版社としての辞書編集への関わりと辞書制作のワークフロー、および今現在、辞書が直面している電子化という問題と課題について概観した。後者に関しては課題のみ大きく、中心的な解決方向は未だ見えていないが、特にコーパスを中心としたコンピューター言語学の進展と応用が、可能性を切り開いてゆくように思えるし、すでにその試みは実例としてさまざまに取り組まれている。出版社としては、これら辞書の未来の試みを製品やサービスとして供給するように構想をもって行かねばならない。

また、これらの技術や知見を支えるコーパス言語学は英語において先行しているが、広く辞書という点では、今後、国語辞典(日本語辞典)にも積極的に応用されていくべきだろう。国立国語研究所での「現代日本語書き言葉均衡コーパス(BCCWJ)」のプロジェクトもでき、研究成果を踏まえたコーパス検索ツール「NINJAL-LWP for BCCWJ(NLB)」も作られている。

先行する英語コーパス言語学からの日本語学へのアプローチ(石川

2010,2012: 172–175)や、日本語学からの応用(田野村 2012)の例も出てきている。

出版社の側もこれらの研究成果に注目し、辞書編集方法の改善への貢献を果たし、ユーザーと市場に対して、求められる辞書―従来の印刷版辞書に加え、多様なバリエーションを持つだろう電子版辞書(今後、流通も含めて思いもよらぬ形態をとる可能性もあるが)―を提供し続けられるようにして行きたい。

注

1. ちなみに、雑誌も含む全出版物中に占める売上構成比 0.7%は、書籍に限れば、1.6%に相当する。書籍新刊中に占める部数が 0.4%であることを見れば、辞書において重版の占める割合が非常に高いことがわかる。
2. スマートフォンおよびタブレット PC という新しい媒体と、その上で動作する辞書アプリの影響が大きいと言われている。
3. これらの他に『ロイヤル英和辞典』(旺文社、1990)および『講談社英和中辞典』(講談社、1994)が過去にコンピュータテクストを辞書編集に使った例としてあげられる(井上 2005: 226)。
4. これらのタグ名称は辞書内容要素の意味と構造を表すものであるので、辞書学によってきちんと定義されたものであることが望ましいが、細部に至るところまで厳密にそれに沿って命名できているかどうかはあらためて検討を要する所である。また、紙面の表現が構造に入り込んできているものも見られる場合もあり、今後の編集上の課題としてとらえられる場合もある。
5. よく使われているものとして、IDM 社の DPS(http://www.idm.fr/products)と TshwaneDJe 社の TLex(http://tshwanedje.com/tshwanelex/)がある(Atkins and Rundell 2008: 114)。

参考文献

Atkins, Beryl T. Sue and Michael Rundell. (2008) *The Oxford Guide to Practical Lexicography*. Oxford: Oxford University Press.

Abel, Andrea. (2012) Dictionary writing systems and beyond. In Granger, Sylviane and Magali Paquot. (ed.) *Electronic Lexicography*, pp.83–106. Oxford: Oxford University Press.

『Dual ウィズダム英和辞典第 3 版』三省堂 <http://wisdom.dual-d.net/ej3/>2015.12.4

『Dual ウィズダム和英辞典第 2 版』三省堂. <http://wisdom.dual-d.net/je2/>2015.12.4

『Dual ウィズダム用例コーパス』三省堂. <http://corpora.dual-d.net>2015.12.4

『英辞郎(えいじろう・EIJIRO)の最新情報』EDP. <http://www.eijiro.jp>2015.12.4

Granger, Sylviane. (2012) Introduction: Electronic lexicography-from challenge to opportuniry. In Granger, Sylviane and Magali Paquot. (ed.) *Electronic Lexicography*, pp.1–11. Oxford: Oxford University Press.

Grefenstette, Gregory. (1998) The future of linguistics and lexicographers: Will there be lexicographers in the year 3000? In Thierry Fontenelle, Philippe Hiligsmann, Archibald Michiels, André Moulin, and Siegfried Theissen (eds), *Proceedings of the Eighth EURALEX Congress*, 25–41. Liege: University of Liege. Reprinted in Thierry Fontenelle (ed.) (2008) *Practical Lexicography; A Reader*, 307–323. Oxford: Oxford University Press.

井上永幸(2005)「コーパスに基づく辞書編集」齋藤俊雄・中村純作・赤野一郎編『英語コーパス言語学－基礎と実践－』(改訂新版) pp.207–228. 研究社.

井上永幸・山本康一・鹿島康政 (2009)「「用例コーパス」を使った語彙指導・学習」徳島大学英語英文学会『HYPERION』55: 17–36.

石川慎一郎(2010)「日本語複合動詞『だす』と『でる』について—コーパスを用いた辞書記述の精緻化—」『語彙・辞書研究会第 37 回研究発表会』予稿集: pp.9–18. 語彙・辞書研究会.

石川慎一郎(2012)『ベーシックコーパス言語学』ひつじ書房.

国立国語研究所コーパス開発センター『概要　現代日本語書き言葉均衡コーパス(BCCWJ)』国立国語研究所. <http://www.ninjal.ac.jp/corpus_center/bccwj/>2015.12.4.

倉島節尚(2008)『日本語辞書学への序章』大正大学出版会.

倉島節尚(2012)「辞書編集を巡る二、三の覚え書き」『ユリイカ』44(3): 80–86. 青土社.

Landau, Sidney. (2001) *Dictionaries: The Art and Craft of Lexiography* (*2nd edition*). Cambridge: Cambridge University Press.

日本出版学会編(2010)『白書出版産業 2010』文化通信社.

『NINJAL-LWP for BCCWJ (NLB)』国立国語研究所. <http://nlb.ninjal.ac.jp>2015.12.4.

大名力(2011)「言語研究のためのテキスト処理の基礎知識」「表計算ソフト、正規表現によるテキスト処理」藤村逸子・滝沢直宏編『言語研究の技法』pp.259–300. ひつじ書房.

Rundell, Michael. (2012) The road to automated lexicography. In Granger, Sylviane and Magali Paquot. (ed.) *Electronic Lexicography*, pp.83–106. Oxford: Oxford University Press.

田野村忠温 (2012)「日本語のコロケーション」堀正広編『これからのコロケーション研究』pp.193–226. ひつじ書房.

家辺勝文(1998)『デジタルテキストの技法』ひつじ書房.

家辺勝文(2010)『活字とアルファベット』法政大学出版局.

山本康一 (2010)「辞書出版はどこに向かうか」『翻訳通信』100: 30–33. <http://www.honyaku-

tsushin.net/bn/201009–1.pdf>2015.12.4.

山本康一（2013）「電子辞書の意義と今後」『日本語学』32（2）: 48–61. 明治書院.

Wallraff, Barbara. (2009) The uncertain future of dictionaries. The Atlantic, 12 January 2009. <http://www.theatlantic.com/entertainment/archive/2009/01/the-uncertain-future-of-dictionaries/49660/> 2015.12.4

Wiktionary, the free dictionary. wiktionary. org. <http://en.wiktionary.org/>2015.12.4

辞書類

松村明・三省堂編修所編『大辞林』第 3 版. 2006. 三省堂.

IX

辞書編集に関わるコーパスツール

赤瀬川史朗

1. はじめに

電子媒体のコーパスが登場して半世紀の歳月が経過した。その間、コーパスデータから頻度、語句、コロケーション、用例、文脈などの情報を抽出するために数多くのツールが開発されてきた。コーパスと検索ツールのこれまでの発展の過程を振り返ったとき、改めて両者が不可分の関係にあることが理解できる。その意味では、コーパスの歴史はそのままコーパスツールの歴史だと言っても過言ではない。

本章では、まず辞書制作におけるコーパスツールのこれまでの歴史的変遷を概観し、次に、代表的なツールとして、コンコーダンス、統計サマリー、レキシカルプロファイリングの3つを取り上げ、最後に辞書制作に関わるコーパスツールの今後の展望について述べたい。

2. コーパスツールの歴史的変遷

2.1. 1980年代 —COBUILDプロジェクト

辞書制作におけるコーパスの活用は、1980年代のCOBUILDプロジェクト(1981–1987)に始まる。このプロジェクトは、コーパスに基づいてEFL英語辞書を一から制作するという画期的かつ大胆なものあった。それ以前にも、クロスリファレンスのチェックなどの編集作業でコンピュータを活用した事例は見られたが(Atkins and Rundell 2008)、電子媒体のコーパスを全面的に活用した辞書制作は文字通り史上初めてのことであった。

現在では、執筆者がコンピュータの画面上でコーパスを分析しながら執筆を行うことはもはや当たり前である。だが、COBUILDプロジェクトの執筆作業はこれとはまったくかけ離れたものだった。当時は、まだ一般のユーザが利用できるパソコンは存在しなかったため、コーパスデータの分析はメインフレームマシンを扱う専門の技術者が担当した。各執筆担当者には、図1のような見出しごとにプリントアウトされたコンコーダンスが配布された。執筆者はコンコーダンスラインを1件1件丹念に調べながら見出し語の構文上や文法上の特徴、コロケーションなどを確認した上で語義を分類し、スリップと呼ばれる見出し語票に記述した。手書きのスリップの内容はコンピュータに入力されて、辞書の見出し語データが電子化された。辞書制作の入り口と出口の作業にはコンピュータが活用されたが、制作の中心となるコーパスの分析作業は昔ながらの紙とペンで進められたのである(Clear 1987)。

```
GW0034 BR BR  ay inhibit the formation of an original idea in a mind capable of original ideas. It may be better t
GW0086 BR BR  the first chance!" But Mr. Evans in his tormented mind cared nothing whether John liked the tower or
GW0033 BR BR  er bother with more? Why even mention love, never mind carry on about how love itself must evolve to
GW0086 BR BR  e the little urchin again." And then Tom Barter's mind ceased suddenly to think in definite words. T
GW0086 BR BR  as if they were perfectly meaningless sounds, his mind ceased to bed. He felt the pressure of her br
GW0002 BR BR   JACWA, in developing their plans, had to bear in mind certain considerations arising from the new c
GW0052 BR BR  ?' "I suppose he left it in the safe.' "Would you mind checking up?' "I'll ask his secretary--oh, I'
GW0081 BR BR   who are impelled by their own inner needs, often mind children when the job is really beyond their
GW0071 AM BR  lasses and she paid for her own meals. She didn't mind cigarette smoke any more. She had no lovers.
GW0012 BR BR   all museums for the curious Londoner, making the mind clang with astonishment - consid? er the neol
GW0076 BR BR  ffering from anaemia. When this was rectified her mind cleared and she was able to retum to normal l
GW0075 BR BR  public readings; and the worry in the back of his mind clouds the understanding he is fighting for a
GW0072 AM BR  irt and scanties? Did I have something special in mind? coaxing voices asked me. Swimming suits? We
GW0078 OT BR  s, however improbable such a creature may be. The mind comprehends facts and is at ease with fiction
GW0078 OT BR  nded on from generation to generation. The modern mind, conditioned as it is to the devouring needs
GW0086 BR BR  . Geard; but I'm a black sheep, you know. I don't mind confessing to all you kind people "--here he
GW0072 AM BR  meals snacks, outdoor barbecues - but which in my mind conjured up odious visions of stinking high s
GW0032 AM BR  just live with this and not fight it mentally ... mind control.... I should talk now about Phaedrus'
GW0032 AM BR  is idea that the entire world is within one's own mind could be dismissed as absurd if Hume had just
GW0034 BR BR  go I became interested in finding out whether the mind could experience a visual hallucination which
GW0034 BR BR  thetic mysticism, but an inquiry into whether the mind could hold vividly in consciousness an experi
GW0055 AM BR   been burned with the hot iron. He found that his mind could focus better now on the only choice tha
GW0072 AM BR  t her mouth to my ear -- but for quite a while my mind could not separate into words the hot thunder
GS0022        stion that what may be  partly in the questioners mind could be answered by reference to  language p
GW0117 OT BR  f organization seemed trivial and easy, and one's mind could jubilantly soar on the wings of that su
GW0086 BR BR  ." " Occur where ? " enquired Mr. Dekker. "In the mind!" cried the Welshman, raising his hand to his
GW0019 AU BR  eth. I got away from the gate for a second and my mind crystallized. I raced for some ropes, a wood
GW0058 AM AM  ace t0 which, for no explicable reason your adult mind darts back when you Mine is a weatherbeaten,
GW0055 AM BR  elf, with his chin against his clasped knees, his mind dazed and reeling with all that he had seen a
GW0068 BR BR  ics. She had tried to educate herself gently, her mind dazed by even the simplest terms, and had in
GW0001 AA BR  d of that rocky day, and hear her saying, " Never mind, dear, you can't win 'em all.' And he says, "
GW0031 AM BR  ed circle of celebrityhood, and old images in the mind decay to make way for the new. The same might
GW0073 BR BR  which had disintegrated. Moreover, some habits of mind derived from it, notably traditional habituat
GW0084 BR BR  ut. Man, being dexterous of hand and inventive of mind, did neither. H+ e hunted the furred animals,
GW0086 BR BR  andle!" thought Mr. Evans, The Welshman's triadic mind dived like a plummet, then, to the sea- botto
GW0034 BR BR  ore difficult to change the parts themselves. The mind divides the continuity of the world around us
GW0052 BR BR  s waiting for the blow to fall. <P 24> "You don't mind, do you,' Sarah asked, "if it's a cold meal t
GS0127 BR BR  urely? ((B)) I don't mind ((C)) Would Nick really mind, do you think? ((B)) Erm. No, I shouldn't thi
GW0119 BR BR  But I just feel so happy in this house. You don't mind, do you?' "I'm not sure it's a wildly good id
GS0039        ng the right rituals  at the right times. I don't mind doing those things. I thing  the trouble is t
GW0119 BR BR  ys Howard, "we'd better rush.' "Howard, would you mind doing up my top button ngain ?' says Henry, a
GW0078 OT BR  ng no excuse for the anxieties which drag a man's mind down to the exigencies of survival, he is free
```

図 1.　COBULD プロジェクトのコンコーダンス

紙のコンコーダンスの最大の問題は、見出し語となる中心語の左右で並べ替えができない点にあった。コンコーダンスは中心語の左右で並べ替えると、そこにさまざまなコロケーションやパターンが浮かび上がってくるが、静的な紙のコンコーダンスではそのようなことは不可能であった。どのようなコロケーションやパターンを見つけ出せるかは、もっぱら執筆者の経験と記憶力に頼らざるを得なかった。もう 1 つの問題は品詞情報を持たないプレーンのコーパスデータを使用している点であった。図 1 を見ると分かるように、ここには名詞と動詞の mind が混在している。執筆者は名詞と動詞のコンコーダンスラインを区別しながら分析を進める必要があった。

このように、紙に印刷されたコンコーダンスを読むという作業は大変な労力と時間を要するものだった。執筆者はそれまでの用例カードの作成からは解放されたものの、新たな重労働を強いられることになったのである。プロジェクト発足当時のコーパスサイズは約 730 万語であったが、プロジェクト終了のころには 2000 万語まで膨れ上がっていた。コンコーダンスのみに頼って言語現象を読み解くという作業は、コーパスの大規模化とともに、次第に現実性を失いつつあった。

2.2. 1990年代 ―統計サマリーの導入

COBUILDプロジェクトで編集幹事を務めたPatrick Hanksは、COBUILD英語辞典初版の完成から3年後の1990年に、Kenneth ChurchとともにChurch and Hanks (1990) を発表する。この論文で、Hanksらは、COBUILDプロジェクトでの経験を踏まえて、上で述べたようなコンコーダンスによる解読作業の限界を超えるための提案を行った。その提案とは、それまで情報理論で用いられてきた統計指標のMIスコア（相互情報量）をコーパス分析に導入することである。統計指標を導入する最大の目的は、コーパスに埋もれている重要なコロケーションを見つけるための手段を辞書執筆者に提供することにあった。

Church and Hanks (1990) には、APコーパス1987年版（約1,500万語）を用いて、動詞saveの基本形の右5語以内に出現する共起語のMIスコアを算出した例が挙げられている（表1）。xは中心語のsave、f(x)はsaveの全体頻度、yは共起語、f(y)は共起語の全体頻度、f(x, y)は共起語がsaveの基本形の右5語以内に現れる共起頻度、I(x, y)はsaveと共起語とのMIスコアを表す。MIスコアは、実測値を期待値で割った値に対し、2を底とする対数をとったものである。

表1. コロケーションのMIスコア

$I(x,y)$	$f(x,y)$	$f(x)$	x	$f(y)$	y
9.5	6	724	save	170	foreste
9.4	6	724	save	180	$ 1.2
8.8	37	724	save	1,697	lives
8.7	6	724	save	301	enormous
8.3	7	724	save	447	annually
7.7	20	724	save	2,001	jobs
7.6	64	724	save	6,776	money
7.2	36	724	save	4,875	life
6.6	8	724	save	1,668	dollars
6.4	7	724	save	1,719	costs
6.4	6	724	save	1,481	thousands
6.2	9	724	save	2,590	face
5.7	6	724	save	2,311	son
5.7	6	724	save	2,387	estimated

$$I = \log_2 \frac{P(x,y)}{P(x)P(y)} \cdots (1)$$

コーパスの総語数をNとすると $P(x) = \frac{f(x)}{N}$、$P(y) = \frac{f(y)}{N}$、$P(x,y) = \frac{f(x,y)}{N}$ となるから、式(1)は以下のようにまとめられる。

$$I = \log_2 \frac{f(x,y)N}{f(x)f(y)} \cdots (2)$$

表1でMIスコアが一番高いforestsの場合を例にとってみると、中心語のsaveの頻度 $f(x)$ が724、共起語のforestsの全体頻度 $f(y)$ が170、両者の共起頻度 $f(x,y)$ が6回なので、コーパスの総数を1,500万語とすれば、I = 9.51となる。saveとforestsの共起頻度は6回で、saveとmoneyの共起頻度64回に比べると圧倒的に低いものの、共起頻度の実測値と期待値を比較すれば、saveとforestsの共起関係のほうが強いといえるわけである。このように、MIスコアは、比較的低頻度の特徴的なコロケーションを抽出する場合に効果を発揮する。

Hanksらのこの論文以降、コロケーション分析に有用な統計指標に関する論文の発表が相次いだ。Church et al. (1991) では *t* スコア、Dunning (1993) では対数尤度比 (log-likelihood score)、Kilgarriff and Tugwell (2001) ではlog-logが提案された。また、Hanksの論文より以前に、Salton et al. (1983) がダイス係数を提案している。コロケーション分析に一般に利用されるこれらの統計指標については、さらに3.2の統計サマリーで詳しく述べる。

統計指標の活用によって、執筆者は直接コンコーダンスラインを分析する前に、まず統計サマリーによって語の大まかな振る舞いを確認することができるようになった。喩えて言えば、統計サマリーはコーパスという大きな森を解読ための地図の役割を果たす。執筆者は統計サマリーという地図を見ながら、個々の目標に向かって、コンコーダンスラインという一本一本の木を効率的に読むことができるようになったのである。

図2は、1990年以降の現代アメリカ英語を収集したモニターコーパス Corpus of Contemporary American English (COCA)[1] での統計サマリーの例である。先ほどの Church and Hanks (1990) の例に類似した条件で、動詞 save の右5語以内に10回以上出現する名詞を MI スコア順で抽出した結果である。ただし、COCA ではレマによる検索が可能なので、ここで示されているものには動詞 save の原形のほか、変化形もすべて含まれている。また、ここでは、5語以内に現れる語のうち名詞だけをレマの単位で抽出している。

SHOW TEXTS		CONTEXT	FREQ		ALL	%	MI
1		[WRETCH]	26		315	8.25	6.97
2		[AGGRAVATION]	17		469	3.62	5.79
3		[DAMSEL]	10		304	3.29	5.65
4		[DROWNING]	44		1427	3.08	5.55
5		[SANITY]	47		1641	2.86	5.45
6		[MANATEE]	19		664	2.86	5.44
7		[DARFUR]	32		1128	2.84	5.43
8		[MONEY]	5549		213415	2.60	5.31
9		[AIMEE]	12		508	2.36	5.17
10		[POSTERITY]	16		698	2.29	5.12

CLICK FOR MORE CONTEXT [?] SAVE LIST CHOOSE LIST ----- CREATE NEW LIST [?]

1	2015	SPOK	CBS	A	B	C	And he writes these words, " Amazing Grace, How Sweet the Sound That Saved a Wretch like Me. " (Crowd-signin
2	2015	FIC	KenyonRev	A	B	C	sound, " people are singing toward the bow of the boat, " that saved a wretch like me. " " Quiet! Quiet. " The pilot
3	2013	MAG	America	A	B	C	they do not see is a woman, a person experiencing amazing grace that has saved a wretch like her. She is passio
4	2013	MAG	USAToday	A	B	C	or been tossed in the sea. Yet, God, in His providence, saved this wretch and gave him something he did not des
5	2012	MAG	EEnvironmental	A	B	C	lifted to the granite walls. Amazing Grace, how sweet the sound, that saved a wretch like me. # My paddle hung
6	2005	FIC	NewYorker	A	B	C	slew of fine words. That it was for freedom; that it was to save eight poor wretches; that even boys my age could
7	2003	SPOK	CBS_48Hours	A	B	C	. ! UNIDENTIFIED-MALE (singing): Amazing grace, how sweet the sound that saved a wretch like me. ! VAN-SANT:
8	2003	SPOK	NPR_Saturday	A	B	C	Soundbite-of-music Unidentified Man: (Singing) Amazing grace, how sweet the sound that saved a wretch like m

図2. COCAにおける統計サマリーの例

FREQUENCY のタブにコロケーションの統計サマリーが表示され、その統計サマリーの共起語をクリックすると、隣りの CONTEXT のタブにその共起語を含む文脈が表示される仕組みになっている。図2では、頻度10以上の名詞の共起語で MI スコアの最も高い save + wretch のコロケーションの文脈が示されている。統計サマリーを利用すると、語句の特定の振る舞い(ここでは、動詞 save とその目的語のパターン)に焦点を当てた効率的な分析が可能になる。

1990年代に統計サマリーの必要性が説かれた背景には、2.1の最後でも述べたコーパスの大規模化がある。1994年には1億語のBNC(British National Corpus)の初版が完成し公開される。また、COBUILDプロジェクトで使用されたバーミンガムコーパスの後継となるモニターコーパスBoE(Bank of English)は、1994年には2億語、1997年には3億語に達する。イギリスの各辞書出版社は、COBUILD英語辞典の後を追うように、大規模コーパスを利用したEFL辞書を次々と世に送り出した。

90年代に登場したこれらのコーパスは単に規模が大きいだけでなく、品詞タグなどのアノテーションが付与されていた。図1のCOBUILDプロジェクトで使用されたコンコーダンスでは名詞のmindと動詞のmindが混在しているが、アノテーションの品詞情報を用いれば、両者を区別して出力することができるようになる。また、図2のCOCAの統計サマリーの例のように、アノテーションを付与したコーパスでは、レマや品詞による検索ができるため、プレーンコーパスに比べて、ノイズの少ないコロケーション抽出が可能になる。

2.3.　1990年代後半以降 —レキシカルプロファイリング

このようにして、アノテーション付きのコーパスに統計サマリーを適用することで、コロケーションなどの語の振る舞いを以前よりも精密に描き出せるようになったが、問題はまだ残っていた。図2では動詞saveの右5語以内にくる名詞を抽出した例を示したが、COCAを使って同一条件でKWIC表示したものが図3である。コンコーダンスラインを見ていくと、saveの目的語になっているものとなっていないものがあることに気がつく。

ここではコロケーションの詳しい定義については検討しないが、共起語は中心語の左右5語以内に出現するとする見方が90年代の半ばぐらいまで広く浸透していた。しかし、これはあくまでも経験則に過ぎず、この方法を用いて、saveの目的語となる名詞を抽出しようとすると、図3のように多くのノイズを含んだ結果になってしまう。

:o go one mile per gallon less , we 'd	save	100 million barrels a day of oil . But
elphians , one man 's lonely battle to	save	a generation . FOREMAN: According
:nowing that a little loving care could	save	a life . # To those who contemplate
:es ? # A : I 've always been able to	save	a little bit of money and do right by t
e at the window . But nothing stirred	save	a thin smirr of rain . Elizabeth Paters
they conceived one child in order to	save	another . All their hopes were in the
ses work through the day and night ,	saving	as many lives as they can . # N2 : A
just get in the car and drive off and	save	Billy Jack 's life ? Mr-BUTLER : I rea
tarts out claustrophobic , the book is	saved	by the kids ' individuality and the wa
; together in unprecedented ways to	save	cash . Ideas floated at a recent mee

図 3.　save ＋名詞のコンコーダンス

このような問題を回避するには、検索の単位を語から句に変えればよい。チャンカーと呼ばれるアノテーションツールを使うと、テキスト中に出現する名詞句や動詞句を特定することができる。save の目的語を探す場合であれば、save の直後に名詞句が続く例を探し出せばよいことになる。たとえば、図 3 の上から 4 番目のコンコーダンスでは、a little bit of money が名詞句になっている。この名詞句を検出し、さらに名詞句の中心にくる名詞が money であることを判定できれば、目的語の money を正しく抽出できる。また、下から 2 番目の受動態の例では、save の直後に by が続いている。save ＋名詞句というパターンに当てはまらないため、kids が save の目的語として抽出されることはない。同様に、save の主語となる名詞を抽出する場合は、save の直前にくる名詞句を探し、その中心となっている名詞を見つけ出せばよい[2]。このように、名詞句というかたまりで探索する手法を用いることで、中心語から何語以内というそれまでの経験則に頼らずに、コロケーションをより精密にかつ漏れなく抽出できるようになる。

Kilgrriff, Adam らは、このような考え方に基づいて、文法関係のパターンを表現した検索式を用いてコーパスを走査し、文法関係のパターンを抽出した文法パターンデータベースを作成した (Kilgarriff and Tugwell 2001)。先ほどの動詞とその目的語のパターンは、以下のような検索式で定義されている (BNC タグセットの場合)。

```
=object/object_of
1:lex_verb adv_string long_np
2:any_noun adv_string 1:past_part
2:any_noun rel_start?adv_aux_string_not_be copular
adv_string 1:past_part
```

これを見ると、動詞とその目的語のパターンを3つに分けて、それぞれを検索式で表現していることが分かる。ここでは最も典型的な1番目の例について取り上げてみよう。

```
1:lex_verb adv_string long_np
```

まず、lex_verbは動詞（変化形も含む）を表す。lex_verbの前についた1：はこの部分が動詞として抽出されることを表す。2番目のadv_stringは副詞（否定語のnot、n'tを含む）が0〜3回まで出現することを表す。最後のlong_npは名詞句を表す。つまり、最初の検索式は「動詞＋副詞0〜3回＋名詞句」のパターンを表している。名詞句はさらに次のように定義されている。

```
define(`long_np',`[tag="AT."|tag="DT."|tag=poss_
pro|tag=number|tag=any_adv|tag=any_adj|tag=genitive]
{0,3}any_noun{0,2}2:any_noun[tag!=any_noun &
tag!=genitive]')
```

名詞句の定義の終わりのほうにある2: any_nounが名詞句の中心にくる名詞を表し、この部分が動詞の目的語として抽出されることになる。

2番目の検索式（2: any_noun adv_string 1: past_part）では、a house built last yearのような過去分詞の後置修飾のパターンから、動詞（build）と目的語（house）を抽出する。3番目の検索式は、a house that was built last yearのような関係詞節を含むパターンを対象とする。

Kilgarriffはこの文法パターンデータベースの情報をもとにして、1990年代後半からレキシカルプロファイリングツールWord Sketchの開発に着手する。レキシカルプロファイリングは、2.2に述べた統計サマリーの延長線上にあるもので、文法関係によって統計サマリーを分類することでさらに精密で使いやすい地図を辞書執筆者に提供するツールである。

図4はBNCの動詞saveのWord Sketchである。ここにある表1つ1つを統計サマリーと見なすことができる。それぞれの表が動詞における特定の文法関係を示している。たとえば、左から2番目の表が、saveの目的語となる名詞の統計サマリーである。中心語からの語数ではなく、上で述べたような文法関係を表す検索式をもとに抽出しているので、図2のCOCAの統計サマリーよりも格段に精度が向上している。

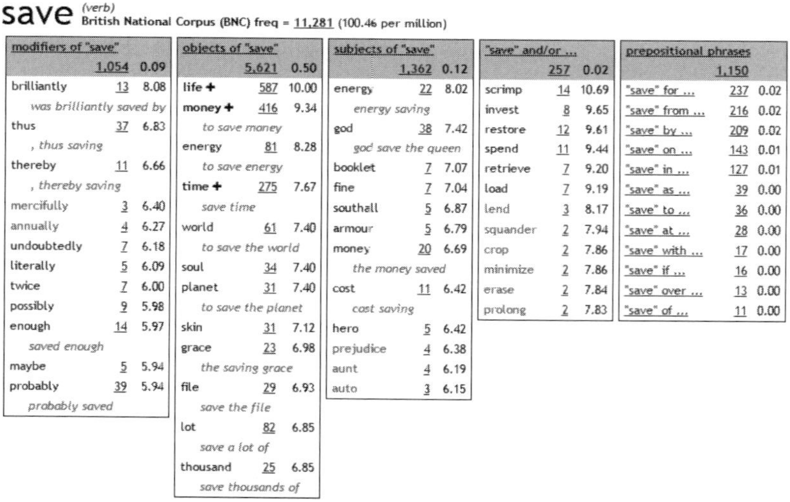

save *(verb)* British National Corpus (BNC) freq = 11,281 (100.46 per million)

modifiers of "save"	1,054	0.09
brilliantly	13	8.08
was brilliantly saved by		
thus	37	6.83
, thus saving		
thereby	11	6.66
, thereby saving		
mercifully	3	6.40
annually	4	6.27
undoubtedly	7	6.18
literally	5	6.09
twice	7	6.00
possibly	9	5.98
enough	14	5.97
saved enough		
maybe	5	5.94
probably	39	5.94
probably saved		

objects of "save"	5,621	0.50
life +	587	10.00
money +	416	9.34
to save money		
energy	81	8.28
to save energy		
time +	275	7.67
save time		
world	61	7.40
to save the world		
soul	34	7.40
planet	31	7.40
to save the planet		
skin	31	7.12
grace	23	6.98
the saving grace		
file	29	6.93
save the file		
lot	82	6.85
save a lot of		
thousand	25	6.85
save thousands of		

subjects of "save"	1,362	0.12
energy	22	8.02
energy saving		
god	38	7.42
god save the queen		
booklet	7	7.07
fine	7	7.04
southall	5	6.87
armour	5	6.79
money	20	6.69
the money saved		
cost	11	6.42
cost saving		
hero	5	6.42
prejudice	4	6.38
aunt	4	6.19
auto	3	6.15

"save" and/or ...	257	0.02
scrimp	14	10.69
invest	8	9.65
restore	12	9.61
spend	11	9.44
retrieve	7	9.20
load	7	9.19
lend	3	8.17
squander	2	7.94
crop	2	7.86
minimize	2	7.86
erase	2	7.84
prolong	2	7.83

prepositional phrases	1,150	
"save" for ...	237	0.02
"save" from ...	216	0.02
"save" by ...	209	0.02
"save" on ...	143	0.01
"save" in ...	127	0.01
"save" as ...	39	0.00
"save" to ...	36	0.00
"save" at ...	28	0.00
"save" with ...	17	0.00
"save" if ...	16	0.00
"save" over ...	13	0.00
"save" of ...	11	0.00

図4. 動詞saveのWord Sketch

Word Sketchの統計サマリーでは、logDiceというダイス係数を対数化した統計指標が用いられ、初期状態ではその降順で示されている（Lexical Computing Ltd. 2012）。saveの目的語のトップに来ているlifeを例にとると、life の右隣りの数値(587)が頻度、その隣りの数値(10.00)が logDice を表す。

このように、レキシカルプロファイリングは特定の語(通常は内容語)の振る舞いを網羅的に表示するため、辞書執筆者はあらかじめその全体像をつかんだ上で分析を進めることができる。Word Sketch は Macmillan English Dictionary の制作で初めて活用され、その後数々の出版社の辞書制作の現場で用いられることになる。現在では、その活用範囲は英語以外の言語の辞書制作にも広がっており、レキシカルプロファイリングは、現在の辞書制作の中心的なツールとしての地位を確立しつつある。レキシカルプロファイリングの機能については 3.3 でさらに詳しく述べる。

3. 3つのコーパスツール

前節では、約 30 年にわたるコーパスを利用した辞書制作(corpus lexicography)の変遷を振り返り、コーパスの大規模化やハードウェアの進化に伴って、コーパスツールがどのような発展を遂げてきたのかを概観した。本節では、前節で取り上げた 3 つのツール、コンコーダンス、統計サマリー、レキシカルプロファイリングについて、辞書制作の観点から、その特徴や機能を明らかにしていきたい。

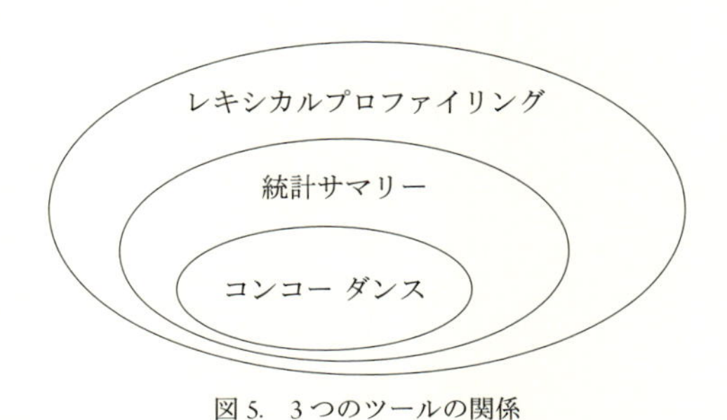

図 5. 3つのツールの関係

これらの3つのツールは、前節で見てきたように、独立した個別のツールというよりは、むしろ時代の変遷の中でしだいに進化してきた過程を示すものである。図5のように、統計サマリーはコンコーダンスを内包し、さらにレキシカルプロファイリングは統計サマリーを内包する形で発展してきた。したがって、これらのツールについて述べるときは、ツール間の連携に着目することが重要である。

上記の3つのツールは辞書執筆者が執筆の過程で利用するツールであるが、この他、辞書制作で重要なツールに頻度表(frequency list)がある。頻度表は、特に辞書制作の最初の段階、すなわち、見出し語の選定作業で使用されることが多い。通常は、アノテーションを付与したコーパスをもとに、レマ化された語彙表を作成するのが有効である。イギリス英語、アメリカ英語などの変種ごとの特徴を明らかにしたい場合は、複数のコーパスまたはサブコーパスを利用して頻度表を作成し、統計指標に基づいてそれぞれの変種の特徴を導き出す手法が採られる。ただし、注意すべきことは、特定のコーパスの頻度情報だけを頼りに見出し語を選定することはできない点である。見出し語選定には、コーパスの頻度以外のさまざまな要素がからんでくるためである。特に、学習者向け辞書においては、日常生活との密着度の高い語彙の記述の充実が求められるが、このような語彙のなかにはコーパスでの相対的頻度がそれほど高くないものも少なくない。したがって、見出し語の選定においては、コーパス以外の視点もバランスよく取り入れることが求められる。

3.1. コンコーダンス

コンコーダンスは、キーワードを中心に配置してその前後の文脈が確認できる形で出力したものである(図1参照)。こうした出力形態をKWICコンコーダンスという(KWICはkeyword in contextの略)。通常、コンコーダンスといえば、このKWICコンコーダンスを指すが、センテンス単位で文脈を表示したものもコンコーダンスと呼ばれることがある。ツールによっては、コンコーダンスの表示画面で、KWIC表示とセンテンス表示を切り替えることができるものがある。

電子テキストを対象としたコンコーダンスの作成は1951年のRoberto Busaが最初とされるが、人手によるコンコーダンスの歴史はきわめて古く、13世紀のラテン語ブルガタ訳聖書のコンコーダンス編纂に遡る(McEnery and Hardie 2011)。

2.1で見たように、1980年代のCOBUILDプロジェクトでは紙に印字されたコンコーダンスを分析しながら執筆が進められた。1980年代の終わりごろになるとパソコンが普及し始め、パソコン上でコンコーダンスを作成できるツール(コンコーダンサ)が登場し、一般の研究者でもテキストを収集して、コンコーダンサを使って分析できる環境が整った。

コンコーダンサが紙に出力されたコンコーダンスよりも優れている点は2つある。1つは、キーワードの前後の語で並べ替えができる点である。並べ替え機能を利用することで、コンコーダンスを分析する能力は飛躍的に高まった。もう1つは、共起語を指定して検索することで、キーワードの特定の振る舞いに照準を当てることができる点である。2.2の統計サマリーで挙げた例はそのような例の1つだが、最近のコンコーダンサでは、表層形、レマ、品詞を自由に組み合わせ、そこに語数指定も加えた上で検索することができるようになっている。このような高度な検索機能は、コンコーダンサのツールとしての最大の強みといえる。

それでは、一例として、コンコーダンスを利用した句動詞の分析について取り上げる。Word Sketchのレキシカルプロファイリングについては後ほど詳しく述べるが、Word Sketchで検索できるレマは動詞、名詞、形容詞に限られているため、現状では、句動詞の振る舞いを調べることはできない。2.2で取り上げたCOCAを利用して、句動詞の振る舞いをコンコーダンスと統計サマリーを組み合わせて活用しながら分析してみよう。

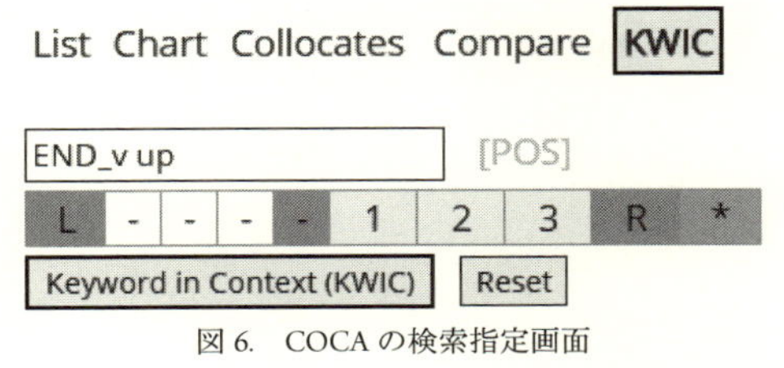

図6. COCAの検索指定画面

まず、SEARCHタブの左上にある検索結果の表示形式から[KWIC]を選択する。次に検索フォームに図6のように入力する。endをEND_vとすると、動詞endを変化形も含めて、レマとして検索することができる。upはレマにする必要がないので、そのまま入力する。指定ができたら[Keyword in Context (KWIC)]ボタンをクリックする。画面右下に図7のようなKWICコンコーダンスの結果が表示される(結果はサンプリングされるので、図7といつも同じ結果が返ってくるわけではない)。結果はend upの右側(正確には、右1語目、2語目、3語目の順)でソートされている。コンコーダンスラインを順に見ていくと、end upの後に動名詞が続くend up doingの形が多いことが確認できる。

CLICK FOR MORE CONTEXT [?] SAVE LIST CHOOSE LIST ----- CREATE NEW LIST [?]

1	2010	NEWS	CSMonitor	A	B	C	be friends with everyone but with no clear-cut positions , we	ended up	accepting the Turkish application in 1999 . at the Helsinki
2	1996	MAG	GolfMag	A	B	C	than 100 yards from the green . However , the ball	ended up	against a wall of eight-foot-high marsh stalks . " He was
3	1993	ACAD	GeographRev	A	B	C	Ursua and Aguirre instead of Oreliana ? Why does Aguirre	end up	alone and insane on the raft at the end of the
4	2004	NEWS	Atlanta	A	B	C	investment last year changed hands several times --	ending up	as far away as Brazil and Jamaica . # Barrett ,
5	2012	ACAD	JournalAmerican	A	B	C	location " I do n't mind , but I may	end up	at a conservative place and I do n't want to cut
6	2015	FIC	Atlantic	A	B	C	It had been tacitly agreed upon : another night they would	end up	at Susannah 's . Only Natalie knew about Susannah 's new
7	1997	NEWS	Houston	A	B	C	many people during that time . I lost my housing and	ended up	at the Star of Hope shelter . " # Sheila and
8	1991	NEWS	Atlanta	A	B	C	Leona included , will take a ride through their subdivision and	end up	at the video store for the latest movie release . A
9	1994	SPOK	PBS_Newshour	A	B	C	end . It went well at first but in the end	ended up	badly with American casualties . And we pulled back rathe
10	2010	SPOK	NPR_FreshAir	A	B	C	spoken about how her father ended up being - your grandfather	ended up	being a numbers- runner and gambler , and your grandm
11	2010	SPOK	NPR_TalkNation	A	B	C	us so angry is , you know , no child who	ends up	being adopted had a happy beginning . That 's just -
12	1994	SPOK	ABC_Nightline	A	B	C	thought it was going to be a hot LZ but it	ended up	being better than we thought , as no fire , so
13	2009	ACAD	CommunCare	A	B	C	are available at **43;7968;TOOLONG ? id=525 # " They can	end up	being convicted because they 've not been able to defend
14	1997	SPOK	CNN_Talkback	A	B	C	ROOK : The Thompson hearings , of course , which will	end up	being Democrat and Republican , bipartisan in a sense .
15	1997	NEWS	AssocPress	A	B	C	case was dismissed , but Coleman 's most notorious performance	ended up	being his last . " When my mother died , "
16	1999	FIC	Scholastic	A	B	C	any of us is ever gon na get . We 'll	end up	being miners just like everyone else . Narrator 1 : A
17	1991	NEWS	NYTimes	A	B	C	, we did a lot of going-away parties . But it	ended up	being one long wake that just went on and on .
18	1995	SPOK	ABC_Nightline	A	B	C	question , everything that we 're talking about here tonight	ends up	being personal ! 1st ADULT AUDIENCE MEMBER : Mm-hm
19	1996	SPOK	NPR_Sunday	A	B	C	, I do n't suppose that we knew that it would	end up	being such a classic SMITH In jacket copy for the book
20	2001	SPOK	NPR_ATC	A	B	C	anything about it and the league folded . The real problem	ended up	being that the NBA , which had given about $2 million

図7. end upのコンコーダンス

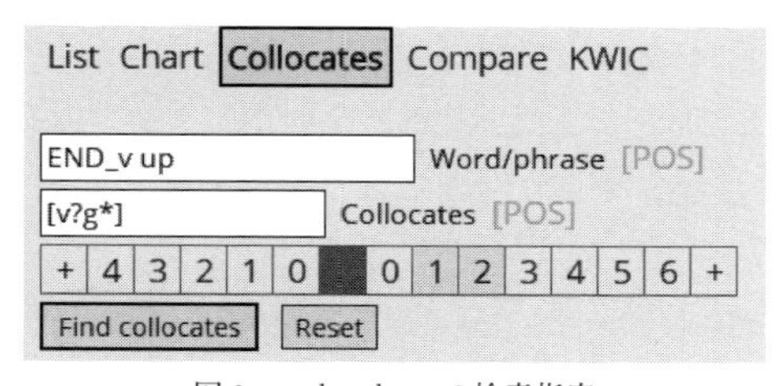

図8. end up doingの検索指定

それでは、動名詞が後続するものだけに絞り込んでみよう。図8のように、動名詞の部分を共起語に指定して、どのような動詞が使われているかをリスト形式で表示してみることにする。検索結果の形式から[Collocates]を選び、[Word/phrase]に先ほどと同じEND_v upを指定する。動名詞を共起語として指定するには、[Collocates]の右の[POS]をクリックし、表示されるドロップダウンリストからverb. INGを選ぶ。すると、自動的に[Collocates]にing形を表す[v?g *]が入力される。次に、その下の数字が並んでいるスケールに共起語の範囲を指定する。左側のスケールでキーワードの左範囲、右側のスケールで右範囲を語数で指定する。今回の場合、end upの直後に現れる動名詞を調べるので、スケールの右の2をクリックして、共起語を右1語目から2語目から探すように指定する（右を1としないのは、2語のキーワードを指定しているので、upが右1語目に相当するためである）。[Find collocates]ボタンをクリックすると、画面右上にend upに後続する動名詞が頻度順に表示される（図9）。それぞれの動名詞をクリックすると、その下にその動名詞が使われている用例がコンコーダンスで表示される。

		CONTEXT	FREQ	
1		BEING	1921	
2		HAVING	563	
3		GETTING	558	
4		DOING	531	
5		PAYING	379	
6		GOING	368	
7		MAKING	257	
8		TAKING	239	
9		LOOKING	204	
10		SPENDING	202	

図9.　end up doingの統計サマリー（単純頻度）

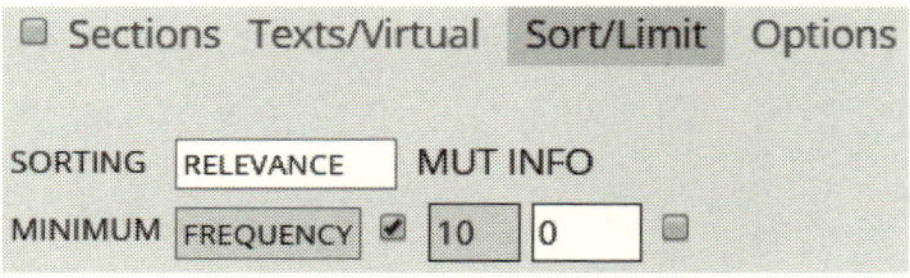

Sections　Texts/Virtual　Sort/Limit　Options

SORTING　RELEVANCE　MUT INFO

MINIMUM　FREQUENCY　10　0

図10.　MIスコアの設定

この単純頻度によるサマリーでは being や having などの高頻度の動詞が上位にくるため、どの動詞が end up と共起関係が強いのか判断するのが難しい。共起関係が強い動詞を調べるために、MI スコアによるサマリーを作成してみよう。先ほどの設定はそのままにしておき、その下にある [Sort/Limit] をクリックし、図 10 のように設定する。MI スコアでは、低頻度の共起語の値が過剰に高くなる傾向があるため、頻度 10 以上の共起語のみを対象とするように、[MINIMUM] から [FREQUENCY] を選び、その右に 10 を入力し、その左のチェックボックスにチェックを入れる。[Find Collocates] ボタンをクリックすると、共起する動名詞が MI スコアの降順で結果が表示、end up costing が最も共起関係の強いコロケーションとして示される。

		CONTEXT	FREQ		ALL	%	MI	
1		COSTING	201		2639	7.62	9.34	
2		HATING	31		1097	2.83	7.91	
3		MARRYING	66		2866	2.30	7.62	
4		OWNING	50		2557	1.96	7.38	
5		OWING	38		2008	1.89	7.33	
6		HURTING	83		5454	1.52	7.02	
7		SUBSIDIZING	10		739	1.35	6.85	
8		PAYING	379		28165	1.35	6.84	
9		LIKING	25		2362	1.06	6.49	
10		STAYING	120		15332	0.78	6.06	

図 11.　end up doing の統計サマリー（MI スコア）

このように、コンコーダンスと統計サマリーを交互に利用しながら、特定のパターンに対象の範囲を狭めて、その共起関係についてコンコーダンスで分析を進めていくことができる。

3.2.　統計サマリー

2.2 では、コンコーダンスの分析をより効率的に進めるための手法として、統計指標を利用したコロケーション分析が考案された経緯を明らかにした。本節では、コロケーション分析の統計サマリーに利用される代表的な統計指標を取り上げ、それぞれの指標の特徴について述べたい。

表2は、コロケーション分析に用いられる主な統計指標である。使用する変数について見ると、単純頻度とダイス係数以外の5つの指標では、中心語頻度、共起語頻度、共起頻度、総語数の4つの変数すべてを使用する。7つの指標のうち、他と最も異なった傾向を示すのはMIスコアである。2.2でも述べたようにMIスコアは比較的頻度の低い特徴的なコロケーションを抽出するのに有効だが、一方で頻度がきわめて低いコロケーションのスコアが過剰に高くなる傾向があり、注意が必要である。

表2. コロケーション分析で用いられる主な統計指標

統計指標	使用する変数				特徴
	中心語頻度	共起語頻度	共起頻度	総語数	
共起頻度	×	×	○	×	中心語頻度や共起語頻度の値に大きく影響される
ダイス係数	○	○	○	×	共起頻度、中心語頻度、共起語頻度の3つの関係で表した指標
t スコア	○	○	○	○	コロケーションの有意性を測る指標
Z スコア	○	○	○	○	*t* スコアに修正を加えたものだが、MI3に近い結果を返す
MI スコア	○	○	○	○	共起強度を測る指標で、低頻度でも特徴的なコロケーションの抽出が可能
MI3	○	○	○	○	MIスコアの低頻度コロケーションの問題に対処するために導入された指標
対数尤度比	○	○	○	○	高頻度と低頻度の共起語をバランスよく抽出できるとされる

コロケーション分析においてこれらの統計指標を使いこなすためには、それぞれの統計指標の傾向を知ることが重要である。Baker (2006) によれば、共起頻度は高頻度の機能語を見る場合に適しており、一方、MIスコア、Zスコア、log-log、共起頻度の実測値／期待値比 (observed/expected) は低頻度の内容語を見る場合に適しており、MI3と対数尤度比は

前の2つのグループの中間に位置するという。石川(2006)は、large とその後続名詞とのコロケーションについて、5種類の統計値(共起頻度、共起頻度比、*t* スコア、MI スコア、対数尤度比)を計算し、指標間の相関関係をスピアマンの順位相関で求めた。その結果から5つの指標を頻度にウェイトを置いたグループ(*t* スコアと対数尤度比)と、頻度にあまり依存しないグループ(共起頻度比と MI スコア)の2つに分類した。

それでは、コロケーション分析において多くの統計指標に対応している BNC*Web*[3] を使って、上記の傾向を確認してみることにする。BNC*Web* では、表2に示した7種類の指標すべてが利用できる。BNC*Web* ではいったんコンコーダンスで結果を表示してから、統計サマリーに相当するコロケーション分析の画面に移行する。図12は、形容詞 powerful の右1語から右3語目に現れる共起語を頻度順で集計したサマリーである。1位から10位まではすべて機能語や句読点が占めているのが分かる。

Collocation parameters:			
Information:	collocations	Statistics:	Rank by frequency
Collocation window span:	1 Right - 3 Right	Basis:	whole BNC
Freq(node, collocate) at least:	5	Freq(collocate) at least:	5
Filter results by:	Specific collocate:	and/or tag: no restrictions	Submit changed parameters Go!

There are 9846 different types in your collocation database for "[word="powerful"%c]". (Your query "powerful" returned 7062 hits in 1919 different texts)

No.	Word	Total No. in whole BNC	Expected collocate frequency	Observed collocate frequency	In No. of texts
1	,	5,014,383	902.839	1187	741
2	.	4,713,133	848.599	1020	670
3	the	6,041,234	1,087.723	803	588
4	and	2,616,708	471.138	792	561
5	of	3,042,376	547.779	756	533
6	in	1,937,819	348.904	541	433
7	to	2,593,729	467.000	419	339
8	for	878,727	158.215	267	232
9	than	144,567	26.029	194	163
10	that	1,118,985	201.473	189	160

図12. BNC*Web* のコロケーション分析(共起頻度)

共起頻度などの4つの統計指標の統計サマリーの上位10位の結果を表したのが表3である。( )内は共起頻度を表す。対数尤度比では、大半は内容語だが、機能語の and と than は上位10位内に残っている。Z スコアになると、機能語は姿を消して内容語だけになり、比較的低頻度の共起語が上位に上がってくる。MI スコアでは、Z スコアの場合よりさらに低頻度の共起語が高いスコアを示し、頻度 10 未満の共起語が半数以上を占めているのが分かる。

表 3. 統計指標による順位の違い

共起頻度	対数尤度比	Z スコア	MI スコア
,(896)	tool(53)	tool(53)	torches(6)
.(707)	influence(60)	lobby(27)	tool(53)
and(584)	than(132)	weapon(32)	lobby(27)
the(554)	enough(71)	influence(60)	melodic(6)
of(516)	weapon(32)	locomotives(9)	locomotives(9)
in(382)	force(52)	force(52)	weapon(32)
to(302)	lobby(27)	header(11)	header(11)
for(188)	and(584)	enough(71)	clan(5)
that(138)	forces(35)	torches(6)	ally(9)
than(132)	body(41)	tools(20)	vested(8)

上記の結果をまとめると、共起頻度→対数尤度比→ Z スコア→ MI スコアの順で低頻度の内容語に重点が移っていくのが分かる。このことは、先ほどの Baker(2006)や石川(2006)が示した傾向とも一致している。

BNC*Web* の統計サマリーや 2.2 の COCA の統計サマリーなどのように、あらかじめウィンドウサイズ(中心語からの左右の語数)を指定して共起語を抽出するタイプの統計サマリーでは、当然のことながら、指定範囲外に現れる共起語については除外されてしまう。前述したように、共起語は必ず中心語からの一定の語数以内に現れる保証はなく、さらに共起関係の種類によって共起語が現れる位置もさまざまである。逆に言えば、このことは、ウィンドウサイズの設定によって、統計サマリーの結果が大きく違ってくるということであり、利用にあたっては十分な配慮が必要である。

3.3. レキシカルプロファイリング

2.3 で述べたように、レキシカルプロファイリングでは、コーパスに出現する多様なコロケーションを文法関係ごとに整理し格納した文法パターンデータベースを構築し、その情報をもとに網羅的な統計サマリーを作成する。この手法を導入すれば、コロケーションを抽出する際にあらかじめウィンドウサイズを設定するという恣意的な要素を排除できる。そのため、より信頼性の高いサマリーの提供が可能になる。

文法パターンデータベースを使用するもう1つの利点は、特定の語の振る舞いを文法関係に整理して一覧表示できることである（図4参照）。このようなインターフェースはコーパス分析を大幅に効率化する。本節では、Word Sketch での利用例を紹介しながら、レキシカルプロファイリングの特徴と機能について明らかにしたい。

Word Sketch は、Sketch Engine と呼ばれる統合型のコーパス検索システムの一機能として提供されている[4]。Word Sketch 以外の機能には、コンコーダンス、頻度表、シソーラス、レマ比較（Sketch-Diff）などがある。レマ比較については後ほど詳しく取り上げることにする。

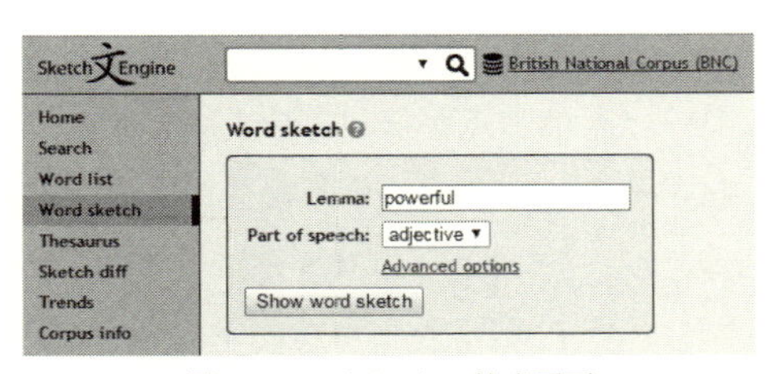

図13.　Word Sketch の検索画面

図13は、BNC を対象として、Word Sketch 機能を選択したたときの初期画面である。BNC の場合、Word Sketch の対象になる語は名詞、代名詞、動詞、形容詞の4つである。コーパスによっては、さらに副詞にも対応しているものもある。[Lemma] に調べたい語を入力し、[Part of speech] からその品詞を選択する。ここでは、3.2で取り上げた形容詞の powerful を調べてみよう。図13のように入力して、[Show word sketch] をクリックすると、powerful の Word Sketch が表示される（図14）。

powerful *(adjective)*
British National Corpus (BNC) freq = 7,054 (62.81 per million)

modifiers of "powerful"	1,008	0.14
immensely	25	8.98
extremely	44	7.58
potentially	15	7.32
economically	8	7.26
sufficiently	16	7.23
politically	10	7.11
incredibly	7	7.10
tremendously	5	7.01
enormously	5	6.54
equally	17	6.53
increasingly	22	6.48
especially	13	6.44
very +	227	6.35
pretty	13	6.32
particularly	30	6.25
however	9	5.89
too	71	5.81
so +	119	5.55
as	75	5.18
quite	22	4.71
once	8	4.32
really	17	3.78
all	16	3.65
still	10	2.31
already	6	2.13

nouns and verbs modified by "powerful"	4,920	0.70
tool	92	8.42
influence	89	8.21
lobby	39	7.82
weapon	48	7.54
argument	47	7.46
force +	108	7.22
engine	35	7.03
voice	44	7.01
nation	29	7.00
computer	34	6.98
ally	22	6.93
body	61	6.92
torch	18	6.83
punch	18	6.72
header	17	6.68
muscle	19	6.61
effect	59	6.57
combination	19	6.53
emotion	17	6.52
position	46	6.38
man +	104	6.34
incentive	15	6.34
image	24	6.30
symbol	15	6.29
stimulus	14	6.27

"powerful" and/or ...	1,818	0.26
rich	53	8.87
wealthy	20	8.25
influential	18	8.05
flexible	13	7.45
vested	10	7.45
melodic	8	7.08
strong	21	6.90
effective	13	6.90
new	60	6.88
large	31	6.83
independent	13	6.78
institutional	8	6.76
magnetic	7	6.72
complex	11	6.56
famous	8	6.55
lean	6	6.53
compact	6	6.53
big	17	6.45
consistent	6	6.42
persuasive	5	6.41
centralized	5	6.40
emotional	8	6.36
disturbing	5	6.36
versatile	5	6.35
huge	8	6.30

prepositional phrases	290	
"powerful" than ...	93	0.01
"powerful" in ...	74	0.01
"powerful" as ...	55	0.01
"powerful" of ...	37	0.01
"powerful" for ...	12	0.00
"powerful" if ...	9	0.00
"powerful" on ...	5	0.00
"powerful" with ...	5	0.00

infinitive objects of "powerful"	100	0.01
be	9	1.15

verbs before "powerful" and noun	47	0.01
have	5	5.96
make	17	4.89
be	13	4.14

verbs before "powerful"	645	0.09
become	46	6.13
grow	6	6.05
remain	16	6.00
prove	6	5.59
be +	522	4.58
feel	6	4.09
make	6	4.03

unary rels		
it's "%w" to ...	5	0.00

subjects of "be powerful"	400	0.06
engine	6	8.53
force	5	7.61
time	14	7.14
someone	5	7.04
something	7	4.90

図 14.　powerful の Word Sketch

図 14 には、大小 9 つの表が表示されている。それぞれが特定の文法関係を表し、各表のヘッダー部分に文法関係の種類が示されている。[modifier of "powerful"] は powerful を修飾する副詞類、[nouns and verbs modified by "powerful"] は、powerful によって修飾される名詞・動詞類、["powerful"and/or ...] は powerful と並立関係にある形容詞、[prepositional phrases] は、powerful に前置詞が後続するパターン、[infinitive objects of "powerful"] は、powerful の後に不定詞が続くパターン、[verbs before "powerful" and noun] は SVOC 構文で powerful を補語としてとる動詞、[verbs before "powerful"] は、SVC 構文で powerful を補語としてとる動詞、[subjects of "be powerful"] は、叙述用法で主語となる名詞を表す。

図 15 は、[nouns and verbs modified by "powerful"] の表である。表の 1 列目は共起語、2 列目は共起頻度、3 列目は logDice を表す。初期状態では 3 列目の logDice の降順に共起語が並んでいる。2 列目の共起頻度をクリックすると、画面が遷移して、共起箇所のコンコーダンスが表示される。

nouns and verbs modified by "powerful"		
	4,920	0.70
tool	92	8.42
influence	89	8.21
lobby	39	7.82
weapon	48	7.54
argument	47	7.46
force ✚	108	7.22
engine	35	7.03
voice	44	7.01
nation	29	7.00
computer	34	6.98

図 15.　powerful+ 名詞

表では、tool が 1 位に来ている。ここで注意しなければならないのは、Word Sketch では共起語もレマ単位で表示される点である。つまり、この tool には単数形の tool だけでなく、複数形の tools も含まれている。先に示した BNC*Web* の統計サマリーでは、共起語はレマ化されないため、tool と tools は別々に表示されている（表 3 参照）。一般的に、共起語はレマ化してサマリーに表示したほうが分かりやすく優れていると言えるが、共起語がある特定の語形（word form）に集中しているような場合にはサマリーから判断できないという問題が生じる。共起語の表示を階層構造にして、レマの 1 つ下の階層に語形を表示するなどの改善策が考えられるだろう。

次に Word Sketch の機能について見てみよう。図 16 の左下の四角で囲んだメニューをクリックすると、それぞれの機能を利用できる。一番下の 2 つの項目（More data, Less data）は共起語の表示数を増減するときに用いる。[Sort by freq/Sort by score] は、共起語を頻度順または logDice 順に並べ替える。[Hide Gramrels/Show Gramrels] をクリックすると、統計サマリーを文法関係ごとに分類した表示（gramrel table）と、全体を 1 つの表にまとめた表示（flat table）を切り替えることができる。[Save] は、表示中の Word Sketch をダウンロードする機能で、タブ区切りのテキストファイルあるいは XML ファイルとしてダウロードしてローカルに保存することができる。

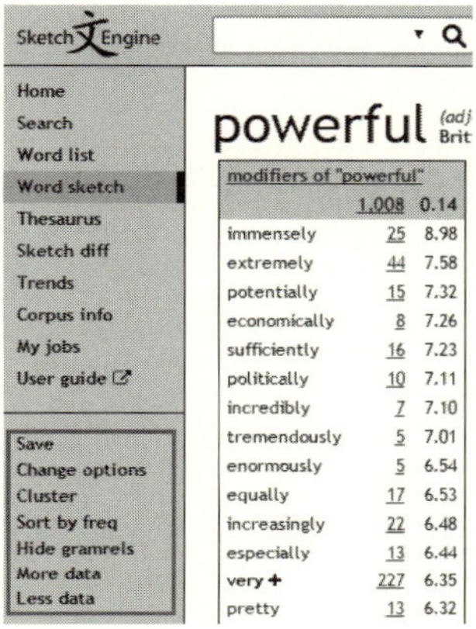

Sketch文Engine

Home
Search
Word list
Word sketch
Thesaurus
Sketch diff
Trends
Corpus info
My jobs
User guide

Save
Change options
Cluster
Sort by freq
Hide gramrels
More data
Less data

powerful (adj) Brit

modifiers of "powerful"	1,008	0.14
immensely	25	8.98
extremely	44	7.58
potentially	15	7.32
economically	8	7.26
sufficiently	16	7.23
politically	10	7.11
incredibly	7	7.10
tremendously	5	7.01
enormously	5	6.54
equally	17	6.53
increasingly	22	6.48
especially	13	6.44
very +	227	6.35
pretty	13	6.32

図 16.　Word Sketch の機能

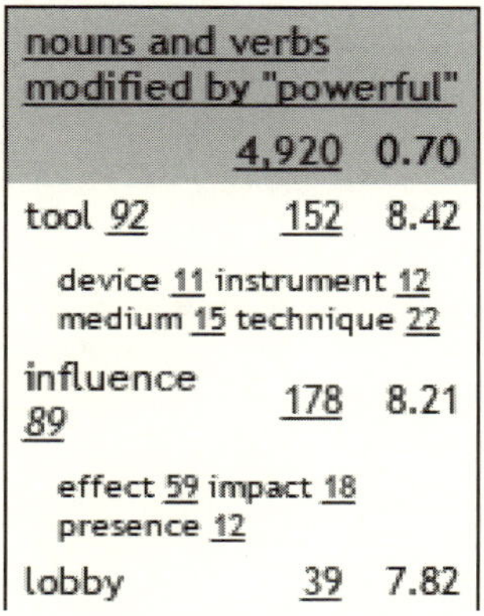

nouns and verbs modified by "powerful" 4,920 0.70
tool 92 152 8.42
device 11 instrument 12 medium 15 technique 22
influence 89 178 8.21
effect 59 impact 18 presence 12
lobby 39 7.82

図 17.　クラスタリング

特筆すべきは、共起語を意味ごとに分類して表示するクラスタリング機能である。[Cluster] をクリックすると、図 15 は図 17 のようなクラスタリング表示に切り替わる。tool の下には device, facility, instrument など、方法や手段を表す関連語がまとめられているのが分かる。クラスタリング表示は、多様な共起語が出現する多義語の場合に特に有効な機能である。クラスタリング機能によって分類された共起語のグループごとに分析することで、語義の分類を効率的にかつ客観的に進める手助けになる。

Word Sketch の機能について一通り説明できたので、Word Sketch 機能の延長上にある Sketch-Diff について見ておこう。Sketch-Diff は 2 項目間の Word Sketch を比較するもので、類義語や反義語の比較などで利用できる。

Word sketch differences

Lemma: powerful
Part of speech: adjective
Sketch diff by: lemma
Second lemma: strong
subcorpus
First subcorpus: None (whole corpus) info create new
Second subcorpus: None (whole corpus) info create new
word form
First word form:
Second word form:

図 18.　Sketch-Diff の検索画面

図 18 は Sketch-Diff の検索画面である。ここでは形容詞 powerful と strong を比較してみよう。図のように、[Lemma] に powerful を、[Part of speech] に adjective を、[Second lemma] に strong をそれぞれ指定する。比較の方法には、2 つのレマの比較以外に、サブコーパス間の比較、語形による比較ができる。[Show Diff] をクリックすると、図 19 のようなサマリーが表示される。

powerful/strong　British National Corpus (BNC) freqs = 7,054 | 19,069

powerful 6.0 4.0 2.0 0 -2.0 -4.0 -6.0 strong

"%w" and/or ...	1,818	3,953	2.80	2.10
wealthy	20	0	8.3	--
influential	18	0	8.1	--
vested	10	0	7.4	--
melodic	8	0	7.1	--
rich	53	10	8.9	5.8
flexible	13	10	7.4	6.2
independent	13	28	6.8	7.3
emotional	8	23	6.4	7.1
strong	21	50	6.9	7.7
religious	8	24	6.1	7.1
personal	11	33	6.1	7.2
big	17	90	6.5	8.4
local	9	47	5.2	7.2
tall	5	35	5.5	7.6
enough	6	55	6.0	8.4
clear	0	25	--	7.0
regional	0	23	--	7.0
fit	0	18	--	7.1
brave	0	19	--	7.1
nuclear	0	27	--	7.3
young	0	51	--	7.4
positive	0	34	--	7.6
good	0	98	--	8.0
healthy	0	52	--	8.4
weak	0	80	--	9.1

modifiers of "%w"	1,008	3,309	0.60	0.70
potentially	15	0	7.3	--
economically	8	0	7.3	--
tremendously	5	0	7.0	--
enormously	5	0	6.5	--
politically	10	6	7.1	5.4
immensely	25	22	9.0	7.5
extremely	44	28	7.6	6.5
increasingly	22	15	6.5	5.6
incredibly	7	10	7.1	6.4
sufficiently	16	35	7.2	7.6
however	9	19	5.9	6.4
especially	13	28	6.4	7.0
equally	17	40	6.5	7.3
so	119	320	5.5	6.9
as	75	232	5.2	6.8
very	227	797	6.3	8.1
too	71	284	5.8	7.7
particularly	30	149	6.2	8.3
unusually	0	12	--	6.6
relatively	0	32	--	6.6
physically	0	20	--	7.1
surprisingly	0	18	--	7.1
fairly	0	37	--	7.1
exceptionally	0	19	--	7.3
much	0	205	--	7.5

nouns and verbs modified by "%w"	4,920	12,373	3.10	2.70
tool	92	0	8.4	--
weapon	48	9	7.5	4.2
lobby	39	11	7.8	4.8
force	108	79	7.2	6.4
influence	89	119	8.2	7.8
argument	47	102	7.5	7.7
arm	17	89	6.0	7.5
position	46	248	6.4	8.3
case	30	158	5.4	7.4
element	14	99	5.2	7.3
opposition	11	111	5.7	8.0
hand	15	127	4.8	7.4
pressure	9	86	4.6	7.1
feeling	19	232	6.0	8.8
tradition	6	75	4.3	7.2
evidence	11	123	4.8	7.6
sense	16	230	5.3	8.5
support	12	194	4.7	8.1
wind	6	278	4.7	9.2
supporter	0	64	--	7.1
tendency	0	62	--	7.2
view	0	111	--	7.3
commitment	0	82	--	7.4
emphasis	0	93	--	7.7
link	0	146	--	8.1

図 19.　Sketch-Diff の Word Sketch

見出しのすぐ下にあるスケールがpowerfulまたはstrongのどちらと共起しやすいかを表している。図の上部で色が濃くなるほどpowerfulとの共起関係が強く、逆に図の下部で色が濃くなるほどstrongとの共起関係が強いことを表す。右側の[nouns and verbs modified by"% w"]の表を見ると、2つの形容詞が修飾する名詞を比較できる。powerfulと共起関係が強い名詞は表の上のほうにあるtoolやweaponやlobby、strongと共起関係が強い名詞は表の下のほうにあるlinkやemphasisやcommitmentなどであることが視覚的に確認できる。表示形式は、文法関係ごとに1つの表にまとめた図19のような形式(all in one block)と、2項目に共通する共起語と2項目の一方だけに現れる共起語を別々に表示した形式(common/exclusive blocks)とがあり、左のメニューにある[Change options]をクリックすると、設定の画面が表示される。

共起語を比較する際には次の2つの点に配慮する必要がある。1つは、比較する2つのレマの全体頻度である。今回のpowerfulとstrongの場合、BNCではpowerfulが7,054件、strongが19,069件ある。両者の頻度差は2倍以上になるが、比較するには十分な頻度だと言える。だが、高頻度と低頻度の類義語を比較する場合、片方の頻度があまり低すぎたり頻度差があまりに大きすぎたりすると、十分な結果が得られないことが多い。もう1つはコーパスのサイズである。中程度の頻度の語であっても、共起語の頻度になると1ケタや2ケタになるものが多いため、共起語を比較するときは、数億語以上の大規模コーパスを利用すること、複数のコーパス間で比較することが調査の信頼性を高める上で重要である。

4. おわりに

以上、辞書制作という観点からコーパスツールの変遷を振り返り、代表的なツールの利用例を見ながら、その特徴や機能を明らかにしてきた。本節では、今後の発展が期待される次世代のツールを2つ紹介し、本章のまとめとしたい。

1つめは、Good Dictionary Examples (GDEX) と呼ばれるツールである。このツールは、辞書の用例を自動的に抽出して辞書執筆者に提示する (Kilgarriff et al. 2008)。辞書の用例はレキシカルプロファイリングなどのツールを利用しながら執筆者が自ら作例する場合が多い。COBUILDなどの一部の辞書ではコーパスの実例をそのまま、あるいは一部を加工して例文としているものもあるが、一般的にコーパスからの実例はセンテンスが長く、また前後の文脈が分からないと理解しにくいものが多いという難点がある。GDEXは、読みやすさ(センテンスの長さ、単語の平均文字数、低頻度語が含まれていないかなど)と有用性(典型的な共起語を伴っているかなど)という2つの観点から、コーパスの実例の中から辞書の例文としてふさわしい候補を提示する。

もう1つは、Hanksが中心となって構築を進めているパターン辞書である (Hanks and Pustejovsky 2005)。BNCの用例に基づいて、個々の語のプロトタイプとなるパターンを分析し類別する Corpus Pattern Analysis (CPA) という手法を用いて、パターンと主要な意味 (primary implicature) の結びつきを明らかにするものである。現在、CPAのよって作成された Pattern Dictionary of English Verbs (PDEV) がネット上で公開されている[5]。図20は、動詞graspのパターンの一部である。これを見ると、全体の約66%はパターン4で使用されていることが分かる。表の右端のリンクをクリックするとBNCの実際の用例を確認することができる。

PDEV: grasp　Access full data　Displayed here are All patterns. Other options: Idioms　samplesize: 250 patterns: 11

No.	Pattern / Implicature / Example	
1	*Pattern:* Human *or* Animal **grasps** Physical_Object *Implicature:* Human *or* Animal seizes Physical_Object and holds it firmly *Example: Males are seemingly indiscriminate and **grasp** anything roughly the right size, including other males.*	8.0% ...More data FrameNet
2	*Pattern:* Human 1 **grasps** Human 2 *or*POSDET Body_Part *or* Garment *Implicature:* Human 1 seizes Body_Part *or* Garment of Human 2 for some purpose *Example: Put one arm under the person's thighs and **grasp** the other helper's wrist.*	2.8% ...More data
3	*Pattern:* Human **grasps at** *or* **for** Physical_Object *Implicature:* Human attempts to seize Physical_Object *Example: It fulfilled none of my expectations and seemed to be merely trying to make me laugh at the fact that it had left me standing there **grasping** at nothing.*	<0.01% ...More data
4	*Pattern:* Human *or* Institution **grasps** Proposition *or* Concept *Implicature:* Human *or* Institution achieves an understanding of Proposition *or* Concept *Example: HOW CAN one **grasp** the enormity of Einstein's intellect?*	**65.6%** ...More data FrameNet
5	*Pattern:* Human **grasps** THAT-CLAUSE *or* WH-CLAUSE *Implicature:* Human achieves an understanding of Proposition *or* Concept embodied in THAT [CLAUSE] *or* WH- [CLAUSE] *Example: Should not the Government **grasp** that opportunity?*	8.0% ...More data

図20. Pattern Dictionary

この辞書の最大の特徴はコンピュータによる解析に利用できる点である。レキシカルプロファイリングにおける文法関係のパターンは、品詞単位で検索式が作成されているが、パターン辞書のパターンはより粒度の高い語彙素単位になっている。そのような意味で、パターン辞書はレキシカルプロファイリングをさらに一歩推し進めたものと位置づけることができる。

今後このようなパターンデータが整備され、パターンから意味を解析するコーパス基盤のシステムに応用されれば、辞書編集のあり方、さらには辞書そのもののあり方を変貌させる大きな可能性を秘めていると言える。

注

1. http://corpus.byu.edu/coca/
2. 実際には save と主語となる名詞句の間に副詞や助動詞が現れる場合も考慮する必要がある。
3. http://bncweb.lancs.ac.uk
4. https://the.sketchengine.co.uk
5. http://pdev.org.uk/

参考文献

Atkins, B. T. Sue, and Michael Rundell. (2008) *The Oxford Guide to Practical Lexicography.* London: Oxford University Press.

Baker, Paul. (2006) *Using Corpora in Discourse Analysis.* New York: Continuum International Publishing Group.

Baker, Paul. (ed.) (2009) *Contemporary Corpus Linguistics.* New York: Continuum International Publishing Group.

Church, Kenneth, and Patrick Hanks. (1990) Word Association Norms, Mutual Information, and Lexicography. In *Computational Linguistics,* 16 (1) : pp.22–29.

Church, Kenneth, William Gale, Patrick Hanks, Donald Hindle. (1991) Using Statistics in Lexical Analysis. In Uri Zernik. (ed.) *Lexical Acquisition: Exploiting On-Line Resources to Build a Lexicon.* New Jersey:

Lawrence Erlbaum Associates, Inc.

Clear, Jremy. (1987) Computing. In John M. Sinclair. (ed.) *Looking Up: an account of the COBUILD Project in lexical computing.* London: Collins ELT.

Dunning, Ted. (1993) Accurate Methods for the Statistics of Surprise and Coincidence. In *Computational Linguistics*, 19 (1) : pp.61–74.

Hanks, Patrick. (2004) Corpus Pattern Analysis. In *Proc. Euralex.*

Hanks, Patrick, and James Pustejovsky. (2005) A Pattern Dictionary for Natural Language Processing. In *Revue française de linguistique appliquée*, 10: pp.63–82.

Hoffman, Sebastian, Stefan Evert, Nicholas Smith, David Lee, and Ylava Berglund Prytz. (2008) *Corpus Linguistics with BNCweb: a Practical Guide.* Frankfult: Germany.

石川慎一郎 (2006)「言語コーパスからのコロケーション検出の手法—基礎的統計値について—」『統計数理研究所共同研究レポート』190: pp.1–14.

石川慎一郎(2008)『英語コーパスと言語教育』大修館書店.

Kilgarriff, Adam, and David Tugwell. (2001) WORD SKETCH: Extraction and Display of Significant Collocations for Lexicography. In *Proc. ACL workshop on COLLOCATION: Computational Extraction, Analysis and Exploitation.*

Kilgarriff, Adam, and David Tugwell. (2002) Sketching Words. In *Lexicography and Natural Language Processing: A Festschrift in Honour of B. T. S. Atkins.* Marie-Hélène Corréard (Ed.) EURALEX: pp.125–137.

Kilgarriff, Adam, Milos Husák, Katy McAdam, Michael Rundell, and Pavel Rychlý. (2008) GDEX: Automatically finding good dictionary examples in a corpus. In *Proc. EURALEX.*

Kilgarriff, Adam, and Iztok Kosem. (2012) Corpus tools for lexicographers. In Sylviane Granger, and Magali Paquot (eds.) *Electronic Lexicography.* London: Oxford University Press.

Lexical Computing Ltd. (2012) Statistics used in the Sketch Engine. http://trac.sketchengine.co.uk/raw-attachment/wiki/SkE/DocsIndex/ske-stat.pdf

McEnery, Tony, and Andrew Hardie. (2011) *Corpus Linguistics.* Cambridge: Cambridge University Press.

O' Keeffe, Anne, and Michael McCarthy. (eds.) (2010) The Routledge Handbook of Corpus Linguistics. New York: Routledge.

Salton, Gerard, and M. J. McGill. (1983) *Introduction to Modern Information Retrieval.* New York: McGraw-Hill.

執筆者紹介

＊印は本巻編者

監修

堀正広（ほり まさひろ）

熊本学園大学外国語学部教授

主な著書 —— *Investigating Dickens' Style: A Collocational Analysis* (Palgrave Macmillan, 2004)、『英語コロケーション研究入門』（研究社、2009）など。

赤野一郎＊（あかの いちろう）

京都外国語大学名誉教授

主な編著書 ——『ウィズダム英和辞典』〔共編〕（三省堂、初版（2003）、第 2 版（2007）、第 3 版（2013））、『英語教師のためのコーパス活用ガイド』〔共編著〕（大修館書店、2014）など。

執筆者

井上永幸＊（いのうえ ながゆき）

広島大学大学院総合科学研究科教授

主な編著書 ——『ウィズダム英和辞典』〔共編〕（三省堂、初版（2003）、第 2 版（2007）、第 3 版（2013））、『英語辞書をつくる—編集・調査・研究の現場から—』〔共編著〕（大修館書店、2016）など。

南出康世（みなみで こうせい）

大阪女子大学名誉教授

主な編著書 ——『ジーニアス英和辞典』〔編集主幹〕（大修館書店、第 5 版（2014））、『英語辞書をつくる—編集・調査・研究の現場から—』〔共編著〕（大修館書店、2016）など。

赤須薫（あかす かおる）

東洋大学文学部英米文学科教授

主な編著書 ——『ライトハウス英和辞典』〔共編〕（研究社、第 4 版（2002）、第 5 版（2007）、第 6 版（2012））、『英語辞書をつくる—編集・調査・研究の現場から—』〔共編著〕（大修館書店、2016）など。

畠山利一（はたけやま としかず）

大阪国際大学名誉教授

主な編著書・論文 ——『ベーシックジーニアス英和辞典』〔共編〕（大修館書店、第 2 版（2017））、「EFL 辞書使用上の注意点—文法情報の読み取りを中心に—」（『英語辞書をつくる—編集・調査・研究の現場から—』大修館書店、2016）など。

中山仁（なかやま ひとし）

福島県立医科大学看護学部教授

主な著書 ——『ウィズダム英和辞典』〔共著〕（三省堂、初版（2003）、第 2 版（2007）、第 3 版（2013））、『ことばの基礎 1　名詞と代名詞』（〈シリーズ〉英文法を解き明かす—現代英語の語法と文法①、研究社、2016）など。

山本康一（やまもと こういち）

三省堂出版局辞書出版部部長／東京女子大学現代教養学部非常勤講師

主な論文 ——「辞書出版はどこに向かうか」（『翻訳通信』100 号記念号第 1 分冊、2010）、「電子辞書の意義と今後」（『日本語学』32（2）「特集 国語辞典の今」、2013）など。

赤瀬川史朗（あかせがわ しろう）

Lago 言語研究所代表

主な編書 ——『スーパー・アンカー英和辞典』〔監修〕（学研プラス、第 5 版（2015））、『パーソナル英和辞典』〔監修〕（学研プラス、第 3 版（2018））など。

英語コーパス研究シリーズ　第3巻
コーパスと辞書

The Hituzi Companion to English Corpus Studies
Corpus and Lexicography（Volume 3）
Edited by Ichiro Akano and Nagayuki Inoue
（Supervised by Masahiro Hori and Ichiro Akano）

発行――――――2018年10月3日　初版1刷
定価――――――3200円＋税

監修者―――――堀正広・赤野一郎
編者――――――赤野一郎・井上永幸
発行者―――――松本功
ブックデザイン――中野豪雄＋鈴木直子（株式会社中野デザイン事務所）
印刷所―――――三美印刷株式会社
製本所―――――株式会社星共社
発行所―――――株式会社ひつじ書房
112-0011 東京都文京区千石2-1-2 大和ビル2F
tel 03-5319-4916 fax 03-5319-4917
郵便振替 00120-8-142852
toiawase@hituzi.co.jp　http://www.hituzi.co.jp/

ISBN978-4-89476-713-3　C3080

[刊行物のご案内]

ヨーロッパの地域言語〈スコッツ語〉の辞書編纂

『古スコッツ語辞典』の歴史と思想

米山優子著

定価 8,800 円＋税

スコッツ語は古英語と共通の素地をもち、中世のスコットランド王国では国家語として幅広く用いられた。現在は「地域・少数言語のための欧州憲章」で保護の対象となっている。12 世紀から 1700 年までの文献に現れたスコッツ語を収録する『古スコッツ語辞典』(1931–2002) は、スコッツ語辞書史における一つの到達点と言える。本書は、辞書編纂者の思想と完成までの経緯をつぶさに検証し、その意義を明らかにした。

ちょっとまじめに英語を学ぶシリーズ　1

英語辞書マイスターへの道

関山健治著（シリーズ監修　赤野一郎・内田聖二）　　定価 1,600 円＋税

まじめな英語学習は「辞書に始まり、辞書に終わる」。誰もが辞書を持っているのに、ほとんどの人は「知らない単語の意味を調べる」ためにしか使っていない。本書では、紙の辞書はもちろん、電子辞書、スマートフォンの辞書アプリなど、最新の辞書メディアも含めた辞書の活用法を、練習問題を解きながら身につける。語源欄の読み方、英語母語話者向けの英英辞典や類義語辞典の読み方など、従来の辞書活用書にはあまり見られない辞書の使い方も満載。

○ひつじ意味論講座○

澤田治美 編
各巻　定価 3,200 円＋税

第 1 巻　語・文と文法カテゴリーの意味

第 2 巻　構文と意味

第 3 巻　モダリティⅠ：理論と方法

第 4 巻　モダリティⅡ：事例研究

第 5 巻　主観性と主体性

第 6 巻　意味とコンテクスト

第 7 巻　意味の社会性

○英語コーパス研究シリーズ○

堀正広・赤野一郎 監修
各巻　予価 3,200 円＋税

第 1 巻　コーパスと英語研究
堀正広・赤野一郎 編

第 2 巻　コーパスと英語教育
投野由紀夫 編

第 3 巻　コーパスと辞書
赤野一郎・井上永幸 編

第 4 巻　コーパスと英文法・語法
深谷輝彦・滝沢直宏 編

第 5 巻　コーパスと英語文体
堀正広 編

第 6 巻　コーパスと英語史
西村秀夫 編

第 7 巻　コーパスと多様な関連領域
赤野一郎・堀正広 編